रज़ा
पुस्तक माला

भूपेन खख्खर : एक अन्तरंग संस्मरण

जीवनी

रज़ा फ़ाउण्डेशन | THE RAZA FOUNDATION

भूपेन खख्खर

एक अन्तरंग संस्मरण

सुधीर चन्द्र

राजकमल प्रकाशन

रज़ा पुस्तक माला : **जीवनी**
प्रधान सम्पादक : अशोक वाजपेयी | सम्पादक : पीयूष दईया
राजकमल प्रकाशन प्रा.लि. और रज़ा फ़ाउण्डेशन का सह-प्रकाशन

ISBN : 978-93-89577-55-6

मूल्य : ₹1995

पहला संस्करण : 2020

प्रकाशक : राजकमल प्रकाशन प्रा. लि.
1-बी, नेताजी सुभाष मार्ग, दरियागंज
नई दिल्ली-110 002

शाखाएँ : अशोक राजपथ, साइंस कॉलेज के सामने, पटना-800 006
पहली मंजिल, दरबारी बिल्डिंग, महात्मा गांधी मार्ग, इलाहाबाद-211 001
36 ए, शेक्सपियर सरणी, कोलकाता-700 017

वेबसाइट : www.rajkamalprakashan.com
ई-मेल : info@rajkamalprakashan.com

मुद्रक : यश प्रिंटोग्राफिक्स
नोएडा-201 301 (उत्तर प्रदेश)

BHUPEN KHAKHKHAR : Ek Antrang Sansmaran
Biography by Sudhir Chandra

गुलाम शेख को
दोस्ती के नाम

आमुख

कलाओं में भारतीय आधुनिकता के एक मूर्धन्य सैयद हैदर रज़ा एक अथक और अनोखे चित्रकार तो थे ही उनकी अन्य कलाओं में भी गहरी दिलचस्पी थी। विशेषत: कविता और विचार में। वे हिन्दी को अपनी मातृभाषा मानते थे और हालाँकि उनका फ्रेंच और अँग्रेज़ी का ज्ञान और उन पर अधिकार गहरा था, वे फ्रांस में साठ वर्ष बिताने के बाद भी, हिन्दी में रमे रहे। यह आकस्मिक नहीं है कि अपने कला-जीवन के उत्तरार्द्ध में उनके सभी चित्रों के शीर्षक हिन्दी में होते थे। वे संसार के श्रेष्ठ चित्रकारों में, २०-२१वीं सदियों में, शायद अकेले हैं जिन्होंने अपने सौ से अधिक चित्रों में देवनागरी में संस्कृत, हिन्दी और उर्दू कविता में पंक्तियाँ अंकित कीं। बरसों तक मैं जब उनके साथ कुछ समय पेरिस में बिताने जाता था तो उनके इसरार पर अपने साथ नवप्रकाशित हिन्दी कविता की पुस्तकें ले जाता था : उनके पुस्तक-संग्रह में, जो अब दिल्ली स्थित रज़ा अभिलेखागार का एक हिस्सा है, हिन्दी कविता का एक बड़ा संग्रह शामिल था।

रज़ा की एक चिन्ता यह भी थी कि हिन्दी में कई विषयों में अच्छी पुस्तकों की कमी है। विशेषत: कलाओं और विचार आदि को लेकर। वे चाहते थे कि हमें कुछ पहल करनी चाहिये। २०१६ में साढ़े चौरानवे वर्ष की आयु में उनकी मृत्यु के बाद रज़ा फ़ाउण्डेशन ने उनकी इच्छा का सम्मान करते हुए हिन्दी में कुछ नयी क़िस्म की पुस्तकें प्रकाशित करने की पहल *रज़ा पुस्तक*

माला के रूप में की है, जिनमें कुछ अप्राप्य पूर्व प्रकाशित पुस्तकों का पुनर्प्रकाशन भी शामिल है। उनमें गांधी, संस्कृति-चिन्तन, संवाद, भारतीय भाषाओं से विशेषत: कला-चिन्तन के हिन्दी अनुवाद, कविता आदि की पुस्तकें शामिल की जा रही हैं।

यह पुस्तक रज़ा पुस्तक माला की दो आकांक्षाओं को पूरा करती है—पहली यह मूलत: हिन्दी में लिखी एक इतिहासकार द्वारा भूपेन खख्खर की जीवनी है और दूसरी यह हिन्दी में इस मूर्धन्य और अनोखे चित्रकार पर पहली पुस्तक है। सुधीर चन्द्र ने संवेदना, समझ और तथाकथित वस्तुनिष्ठ ढंग से नहीं गहरे लगाव से इसे लिखा है। संयोगवश यह पुस्तक रज़ा फ़ेलोशिप के अन्तर्गत लिखी गयी है। इसे प्रस्तुत करते हुए हमें इसलिए भी प्रसन्नता है कि भूपेन रज़ा साहब के प्रिय चित्रकारों में थे।

अशोक वाजपेयी

अक्टूबर २०१९, नयी दिल्ली

प्रस्तावना

भूपेन पर पहली किताब महेन्द्र देसाई ने लिखी। बड़ी निराली किताब। भूपेन की ही तरह। गाढ़े दोस्त थे भूपेन और महेन्द्र। हर शाम भूपेन के घर होने वाली महफ़िल में तो ख़ूब आना होता ही था उनका, अक्सर सुबह-सुबह ही शुरू हो जाते दोनों फ़ोन पर। देर तक चलतीं उनकी बातें। चुनिन्दा गालियों से अलंकृत भाषा में धाराप्रवाह बोलते थे महेन्द्र। किसी कारणवश गाली न दे पायें— मसलन, कोई महिला उपस्थित हो उनके दुर्भाग्य से—तो गूँगे हो जाते थे। चूँकि दूरभाष दूर ही रखता महिलाओं की उपस्थिति जैसे ख़तरों को, महेन्द्र पूरे निखार पर होते उन प्रात:कालीन चर्चाओं में।

भूपेन और वह दोनों ही विदूषकीय गाम्भीर्य ओढ़ लेते। मजाल कि मुस्कान फटक भी जाये उनके चेहरों पर। शुरुआत हमेशा एक-सी होती, कुछ इस तरह : 'साहेब, हूँ भूपेन बोलूँ छूँ, तमारा ताबेदार, घणा नाना माणस। पण, साहेब...।' दूसरी तरफ़ से भी इसी तरह की विनम्रता का ड्रामा होता : 'तद्दन खोटी बात, साहेब, ताबेदार तो हूँ छूँ, तमारा गुलाम...।' भूपेन कहता कि आप इतने बड़े पत्रकार हैं, माधव सिंह सोलंकी (गुजरात के तत्कालीन मुख्यमन्त्री) और सनत मेहता (गुजरात के तत्कालीन वित्तमन्त्री) आप से सलाह-मशवरा करते हैं, मैं तो छोटा आदमी हूँ, मुझसे भला आप क्यों बात करेंगे। महेन्द्र का पलटवार आता कि आप महान् कलाकार हैं, बड़े-बड़े लोगों से घिरे रहते हैं, मेरी क्या हैसियत है आप के सामने। इस अपरिहार्य मंगलाचरण के बाद उन दोनों का अनर्गल परिहास किसी भी अप्रत्याशित दिशा में बढ़ लेता : कभी कोई निर्विकार चबाव-चिट्ठा; कभी किसी पेचीदा राष्ट्रीय या अन्तरराष्ट्रीय समस्या का ऊलजलूल

विश्लेषण और तदुपरान्त उसका कोई हास्यास्पद समाधान; कभी फ़ुज़ूल के मनगढ़न्त क़िस्से, जैसे अमुक का अमुक की बीवी से लफड़ा; और न जाने क्या क्या। पूर्व निर्धारित होता था केवल प्रयोजन : उन्मुक्त वाग्विलास, भव्य बेमक़सदी और विशुद्ध मनोरंजन।

लिखने वाला हो महेन्द्र जैसा औघड़, और लिखा जा रहा हो भूपेन जैसे खिलंदड़े और उसकी कला पर, तो किताब असामान्य होनी ही थी। हुई। विलक्षण, मस्त, अपने विषय की आत्मा में प्रवेश करने को आतुर और, उसी कारण, अपनी विश्वसनीयता के प्रति लापरवाह। अकारण नहीं कि इससे बिलकुल उलट संवेदना से लैस अँगरेज़ टिमथी हाइमन ने महेन्द्र की किताब से बहुत कुछ पाने के बावजूद महेन्द्र के वर्णन को 'गार्बल्ड' कहा। काश, मैं भी देखने, सोचने और लिखने में महेन्द्र जैसा दुस्साहस बरत पाता।

भूपेन पर दूसरी किताब है इन्हीं टिमथी हाइमन की। ब्रिटिश कलाकार, कला मर्मज्ञ और भूपेन के परम मित्र। एक पारखी की पैनी नज़र है टिमथी की किताब में। ऐसी किताब भी नहीं लिख पाऊँगा मैं।

लिख ही क्यों रहा हूँ पूरी एक किताब भूपेन पर ? महेन्द्र जैसा फक्कड़ी सृजनशील न सही, दुस्साहस तो है ही मेरे इस प्रयास में।

दोष दरअसल भूपेन का है। एक दिन हम दोनों बैठे हुए थे। कुछ ही दिनों बाद उसकी एक प्रदर्शिनी होने वाली थी। अचानक, बग़ैर किसी भूमिका के, वह बोला कि इस बार तुम लिखो मेरा कैटलॉग। मैं भौचक्का-सा समझ न पाया, क्या बोलूँ। थोड़ी देर की चुप्पी के बाद मैंने कहा कि यार सोचा जा सकता है। ख़ासा चैलेंजिंग काम है। कला पर लिखने की सोची तक नहीं कभी मैं ने। पर तुम भी कुछ सोच कर ही कह रहे होगे। देखते हैं क्या होता है। पर एक शर्त है मेरी। अगर मेरा लिखा ठीक न लगे तो उसे इस्तेमाल मत करना। मैंने लिखा, और उसने किया इस्तेमाल।

इसके बाद फिर कई बार उसने मुझसे अपने पर लिखने को कहा। एक बार उस पर केन्द्रित एक कैलेण्डर के लिए, एक बार सिडनी में हो रही एक प्रदर्शिनी के लिए, एक बार कैमोल्ड में हुई उसकी प्रदर्शिनी के लिए और, अन्तिम, उसके जीते जी दिल्ली में हुई उसकी आख़िरी प्रदर्शिनी के लिए। हिम्मत खोल दी उसने। इतनी कि एक बार तो अमरीका के माउण्ट

होल्योक कॉलेज में मैंने पूरा भाषण ही दे डाला भूपेन की 'सेवा' पर, जो कि उसके सारे काम में मेरी सर्वप्रिय कृति है।

सो जैसे ही रज़ा फ़ाउण्डेशन से निमन्त्रण मिला भूपेन की जीवनी लिखने का, तुरन्त हामी भर दी मैं ने।

महेन्द्र जैसी हिम्मत जुटाना मेरे बूते का नहीं। पर इस किताब को लिखने में इतनी हिम्मत ज़रूर रखूँगा कि जैसे उसके जीते जी लिखा उस पर, वैसे ही अब भी लिखूँ। यानी कि, जैसे उसको जाना, जैसे उसके काम को देखा—एक ऐसे सामान्य दर्शक की नज़र से जिसे भूपेन को बहुत ही नज़दीक से जानने और काम करते देखने का मौक़ा मिला—वैसे लिख सकूँ, बग़ैर विशेषज्ञ होने की कोशिश किये। विशेषज्ञ मित्रों की नज़र से जो फ़ायदा मिल जाय उसको गँवाये बग़ैर।

भूपेन को बहुत नज़दीक से जानने का मेरा दावा सच है। २३ साल की निरन्तर गहराती दोस्ती रही उसके साथ। अनेक रूप देखे उसके। पर इस किताब को लिखने के दौरान समझ में आया कि उसका एक ऐसा पक्ष भी है जिस को उसके जीते जी मैं ढंग से न समझ पाया। मालूम था कि वह बड़ा लेखक है। अक्सर उसी की ज़ुबानी उसका लिखा सुनने को मिलता था। लेकिन, शायद गुजराती आसानी से न पढ़-समझ पाने की वजह से, कभी स्वयं उसका लिखा पढ़ने की कोशिश नहीं की। इस किताब के लिए जब उसकी कहानियों और उसके नाटक *मोजीला मणिलाल* को पढ़ा तो जाना कि वह तो नितान्त विलक्षण लेखक है। उसके रहते पढ़ने लगा होता तो कितना कुछ पूछ पाता उससे। और उसे भी कितना अच्छा लगता कि कैसा प्रशंसक है उसके लेखन का यह दोस्त। ख़ासा दुखी रहता था अपने लेखन के प्रति गुजराती लेखकों, आलोचकों और सामान्य पाठकों की उदासीनता से। बकुल टेलर बताते हैं कि जब वह भूपेन के लेखन की प्रशंसा करते तो वह बहुत प्रसन्न हो जाता और कहता : 'बकुल, तू लिख न मेरी कहानियों पर।' कभी बकुल शिकायत करते कि आप इतना कम क्यों लिखते हैं, आप को और लिखना चाहिए, तो वह कहता : 'पढ़ता कौन है मुझे!'

इस किताब को लिखने में अनेक मित्रों से मदद मिली है। सिवाय गीता और विवान के लगभग ये सारे लोग मेरे मित्र बने भूपेन की मार्फ़त। भूपेन मेरा मित्र बना गीता और विवान की मार्फ़त। इन लोगों से वक्तन

फ़वक्तन भूपेन को लेकर जो बातें होती थीं उन में से बहुत सारी इस किताब में आयी हैं। इसके अलावा काफ़ी मित्रों ने अलग से समय दे कर ख़ासतौर से इस किताब के लिए लम्बी-लम्बी बातें की हैं और तरह-तरह की सामग्री मुहैया करायी है। सब ने ऐसे मदद की है जैसे वे मेरी मदद नहीं अपना ही कोई ज़रूरी काम कर रहे हों। उन में से कोई भी मुझसे आभार प्रदर्शन नहीं चाहेगा। पर मैं तो नहीं रोक सकता अपने आप को उन्हें यहाँ याद करने से। सो स्नेहपूर्ण आभार : गुलाम शेख, नीलिमा शेख, अतुल डोडिया, नौशिल मेहता, श्रद्धा सेजपाल, गीता कपूर, विवान सुन्दरम, मनु पारेख, हर्षा हेगडे, अमित अम्बालाल, किन्नरी पनिकर, बकुल टेलर, प्रबोध परीख, पुरुषोत्तम धूमाल, भरत नायक, मनोज शाह।

पूछा और जाना इन सब मित्रों से; सब ने ही खुले दिल से बातें कीं भूपेन की। पर जितना समय गुलाम, नौशिल, अतुल, अमित, किन्नरी और बकुल टेलर ने दिया, उसके लिए अलग से अतिरिक्त आभार व्यक्त न किया तो कृतघ्नता होगी।

त्रिदीप सुहृद ने कुछ ऐसा षड्यन्त्र रच रखा है कि मैं किसी भी विषय पर लिखूँ उसकी मदद लेनी ही पड़ जाती है। इस बार तो हमेशा से ज़्यादा मदद लेनी पड़ी उसकी। हस्त-लिखित गुजराती पढ़ने में दुश्वारी होने के कारण भूपेन के लम्बे-लम्बे पत्रों को पढ़ सकने में मदद ली त्रिदीप की। अपनी बेपनाह व्यस्तता के बावजूद, भूपेन के गुजराती पत्रों को पढ़वाने-समझाने के अलावा न सिर्फ़ उन पत्रों के बल्कि भूपेन के साहित्य के लम्बे-लम्बे हिस्सों के हिन्दी अनुवाद का जिम्मा सहर्ष ले लिया त्रिदीप ने। इतना ही नहीं, ज़ोर दे कर कहा कि इन सब का संग्रह हिन्दी अनुवाद में आना चाहिए। बहुत आभार, दोस्त।

अनुवाद के ही सिलसिले में सूरत के ज़माने के दोस्त जवाहर पटेल ने भी बहुत मदद की। जब भी फ़ोन किया कुछ पूछने को तो बड़े आराम से, समय की चिन्ता किये बग़ैर, व्याख्या सहित अर्थ समझा दिया। शुक्रिया, दोस्त!

भूपेन के परम चहेते वल्लवभाई शाह के बेटे अमरीश ने अपने पिता और परिवार के साथ भूपेन के सम्बन्धों के बारे में काफ़ी जानकारी दी। भूपेन के अन्तिम दिनों में उसका काफ़ी काम प्रदर्शित करने वाले सर्जन आर्ट गैलरी के हितेश राना ने बहुत सामग्री उपलब्ध करायी। अमरीश और

हितेशभाई को भी हार्दिक धन्यवाद। प्रयाग शुक्ल और राजीव लोचन से मिली सहायता के लिए उनके प्रति भी आभार।

इस पुस्तक के लिखे जाने के दौरान एक बार मेरी कम्प्यूटर सम्बन्धी अज्ञानता के कारण कुछ ऐसा हुआ कि लगा मेरा सारा लिखा हुआ फिर से लिखना पड़ेगा। उस समय रविकान्त ने और प्रत्यक्षा सिन्हा ने अपने तकनीकी कौशल से वह सारा काम बचा लिया और मैं आगे लिख सका। दोनों को दिल से शुक्रिया।

इस पुस्तक का अन्तिम हिस्सा भारतीय उच्च अध्ययन संस्थान, शिमला के मनोरम वातावरण में लिखा गया। वह सम्भव करने के लिए मित्र आशुतोष भारद्वाज के प्रति सस्नेह अपना आभार व्यक्त करना चाहता हूँ। संस्थान की ही एक अन्य फ़ेलो मनीषा चौधरी ने केवल एक दिन की जान-पहचान के बाद अपना लैपटॉप दे कर मेरा काम बहुत आसान कर दिया। उनको भी हृदय से धन्यवाद।

राजकमल प्रकाशन के गणेश रजवार ने जिस धीरज, सतर्कता व दक्षता से इस पुस्तक की प्रैस कॉपी तैयार की है उसके लिए हार्दिक धन्यवाद।

अवश्य ही भूपेन को मान देते हुए, हमेशा सुन्दर और सुरुचिपूर्ण प्रकाशन की ओर ध्यान देने वाले अशोक महेश्वरी ने इस पुस्तक की ओर सामान्य से ज़्यादा ध्यान दिया है। उनको भी धन्यवाद।

अशोक वाजपेयी और पीयूष दईया के बग़ैर इस किताब के लिखे जाने की नौबत ही न आती, सालों बाद एक बार फिर अपने दोस्त के इतने क़रीब न रह पाता। दोनों को बहुत-बहुत धन्यवाद।

अन्त में एक विशेष, बहुत स्नेह भरा आभार धवल खख्खर के प्रति। बस एक बार फ़ोन किया कि भूपेन के चित्रों को इस किताब में शामिल करने की अनुमति दे दो, और तुरन्त ही धवल ने कहा कि बस एक ई-मेल भेज दीजिये और देखते-देखते भूपेन के लाड़ले पोते ने अनुमति भेज दी।

सुधीर चन्द्र

क्रम

कब जा रहे हो दोस्त

भूपेन चला गया। मालूम था कि जा रहा है। उसे भी मालूम था कि किसी भी दिन जा सकता है। उस मायने में नहीं कि मौत ज़िन्दगी की सबसे नज़दीकी पड़ोसिन है और कभी भी किसी को भी ले जा सकती है। बस गयी एक साँस बाहर और लौट के न आयी। भूपेन को कैंसर ले जा रहा था। अन्तिम स्थिति में पहुँचा लाइलाज कैंसर।

बड़े रूप ले सकता है ये जाना। इस जाने को बेबस जीना। इस जाने को बेबस नज़दीक से देखना। जाना नहीं चाहता था भूपेन। और जीना चाहता था।

एक बार बात कर रहा था कुछ अपने काम की। कह रहा था कि हण्टरवाले बहुत परेशान करते हैं आ कर, मारते हैं, कहते हैं कि ढंग से काम नहीं कर रहे हो आजकल। मैंने कहा कि इतना तो काम करते हो तुम, आख़िर चाहते क्या हैं तुम्हारे ये हण्टरवाले? तो बोला कि बात वो नहीं है, वे चाहते हैं, मैं और अच्छा काम करूँ। सो बात काम की अच्छाई-बुराई के फ़ैसले पर आ गयी। मैंने कहा, यार तुम जैसा काम कर रहे हो उसकी अच्छाई-बुराई सिर्फ़ तुम्हारे अपने वक़्त में, या तुम्हारे तय किये, नहीं तय होगी। इसका मूल्यांकन भविष्य में भी होता रहेगा। आज कौन जान सकता है कि कितनी सदियों का अमरत्व तुम्हें दिलायेगा तुम्हारा काम? इसी में मैंने ज़रा मज़ाक़ भी जोड़ दिया कि ज़्यादा लालच अच्छा नहीं होता। वैसे ही ख़ूब इन्वेस्टमेंट कर लिया है तुम ने अमरत्व में। कलाकार तो हो ही, साहित्य-लेखन भी ऐसा कर लिया है कि कला धोखा दे भी जाय तो साहित्य जिलाये रखेगा तुम्हें।

सूरत में अख़बार पर बनाये भूपेन के तीन स्कैच | पहला स्कैच

सूरत में अख़बार पर बनाये भूपेन के तीन स्कैच | दूसरा स्कैच

सूरत में अख़बार पर बनाये भूपेन के तीन स्कैच | तीसरा स्कैच

कि यह क्या तरीक़ा है जीने का, संगीत का इतना शौक़ है और अपना म्यूज़िक सिस्टम दिल्ली भेज दिया है। ऐसा भी गीतांजलि का क्या ख़याल! चलो आज ही एक नया सिस्टम इस घर के लिए लाते हैं। काफ़ी ना-नुच के बाद मैं मान गया कोई सस्ता-सा सी डी और कसेट प्लेअर लेने को। बाज़ार में बड़ी मुश्किल से एक सस्ता टू-इन-वन दिखायी दिया। पर उसका गहरा नीला रंग इतना भद्दा था कि मैं उसे लेने को तैयार ही नहीं था। भूपेन ने आख़िर में वह नीला डिब्बा ख़रीदवा ही दिया। बोला कि ले लो यह, फिर देखना मैं कैसे पेंट करता हूँ इसे। आ गया वह डिब्बा, और भूपेन ने रंग दिये उस पर सफ़ेद बेल-बूटे। मुझसे ही चूक हो गयी। डिब्बे पर साइन नहीं करवाया भूपेन से।

बात चल रही थी कि भूपेन की जान कला में बसती थी। इसका मतलब—जैसा कि कलाकारों के सन्दर्भ में प्राय: माना जाता है—यह नहीं है कि वह जीता ही कला के लिए था। वह जीता था भरपूर जीने के लिए। बड़ा मोह था जीवन से उसे। ख़ूब आनन्द लेता था वह जीने का। बच्चों की तरह। एक रात जब मैं खाने-पीने के बाद अपने घर के लिए निकल रहा था तो बोला कि कल दोपहर को अहमदाबाद चलना है। मेरे 'क्यों' कहने पर बोला : 'क्यों क्या, उत्तरायण के लिए चलेंगे। वहाँ जो बात है पतंगों की, वह बड़ोदा में कहाँ।' बड़ोदा की मकर संक्रान्ति और सारे आकाश में पतंगों का छा जाना मैं कई बार देख चुका था। दिन में वल्लवभाई के बीच शहर में स्थित घर की छत से और शाम को शहर के किसी रईस के बंगले की छत से भूपेन के साथ में देखता रहा था बड़ोदा में उत्तरायण का पागलपन। यह भी कि भूपेन किसी से कम नहीं रहता था इस पागलपन में। अलग-अलग साइज़ और वज़न की अनेक रंग-बिरंगी पतंगे पहले से तैयार रहती थीं, वैसे ही जैसे उसके कैनवस तैयार रहते थे। अपनी पतंग कटी नहीं कि वह हाथ की डोर तोड़ देता ताकि अगली पतंग को बढ़ाने में देरी न हो। पता नहीं कहाँ की ऐनर्जी मकर संक्रान्ति भर देती थी उस में, थकान फटकती नहीं थी उसके आसपास।

अहमदाबाद पहुँच कर ही समझ में आया कि क्यों बड़ोदा की मकर संक्रान्ति छोड़ कर भूपेन खिंचा चला आया है यहाँ। क्या समाँ था अहमदाबाद में। देर रात में पतंग और डोर ख़रीदने निकले हम लोग। लग रहा था कि सारे के सारे अहमदाबादी पुराने शहर में आ उमड़े हैं। भीड़

का आलम यह कि घुसने के लिए एक गली थी और निकलने के लिए दूसरी। वाहनों के लिए वन-वे बहुत देखे थे, पैदल के लिए पहली बार देख रहा था। यह भी कि पतंग ख़रीदने के बाद निकलने का बस एक ही तरीक़ा था। जिस हाथ में पतंगे ली हुई हैं उसको हवा में लोगों के सरों से ऊपर उठा कर चलना। पतंगों वाला हाथ नीचे हुआ नहीं कि गली में सटे-सटे बहते शरीरों की रगड़ से पतंगों का फट जाना निश्चित था। मुझे साँस लेने के लाले पड़ रहे थे और भूपेन था कि दाहिनी बाँह हवा में फहराए मस्त बतियाता चल रहा था।

दूसरे दिन सारा अहमदाबाद छतों पर था, आसमान में पतंगे थीं, और बग़ैर सूर्य ग्रहण के दिन में अँधेरा था। भूपेन मगन था।

ऐसे भरपूर जीवन जीने का ही हिस्सा थी उसकी कला। निकलती थी उसी जीने से। बकुल टेलर बड़ा सही कहते हैं कि जैसी असाधारण भूपेन की जिजीविषा थी वैसी ही असाधारण थी उसकी चित्रविषा। हण्टरवाले सतायें या न सतायें, पचास साल की गारण्टी हो या न हो, भूपेन रह नहीं सकता था काम किये बिना। दो बार उसकी ज़िन्दगी में यह सच बड़ी शिद्दत से उभर कर आया। पहली बार १९९०-९२ में, जब मोतियाबिन्द धीरे-धीरे उसका देखना मुश्किल किये दे रहा था। एक स्थिति ऐसी आ गयी कि चीज़ें बहुत ही धुँधली-धुँधली दिखायी देने लगीं और रंग कुछ के कुछ। पर चित्रकारी उसकी चलती रही, और एक नया गहरा रंग आने लगा उसके काम में। दूसरी बार तो बस अज़ाब ही था। तेज़ी से बढ़ते प्रॉस्टेट के कैंसर का तेज़ी से बढ़ता नाक़ाबिले बर्दाश्त दर्द, किमोथेरापी के साइड इफ़ेक्ट्स, चाहे जब अस्पताल में भर्ती, और बदस्तूर भूपेन का नित दिन का कला-कर्म।

बड़ी गहरी उत्सुकता थी उस में अपने और अपने चारों तरफ़ के लोगों के जीवन को समझने की।

इसी उत्सुकता के चलते वह चीज़ें जैसी दिखायी देती हैं वैसे देख-मान नहीं पाता था उन्हें। देखता रहता था निरन्तर उस भ्रामक दिखायी देने के परे। राह चलते किसी निहायत मामूली आदमी के गले में लटका लाल स्कार्फ़, जगह-जगह दिखने वाले घटिया प्लास्टिक के फूल, किसी के पायजामे का नाप लेता दर्ज़ी, मिठाइयाँ बेचता हलवाई, जलेबी खाता कोई अदना इनसान—ऐसे तमाम फ़ुज़ूल के लोग और उन से जुड़ी तमाम

फ़ुज़ूल की चीज़ें जिन्हें हम हर पल देखते हुए अनदेखते रहते हैं—भूपेन उन्हें देखता, बड़ी बारीक़ी से, मानो वे पहली बार देखी जा रही हैं। हमें भी मजबूर कर देता उन्हें 'देखने' को। देखते रहने को। नवाज़ देता हमें एक नयी नज़र से।

भूपेन का काम देखने के बाद अपने चारों तरफ़ की दुनिया देखना ऑस्कर वाइल्ड के सच को महसूस करना है कि ज़िन्दगी कला की नक़ल करती है। हम तो हम, शहर में घूमते वक़्त ख़ुद भूपेन कई बार पशोपेश में पड़ जाता था कि असली लोगों को देख रहा है या अपने चित्रों के पात्रों को।

बिलकुल आख़िरी दिनों की बात है। गुजरात में हुई २००२ की हिंसा के बाद अपना बड़ोदा का घर बन्द कर हम लोग दिल्ली में रहने लगे थे। उन दिनों किसी भी दिन अचानक भूपेन का फ़ोन आ जाता : 'वहाँ क्या कर रहे हो ? आ जाओ कुछ दिन के लिए मेरे पास।' गीतांजलि ने, मज़ाक़ में, भूपेन को अपनी सौत कहना शुरू कर दिया था। उन्हीं दिनों, २००२ में, पता चला कि तेज़ी से बढ़ रहा है भूपेन का कैंसर। बच रहा मारक इन्तज़ार। अन्त का। एक साल, छह महीने, या उससे भी कम। कम दिन कम होते चले गये।

नित सिमटती मोहलत के उन्हीं दिनों की बात है। कुछ दिन भूपेन के साथ रह मैं दिल्ली लौटने वाला था। दोपहर के भोजन के बाद भूपेन की आँख लग गयी थी। मैं बगल में ही बैठा था। आँख खुली तो बोला : 'कब जा रहे हो दोस्त ?' 'बताया तो था कल जा रहा हूँ,' मैंने कहा। 'नहीं, अपने से पूछ रहा था मैं,' उसने कहा।

कैसा तो था वह सपाट स्वगत। पर मैं फफक भी नहीं सकता था। भावनात्मक प्रदर्शन नहीं चाहता था वह। न ही आत्म-दया होती थी उसके बोलने में। उन विकट दिनों में भी—सिवाय अस्पताल में भरती होने पर—काम नहीं रुकता था उसका। न ही रुकता था उसका शाम को दोस्तों के साथ बैठना। फ़र्क़ सिर्फ़ इतना था कि कैनवस पर तैल चित्र नहीं हो सकते थे, सो वॉटर कलर का काम ज़ोरों पर था। एक नयी दिशा में जाने वाले भूपेन के आख़िरी दिनों के इस काम की एक बड़ी प्रदर्शिनी, जिस का ज़िक्र अलग से बाद में होगा, वढेरा आर्ट गैलरी दिल्ली में हुई थी। एक और फ़र्क़ भी आया। भूपेन का ख़ुद का पीना बराये नाम हो गया। लेकिन दोस्तों को पिलाने, उन्हें पीते देखने और बातों के सुख में

कोई कमी नहीं आयी।

'पीना बराये नाम हो गया' लिखते ही भूपेन का मौत से सिर्फ़ चार महीने पहले का 'इण्टरव्यू' याद आ गया। इण्टरव्यू का बड़ा शौक़ीन था वह। इस शब्द में ही मानो कोई सम्मोहन था उसके लिए। प्रसिद्धि के दिनों में तो कोई कमी होती नहीं थी इण्टरव्यू की। देश में तो आये दिन पत्रकारों और दूसरों के इसरार होते ही रहते थे उससे इण्टरव्यू के, विदेश में भी रेडियो, टेलीविज़न और पत्रकार उसे इण्टरव्यू का आनन्द देते रहते थे। आनन्द-प्राप्ति के बावजूद इन साक्षात्कारों में सामान्यत: पूछे जाने वाले घिसे-पिटे और बेमानी सवालों से बड़ी झुँझलाहट भी होती थी उसे। सो अक्सर, जैसा कि हम आगे देखेंगे, ख़ुद अपने ही एक से एक मज़ेदार इण्टरव्यू करता रहता था वह।

ये बड़ी दिक़्क़त है भूपेन के बारे में लिखने की। बात कोई शुरू होती है और न जाने कितनी दूसरी बातें याद आने लगती हैं। बात चल रही थी आख़िरी दिनों में उसके बराये नाम पीने की और पहुँच गयी साक्षात्कारों के लिए उसकी दीवानगी पर। ख़ैर हुआ यों कि भूपेन के पुराने दोस्त सदानन्द मेनन ने उसको इण्टरव्यू करने की इच्छा जतायी। अन्धा क्या चाहे? इण्टरव्यू वाले दिन से ही भूपेन की कीमोथेरापी चालू होने वाली थी। पर भूपेन इण्टरव्यू के लिए ना तो कर ही नहीं सकता था। मान गया ख़ुशी-ख़ुशी और समय से तैयार हो कर बैठ गया। बड़ा दिलचस्प इण्टरव्यू हुआ यह। पेश भी सदानन्द ने इसे ऐसे जीवन्त तरीक़े से किया है कि पढ़ने वाले रूबरू हो जायें भूपेन से। उन्हें न सिर्फ़ सवालों और जवाबों का लुत्फ़ मिले बल्कि यह भी पता चलता रहे कि इण्टरव्यू के दौरान कितनी बार फ़ोन की घण्टी बजी और कैसे भूपेन ने हर बार 'इण्टरव्यू चाले छे' कह कर फ़ोन करने वालों को अपनी महत्त्वपूर्ण व्यस्तता का एहसास कराते हुए चुप कर दिया।

इण्टरव्यू ख़तम होने ही को था कि एक और फ़ोन आ गया। इस बार भी भूपेन ने उसी अदा में कहा : 'इण्टरव्यू चाले छे।' पर इस बार बात इतने पर ही ख़तम नहीं हुई। उधर से कुछ और सवाल भी हुए जिन का अन्दाज़ भूपेन के जवाबों से लग जाता है। सारे सवाल उसकी तबियत को लेकर थे। भूपेन ने बताया कि कीमोथेरापी शुरू होने जा रही है। अन्त में एक सवाल आया जिसके जवाब में भूपेन ने कहा : 'नो, नो, ऑव कोर्स आई

कौंटीन्यू टू ड्रिंक। अब इतना भी टॉर्चर मत करो यार।'

कैंसर का टॉर्चर कैसा भी भयानक क्यों न रहा हो, भूपेन ने शाम को दोस्तों के साथ एक गिलास ले के न बैठ पाने के टॉर्चर से भरसक अपने को बचाये रखा। दिन के काम और शाम के गिलास का आनन्द धुर अन्त तक लेता रहा। सिवाय आख़िरी एक हफ़्ते के।

प्रसंग छिड़ ही गया है तो इस मसले पर बड़ी ही आसानी से हो जाने वाली एक ग़लत-फ़हमी की गुंजाइश शुरू में ही ख़तम कर देना अच्छा है। भूपेन न पियक्कड़ था न लतियड़। शौक़ीन था शराब का। पूरी नफ़ासत से बरतता था सुरापान की संस्कृति। सिर्फ़ दोस्तों के साथ बैठकर ही पूरा करता था अपना यह शौक़। मजाल जो कभी किसी ने उसको ज़्यादा पीते, बहकते, या लड़खड़ाते देखा हो। बस एक निराली अदा थी उसकी। नाटक करता ही रहता था हर वक़्त। शाम को, बुलाये-बिनबुलाये, किसी दोस्त के घर गया है और, जैसे गुजरात में रिवाज है आने वालों के विराजते-विराजते उनके सामने पानी के गिलास पहुँचा देने का, दोस्त ने अगर तुरन्त ही ज़रूरी उपक्रम शुरू नहीं कर दिया तो अधीरता का नाटक करता हुआ कहता : 'दारू लाओ दोस्त!'

'दोस्त' बहुत प्रिय शब्द था भूपेन का, और अनगिनत दोस्त थे उसके। अपने आप से भी दोस्ती थी उसकी : 'कब जा रहे हो दोस्त?' ठेठ अपवाद था वह इस अन्यथा सोलहों आने सच का कि संसार में आप के परिचित भले ही अनगिनत हों, दोस्त इने-गिने ही होते हैं। देखने में नहीं आया उस जैसा कोई और अपवाद।

७ अगस्त २००३ को ख़बर पाते ही कि भूपेन की हालत 'गम्भीर' है, अतुल डोडिया और नौशिल मेहता तीसरे पहर की उड़ान लेकर बम्बई से बड़ोदा पहुँच गये। अस्पताल में डॉक्टर हर्षा हेगड़े ने उन्हें भूपेन के कमरे में दाख़िल कर दिया। भूपेन ने मौन मुस्कान दी उन्हें। दिल पर पत्थर रखे-रखे नौशिल और अतुल हमेशा जैसी मस्ती दरसाने लगे उसके सामने। कहने लगे, क्यों बेवकूफ़ बना रहे हो, बहुत कर लिया दोस्तों को परेशान, ले ली उनकी सहानुभूति, अब बन्द करो ये ड्रामा। थोड़ी देर बाद उसने इशारा किया कि अँधेरा हो रहा है, वे जायें, घर में बोतल का इन्तज़ाम है उनके लिए।

दूसरी शाम ही अन्त आ गया। आ क्या गया, लाया गया। भूपेन के परम चहेते और उसकी पूरी बीमारी के दौरान चिकित्सा का सारा इन्तज़ाम करवाने वाले हर्षा हेगड़े ने भूपेन की भाभी, गुलाम, नीलू वग़ैरा से बात कर के तय किया कि मशीनों के सहारे बस कहने के लिए भूपेन को जिलाये रखना कोरी भावुकता होगी। (अकेली नीलू इस फ़ैसले के विरुद्ध थी।)

जानते हुए कि दिवंगत दोस्त क्या चाहता, गुलाम शेख ने अस्पताल में जमा दोस्तों को अपने यहाँ बुला लिया। नौशिल मेहता ने *श्री खख्खर प्रसन्न* में बड़ा हृदय-विदारक वर्णन किया है उस बैठक का। उस रात वहाँ बैठे-बैठे नौशिल 'ने महसूस किया कि भूपेन के बहुत से दोस्तों के लिए—उस समय गुलाम के घर में मौजूद दोस्त भी और दूसरे भी—जीवन अब दो भागों में बँट जाने वाला है : भूपेन के साथ और भूपेन के बाद। और दोनों भाग भूपेन के बोलने की ध्वनि से गूँजते रहेंगे।'

सो देखें भूपेन की दोस्ती और उसके दोस्त।

विवान सुन्दरम द्वारा कसौली में लिया गया भूपेन का चित्र

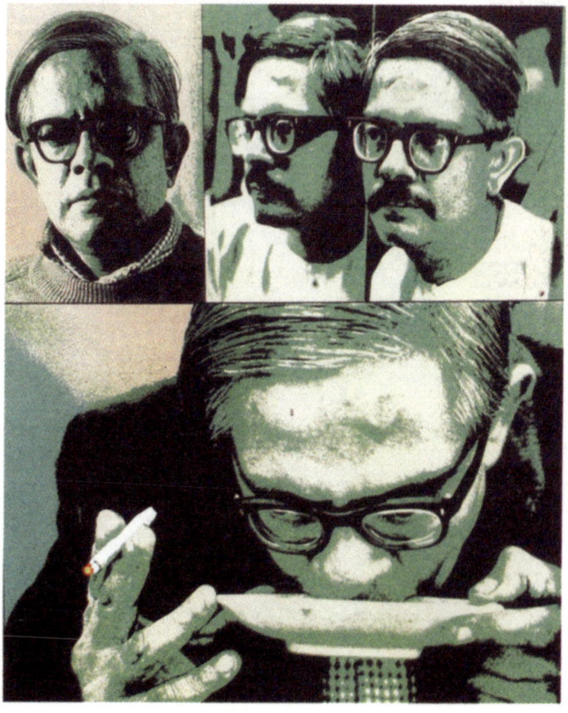

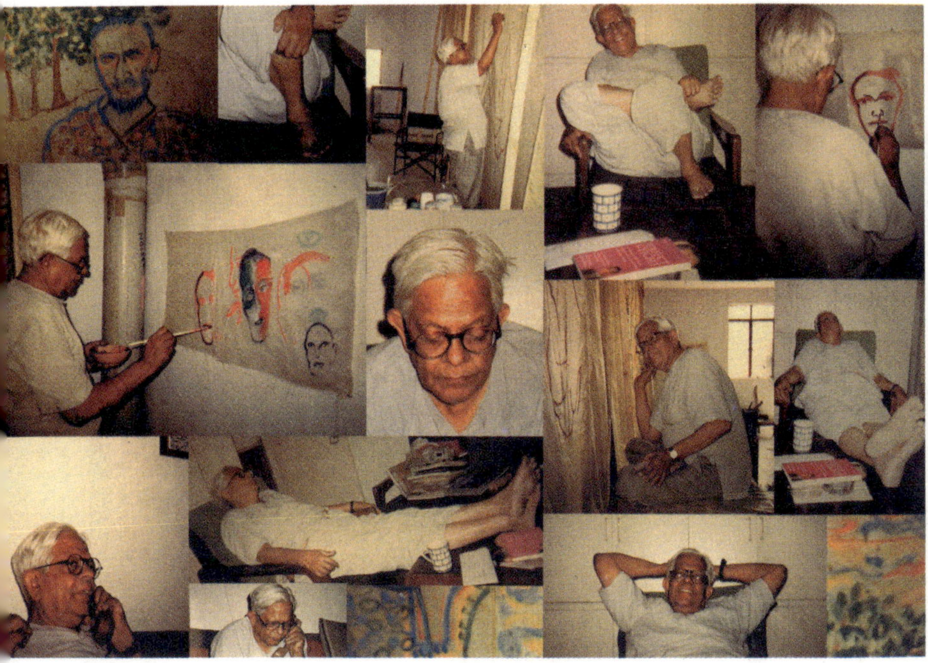

टिमथी हाइमैन का बनाया भूपेन का स्कैच

मित्रों के संग भूपेन

भूपेन की दोस्ती

कुछ दोस्तियाँ पता लगने से पहले ही शुरू हो जाती हैं। या, शायद, अपने हो जाने का एहसास होने लगने पर उससे भी पहले रहे होने का भ्रम देती हैं। भूपेन के साथ मेरी दोस्ती कुछ ऐसी ही है। अच्छी तरह याद है असली पहली मुलाक़ात। इस असली मुलाक़ात से पहले भी एक बार मिले थे। हम दोनों की साझी दोस्त गीता कपूर के साथ रात की शो में कोई फ़िल्म हम ने देखी थी दिल्ली में। हाथ मिलाने भर की मुलाक़ात थी वह। जब असली मुलाक़ात हुई तो भूपेन को फ़िल्म वाली मुलाक़ात की याद भी नहीं थी, और मैंने याद दिलायी नहीं।

जब असली मुलाक़ात हुई तो एक उंसियत-सी उभर आयी हमारे बीच। पर यह नहीं लगा कि दोस्त हो गये हम। न ही बाद में कभी ऐसा लगा कि उस मुलाक़ात के अन्त में विदा लेने वाला भूपेन मेरा दोस्त नहीं था।

भूपेन को भी ऐसा ही लगा हो मैं कह नहीं सकता। पूछने की न कभी इच्छा हुई न ज़रूरत।

१९८० में हुई थी यह मुलाक़ात। १९८० का मध्य था या अन्त, याद नहीं। गीतांजलि—कथाकार गीतांजलि श्री नहीं बनी थीं तब तक—और मैं कुछ महीनों पहले एक-दूसरे की तरफ़ खिंचने लगे थे। विवान सुन्दरम और गीता कपूर ने उन दिनों शिवमहाल में एक 'आउट हाउस' किराये पर लिया हुआ था जहाँ वे गाहे-बगाहे रहा करते थे। आम और चीकू के मनोरम बाग़ में स्थित ये छोटा-सा घर कुछ दिनों के लिए उन्होंने दे दिया था हमें। इसी घर में एक दोपहर अपने ख़ास दोस्त वल्लवभाई के साथ

भूपेन आया। पारस्परिक परिचय के बाद उसने बताया कि गैस का जो सिलिण्डर हम इस्तेमाल कर रहे हैं वह उसने गीता-विवान को अस्थायी तौर पर दिया हुआ था, और अब दुर्भाग्य से—उस का मतलब हमारे दुर्भाग्य से था—उस को अपने सिलिण्डर की ज़रूरत आन पड़ी थी। चूँकि हम को पहले ही आगाह कर दिया गया था इस बाबत, हम तैयार थे स्टोव से अपना काम चलाने के लिए।

थोड़ी देर बात करने के बाद भूपेन और वल्लवभाई सिलिण्डर लेकर चले गये। चलने से पहले भूपेन ने अगले दिन दोपहर के खाने का न्योता हमें ऐसे इसरार से दिया कि ना कहने की गुंजाइश ही नहीं थी। इतना ही नहीं, पता लगने पर कि हमें शास्त्रीय संगीत का शौक़ है, उसने बताया कि कलाकार गुलाममोहम्मद शेख के पास बड़ा अच्छा संग्रह है पुराने संगीतकारों के गायन-वादन का, और कहा कि वह गुलाम से तय कर लेगा कि हम लोग कब गुलाम और उनकी पत्नी कलाकार नीलिमा—नीलू—के घर जा सकते हैं।

इस तरह अचानक शुरू हुई मुलाक़ात दूसरे दिन खाने के दौरान और गहरा गयी। गुलाम-नीलू के घर एक रात्रि-भोज का निमन्त्रण इसी बीच भूपेन ले चुका था हमारे लिए। शायद हमारी स्थिति भी भाँप ली थी उसने। सो उसी दिन स्थायी निमन्त्रण भी दे दिया कि जब इच्छा हो उसके घर आ कर ठहर जायें। कोई दिखावा नहीं था उसकी बातों में। पूरे मन से कह रहा था कि जब चाहो आओ मेरे घर, जितने दिन चाहो रहो।

इसी बीच मुझे बड़ोदा से दो घण्टे की रेल की दूरी पर सूरत के सेन्टर फ़ोर सोशल स्टडीज़ में काम मिल गया और हमारी मुलाक़ातें बढ़ गयीं।

भूपेन जब भी विदेश जाता उसका घर पूरी तरह से हमारा हो जाता। पाण्डु—भूपेन के 'मैन फ्राइडे'—छुट्टी पर अपने घर चले जाते। जब पहली बार हम इस तरह भूपेन के घर रह रहे थे तो एक सुबह लगा कि कोई आदमी बाहर बरामदे में खड़ा हो खिड़की से अन्दर झाँक कर तुरन्त ही ग़ायब हो गया। यह रणछोड़भाई थे। भले ही हम ने उसी दिन उनको झाँकते हुए देखा हो, यह उनका नित्य का नियम था। रोज़ अपने घर से निकल कर सीधे भूपेन के घर आते और बाहर से ही झाँक कर अपने काम पर चले जाते। भूपेन घर में हो तो भी सिर्फ़ झाँक के चले जाते। दर्शन के लिए आते और चले जाते।

आम नज़र से देखें तो बड़ा असामान्य था भूपेन और रणछोड़भाई का सम्बन्ध। कुली थे रणछोड़भाई, जब दोनों की दोस्ती शुरू हुई। मिले थे एक पान की दुकान पर सिगरेट ख़रीदते हुए। देखते-देखते दोस्ती गाढ़ी हो गयी। रोज़ मिलने लगे, घण्टों बातें करते, कभी-कभी सड़क किनारे बैठे-बैठे। (बड़ोदा में कम से कम १९७० के दशक तक सड़क किनारे अड्डेबाज़ी आम थी। सूरत में तो पिछली शताब्दी के अन्त तक चलता रहा ये रिवाज़, ख़ासतौर से औरतों में जो सड़क के बीचोंबीच भी बैठ लेतीं।) उसी दौरान रणछोड़भाई की एक टाँग सड़क दुर्घटना में बुरी तरह घायल हो गयी। डाक्टरों ने टाँग काट देने की सलाह दी, पर भूपेन न माना। अहमदाबाद ले गया रणछोड़भाई को इलाज के लिए, और उनके रहने की व्यवस्था अपने धनी मित्रों, दम्पत्ति शीतल और किन्नरी लाखिया, के यहाँ की।

रणछोड़भाई रिलैक्सिंग इन बैड

रणछोड़भाई चंगे हो बड़ोदा लौट आये। पता नहीं कैसे और क्यों—भूपेन ने पूछा नहीं, उन्होंने बताया नहीं—कुलीगीरी तज अवैध शराब के धन्धे में लग गये। धन्धा चल निकला। तीन ठिकानों से १४ मातहतों की मार्फ़त अपना माल बेचते और ख़ुद भी पी कर धुत होते। फिर अचानक एक दिन छोड़ दिया धन्धा। मानो—उनके अपने शब्दों में—पहनी हुई क़मीज़ उतार दी हो।

अपनी बचत की रकम में भूपेन के १० हज़ार रुपये मिला कर रणछोड़भाई ने एक 'होटल' ख़रीद लिया और अपनी पत्नी—तीसरी पत्नी—के साथ उसकी देखभाल करते हुए एक नयी ईमानदारी की ज़िन्दगी बिताने लगे। कम दाम में चाय-नाश्ता-खाना मुहैया कराने वाली जिन दुकानों को क़स्बों में होटल कहा जाता है, वैसा ही था रणछोड़ भाई का होटल। हमारी दोस्ती शुरू ही हुई थी कि भूपेन मुझे रणछोड़भाई से मिलाने उनके होटल ले गया। ख़ासे भरे बदन और पीले टूटे-टाटे दाँतों वाले सत्तर साला निरक्षर रणछोड़भाई ने बहुत प्यार से मेरा स्वागत किया। काउंटर पर हिसाब-किताब के लिए तैनात अपनी पत्नी से मिलवाया। फिर इतमीनान से हमारे साथ बैठ गये। गाँठिया खाते और चाय पीते हम देर तक बातें करते रहे।

रणछोड़भाई

ख़ासी सहज रही पूरी मुलाक़ात। लगा नहीं कि कोई कृत्रिमता है हमारे बीच। कि कोई विशेष प्रयास किया जा रहा है बीच में पसरी वर्ग और शिक्षा की दूरी पाटने का। जब रणछोड़भाई और उनकी पत्नी से 'आवजो' कह के मैं भूपेन के स्कूटर पर पीछे बैठने लगा तब समझ में आया कि कितना भी स्वाभाविक बना रहा होऊँ रणछोड़भाई से बातचीत के दौरान, मेरे लिए वास्तव में स्वाभाविक था नहीं वह। भूपेन न होता तो मैं अपनी ओर से वैसी मस्ती भरी बातचीत न चला पाता रणछोड़भाई के साथ।

निम्न और निम्न-मध्यम वर्गीय आदमियों के साथ भूपेन की अन्तरंगता का पूरा लेखा-जोखा मुमकिन नहीं। अन्दाज़ भर लगाया जा सकता है उसका। केवल अपने देखे की बात करूँ तो भूपेन के घर में रहने के दौरान इस तरह के लोगों से हर दिन ही मुलाक़ात होती थी। इन सब के सम्बन्ध भूपेन के साथ बराबरी के ही नहीं स्नेह—और कुछ के साथ प्रीत—के भी थे। वे लोग बग़ैर किसी हिचकिचाहट के हमारे साथ बैठते और बातें करते थे। भोजन का समय हो जाय तो साथ बैठकर खाते थे।

इस तरह के लोग ज़्यादातर सूरज ढले तक वापस चले जाते। पर एक ख़ास दोस्त थे—हीराभाई—जो कभी-कभार देर तक—या रात में भी—रुक जाया करते थे। सुन्दर शरीर और नाक-नक़्श वाले वृद्ध हीराभाई अपनी खेती-बाड़ी छोड़ बड़ोदा में आ बसे थे। कम से कम मुझे तो बड़े आकर्षक लगते थे, सलीक़े से बाँधी गयी झक्क सफ़ेद धोती और वैसे ही झक्क सफ़ेद कुर्ते में। एक बार उनकी उपस्थिति में हम लोगों का सुरापान चल रहा था। किसी का गिलास ख़ाली हो गया था। भूपेन के घर को सहज अपना मानने वाले हीराभाई ने मेहमाननवाज़ी निभाई और तपाक से पूछा : 'आप और व्हिक्सी लेंगे भाई ?' ख़ास दोस्तों के बीच बैठी हो तो गीतांजलि आज भी हीराभाई को याद कर 'व्हिक्सी' ही बोलती है। एक बार उन्होंने भी ले ली थी, हम लोगों के इसरार और भूपेन के समझाने पर कि हर्ज़ क्या है इसमें, अंगूर का पानी ही तो है यह।

भूपेन के तड़क-भड़क विहीन व्यक्तित्व और सहज स्वभाव की ही तरह उसके छोटे-से सामान्य घर और सादा रहन-सहन ने भी ये दोस्तियाँ मुमकिन कीं। भूपेन ने जान-पहचान के एक वास्तुकार से मिल कर अपनी ज़रूरतों और सौन्दर्य-बोध के अनुसार इस घर का नक़्शा तैयार करवाया था, और घर को नाम दिया था 'परमानन्द', बचपन में खो दिये

अपने पिता की स्मृति में।

सफ़ेद पत्थर पर सुन्दर अक्षरों में लिखे 'परमानन्द' के बग़ल में लगे छोटे-से फाटक को खोलते ही आम और देसी बादाम के दो छतनारे पेड़, दो सीढ़ियाँ चढ़ कर एक चबूतरा और, मनोरम गुजराती परम्परा का पालन करता हुआ एक झूला। फिर दरवाज़े से (जो दिन में प्रायः खुला ही रहता) अन्दर प्रवेश। घुसते ही इतनी जगह कि ज़रूरत पड़ने पर वहाँ खाने के लिए मेज़ लग जाय। बग़ल में रसोई घर, वाश-बेसिन, स्नान घर और संडास। फिर इससे क़रीब डेढ़ फुट ऊँचा एक और स्तर कमरे की लम्बी दीवार तक जाता। यहाँ दीवार से लगी हुई क़रीब ढाई फुट ऊँची पत्थर की लम्बी सैटी और उस पर गद्दा ताकि बैठने में असुविधा न हो। इसके बाद एक और डेढ़ फुट ऊँचा स्तर जो भूपेन का खुला स्टूडियो था। यहीं भूपेन का ईज़ल (हमेशा ही एक कैनवस से लैस) उसके सामने बग़ैर हत्थे की निहायत मामूली लकड़ी की सीट वाली कुर्सी और उसके बग़ल में रंगों से भरी एक खस्ता-हाल मेज़। अगल-बग़ल अनेक आकार के कैनवस, कुछ ख़ाली, कुछ पर थोड़ा-बहुत काम और कुछ तैयार चित्र। इसी खुले स्टूडियो से ऊपर लैंडिंग को जाता खुला ज़ीना, और लैंडिंग से लगा एक शयन-कक्ष। भूपेन से ज़्यादा उसके मेहमानों के काम आता यह शयन-कक्ष।

शयन-कक्ष के ऊपर घर की बड़ी छत थी जो दो स्तरों में बँटी हुई थी। ख़ूब इस्तेमाल होता था इस छत का। गर्मियों में अक्सर छत पर ही सोते। छत के दो स्तर होने का एक फ़ायदा यह था कि सोने वाले चाहें तो आपस में थोड़ा पर्दा भी हो जाता था। गीतांजलि और मैं भूपेन के घर में होते और मौसम सही होता तो हम नीचे सोते ही नहीं थे। इस के अलावा मन बन जाय तो शाम की मौज़-मस्ती भी हो जाती थी छत पर। फिर जब आर्थिक स्थिति बदली और आधे दिन वाली नौकरी छोड़ दी तो भूपेन को लगा कि सारे दिन काम करने के लिए अलग स्टूडियो होना चाहिए। कौन जाने यह भी रहा हो कि जहाँ हर ऐरे-ग़ैरे नत्थू-ख़ैरे का अपना स्टूडियो है वहाँ भूपेन खख्खर का क्यों न हो। बनवा लिया छत के एक हिस्से पर बड़ा-सा स्टूडियो। बन जाने पर बड़े उछाव से दिखाया दोस्तों को, कहा कि अब काम चलेगा ज़ोरों से। चला काम चार दिन नव-निर्मित स्टूडियो में। फिर लौटा लाये भूपेन खख्खर अपना सारा

अपने 'स्टूडियो' में भूपेन

ताम-झाम वापस नीचे। हल्ले-गुल्ले के बीच ही काम कर सकते थे वह।

सिवाय गुसलघर और संडास के, घर का नीचे का पूरा हिस्सा ऐसे बना था कि भूपेन जब चाहे हर जगह से—ऊपर की लैंडिंग से भी—अपना ईज़ल देख सकता था। उतना खुला और उतने स्तरों व कोणों वाला कोई और घर मैंने तो नहीं देखा। वह घर प्राइवेसी के लिए नहीं बना था। जो आये वहाँ उसी का हो जाये वह। आने वाले सब बराबर के हो जायें। मामूली से मामूली घर में भी मिल जाने वाली सोफ़ा सैट जैसी कोई चीज़ नहीं थी भूपेन के यहाँ। घर के साथ ही बनवा दी गयी लम्बी सैटी, वहीं सामने पड़ी एक चारपाई और दो-तीन मामूली कुर्सियाँ। जिस की जहाँ इच्छा हो, या जिस को जहाँ जगह मिल जाये, बैठ जाये। टी-सैट, डाइनिंग-सैट और कटलरी-सैट जैसा कोई ताम-झाम भी नहीं था। चाय मामूली कपों में आ जाती, खाना भी थालियों-कटोरियों में परोस दिया—परोस लिया—जाता। कभी-कभार वाइन खुल जाये तो उसके लिए अलग से गिलास भी नहीं थे। व्हिस्की वग़ैरा भी मामूली काँच के गिलासों में पी जातीं।

कोई आडम्बर, कोई दिखावा नहीं था वहाँ। कोई कोशिश नहीं थी आप को प्रभावित करने की। मामूली से मामूली शख़्स को भी झिझक न होती वहाँ आने में। न ही भूपेन को झिझक होती बड़े से बड़े व्यक्ति को वहाँ बुलाने में।

यही हाल भूपेन के कपड़ों का था। घर में होता तो वही चौड़े पाँयचे का ऊँचा-सा सफ़ेद पायजामा और सफ़ेद कफनी। (बाद के दिनों में अक्सर काले ताकि पेंटिंग के दौरान सफ़ेद कपड़ों पर छा जाने वाले रंगों से बचा जा सके।) बाहर जाने के लिए सादी-सी पतलून-कमीज़। उसकी बड़ी खिंचाई की थी हम लोगों ने, जब राष्ट्रपति भवन में पद्मश्री पाने के लिए उसने ख़ासतौर से बन्द गले का एक शानदार ऊनी सफ़ेद कोट बनवाया था। हाँ, कभी-कभार अमरीका-यूरोप में कुछ अच्छा लग जाये तो ले आता था। सँजो के रखता उसे और ख़ास-ख़ास मौक़ों पर निकालता पहनने के लिए। उसकी इस आदत का एक बार मुझे बड़ा फ़ायदा हुआ। एक बार अमरीका से बड़ी ही स्टाइलिश बग़ैर बाँहों की एक नीली बण्डी लाया था अपने लिए। मेरे लिए भी एक बण्डी लाया था। भूरे-से रंग की बाँहदार। मेरी बण्डी बहुत अच्छी थी, आज भी पहनता हूँ उसे। पर उसकी

बण्डी की बात ही और थी। बहुत भा गयी मुझे। ख़ूब तारीफ़ की मैंने उसकी बण्डी की। कुछ दिन ख़ुद पहन के उसने वह मुझे दे दी, यह कहते हुए कि हमेशा के लिए नहीं दे रहा। अपनी समझ से मुझे काफ़ी दिन तक पहन लेने देने के बाद उसने बण्डी वापस माँग ली। पर इस बीच उसका बदन भर गया था और बण्डी उस पर काफ़ी कसी-कसी लगने लगी थी। फिर भी वह पहनता रहा उसे। मेरा भाग्य अच्छा था। गीता ने एक दिन भूपेन को इस बण्डी में देख लिया। वह मुझे भी इसमें देख चुकी थी। छूटते ही बोली : 'भूपेन, अब सुधीर को ही दे दो ये बण्डी, क्यों ज़बरदस्ती इस को पहनते हो, बहुत भद्दी लगती है तुम पर।' दे दी उसने मुझे, बड़े बेमन से।

वापस भूपेन की दोस्तियों पर। कुली रणछोड़भाई का धनाढ्य शीतल-किन्नरी के घर परिवार के सदस्य की तरह इलाज के लिए रहना और भूपेन के घर में हर वर्ग के लोगों का मिलना-जुलना-खाना-पीना प्रमाण है उसकी निश्छल नि:स्वार्थ दोस्तियों के विशाल विस्तार और उनकी गहराई का। एक और उदाहरण—इस बार दूसरे छोर से—भूपेन के वर्ग-विभाजन से मुक्त हो गये व्यक्तित्व का, उन दिनों से जब वह घर ख़र्च चलाने के लिए पहले ज्योति लिमिटेड और फिर भारत लिण्डनर में आधे दिन के लिए अकाउण्टेंट की नौकरी करता था। कम्पनी के मालिक नानुभाई अमीन और, उन से भी अधिक, उनकी पत्नी सविताबेन से भूपेन के बहुत ही अच्छे सम्बन्ध थे। घर का आना-जाना भी था। गीतांजलि और मैं भी बुलाये गये थे भूपेन के संग उनके यहाँ रात्रि-भोज के लिए। नानुभाई और उनकी पत्नी ही नहीं, नानुभाई की सेक्रिटरी और उनके ख़ासम ख़ास रामभाई से लेकर ऑफ़िस के अपने साथियों, मातहत क्लर्कों और चपरासियों तक सब के साथ उसके स्नेहपूर्ण सम्बन्ध थे।

निम्न और निम्न-मध्यम से मध्यम और उच्च वर्गों तक फैली हुई थीं भूपेन की दोस्तियाँ। लेकिन सामान्य अँग्रेज़ी शिक्षित मध्यम वर्ग का प्रतिनिधित्व अपेक्षाकृत कम था इन दोस्तियों में। इस वर्ग से आने वाले उसके अधिकांश मित्र या तो बुद्धिजीवी थे या उसके अपने जैसे कलाकार और लेखक। मानो कि इस वर्ग के लोग भूपेन के मित्र तभी बन सकते थे जब उन में कोई अतिरिक्त गुण भी विद्यमान हो। बाक़ी वर्गों के लिए कोई अतिरिक्त योग्यता आवश्यक नहीं थी। लगता है कि सिर्फ़ अपने

मध्यम वर्ग को लेकर ही सशंकित-सा रहता था वह।

ज़रूरत से ज़्यादा ही ख़याल रखता था भूपेन अपने दोस्तों का। जून १९८५ में गीतांजलि और मैं छः महीने के लिए विदेश जा रहे थे। बड़ोदा से बम्बई जा कर लन्दन के लिए रवाना होना था आधी रात के बाद। दिन की कोई गाड़ी लेकर हम सीधे हवाई अड्डा जाने की सोच रहे थे। भूपेन ने कहा कि बम्बई में भयंकर बारिश हो रही है सो बेहतर होगा कि हम एक दिन पहले बम्बई चले जायें। उसके भाई-भाभी के घर रहें और दूसरे दिन जैसे ही बारिश कुछ कम हो हवाई अड्डे के लिए रवाना हो जायें। बम्बई में ऐसा सहज स्नेह उसके भाई-भाभी—नरेशभाई और लेखाबेन—से मिला कि लगा ही नहीं पहली बार मिल रहे हैं उन से। दूसरे दिन मौसम के सुधरते ही उन्होंने भरोसे की टैक्सी में बिठा हमें हवाई अड्डे भेज दिया।

लन्दन के लिए भी भूपेन ने हमें अपने दोस्तों के नाम और पते दे दिये थे। शुरू के पाँच-सात दिन रहने की व्यवस्था अपने मित्र पुरुषोत्तमभाई के घर में कर दी थी। सरकार से मिल रहे 'डोल' से पूर्ण रूपेण सन्तुष्ट, बड़े सुख का जीवन जी रहे थे पुरुषोत्तमभाई अपनी पत्नी कुसुमबेन और जवानी में क़दम रख रहे अपने बेटे के साथ। बड़े चाव से अपनी अपटन पार्क की बस्ती दिखाने ले गये हम दोनों को। ईर्ष्या से कोसों दूर, एक के बाद एक घर और दुकान की ओर इशारा करते और कहते : 'ये भी अपना है।' तमाम 'अपनी' दुकानों में ले जाकर परिचय भी कराया हमारा। सन्तोष धन से परिपूरित, न जाने कितनी बार दिन में कहते : 'कोई वाँधा नहीं।' इसका मतलब होता कि आप परेशान न हों मैं सब ठीक कर दूँगा। बड़े प्रसन्न थे पुरुषोत्तमभाई लन्दन के अपने 'गुजरात' में।

जल्दी ही हम पुरुषोत्तमभाई से बिलकुल अलग क़िस्म के भूपेन के दोस्तों से मिलने लगे। तब समझ में आया कि भूपेन अपने दोनों ही तरह के दोस्तों और उनके एक-दूसरे से भिन्न लन्दनों में समान रूप से प्रसन्न रहता था।

जैसे ही हम ने इन दूसरे दोस्तों को फ़ोन करने शुरू किये, मुलाक़ातों के निमन्त्रण मिलने लगे हमें। सबसे पहले मिलना हुआ टिमथी हाइमन से गैलरी ऑव माडर्न आर्ट में। अगले दिन हम टिमथी और उनकी कथाकार पत्नी जूडिथ के घर भोजन कर रहे थे। वे दोनों एक महीने के लिए इटली

जा रहे थे, सो उन्होंने पूरे महीने के लिए अपना घर हमें दे दिया। उसी दौरान तारिक अली ने, भूपेन के दोस्त के नाते, हमें अपने यहाँ बुलाया और अगले दो महीनों के लिए अपना दुमंज़िला मकान देने का वादा कर दिया। वे भी सपरिवार छुट्टी मनाने बाहर जा रहे थे। भूपेन के प्रताप से, सिवाय एक हफ़्ते के, लन्दन में हमें एक शिलिंग तक नहीं ख़र्च करना पड़ा किराये पर। जो मुलाक़ातें हुईं सो अलग।

इन मुलाक़ातों में लेडी डफ़रिन से हुई मुलाक़ात बिलकुल ही अनोखी है। इन के एक पूर्वज, लॉर्ड डफ़रिन, हमारे वाइसरॉय रहे थे और उन्हीं के शासन काल (१८८४-८८) में अँग्रेज़ों ने बर्मा हड़पा था। मुलाक़ात के दौरान पता चला कि डफ़रिन परिवार की यह बहू जगत् विख्यात गिनेस परिवार की बेटी है। हमें शाम को 'हाई टी' के लिए बुलाया गया था। वहाँ की शान-ओ-शौक़त का वर्णन करने का लोभ छोड़ बस एक प्रसंग की चर्चा करूँगा जिससे भूपेन की एक ख़ासियत उजागर होती है।

चाय हो चुकी थी और लेडी डफ़रिन अपने मायके और ससुराल की बातें किये जा रही थीं। तभी उन्होंने बग़ल की कॉर्निस पर रखी भगवान बुद्ध की एक छोटी-सी मूर्ति की तरफ़ इशारा किया। बताया कि ख़ालिस सोने की है और उस में असली रतन जड़े हैं। ये मूर्ति तीसरे आंग्ल-बर्मा युद्ध और उसके फलस्वरूप अँग्रेज़ी साम्राज्य में बर्मा के विलय के बाद बड़े लाट साहब डफ़रिन को भेंट की गयी थी। भेंट में मिली ऐसी और भी चीज़ें थीं उनके घर में। फिर इसरार किया कि हम हाथ में उठा कर देखें उस नायाब मूर्ति को। मैं तब तक ख़ासा उखड़ चुका था। लेडी डफ़रिन अपने प्रसिद्ध ददिया—शायद परददिया—ससुर को मिली 'भेंट' का बखान कर रही थीं, और मेरे दिमाग़ में बर्मा और हिन्दुस्तान की अँग्रेज़ों के हाथों हुई लूट और तबाही कौंधे जा रही थी।

पर शिष्ट बने रहना था। सो अनमना-सा हाथ बढ़ा दिया मूर्ति उठाने को। पिद्दी जान उस मूर्ति को उठाने के लिए जितना ज़ोर लगाया था नाकाफ़ी था। हाथ में मोच आते-आते रह गयी। छद्म शिष्टाचार और निभाना पड़ा। मूर्ति मेरे हाथ में थी और लेडी डफ़रिन उसकी विशेषताएँ गिनाये जा रही थीं। उन से विदा लेने के बाद देर तक बड़े उखड़े-उखड़े रहे गीतांजलि और मैं।

तब नहीं सोचा था। अब समझ में आता है कि, गीतांजलि और मुझसे नितान्त विपरीत, भूपेन बड़े सहज भाव से लेडी डफ़रिन जैसों से दोस्ती

कर लेता था। अपने इतिहास को वह भी जानता था, लेकिन लोगों के प्रति जजमेंटल नहीं होता था। सिवाय गुजरात २००२ जैसी नाकाबिल-ए-बर्दाश्त स्थिति में। और समलैंगिकों के प्रति संवेदनहीनता के वक़्त।

लेडी डफ़रिन के अलावा भूपेन की दो और महिला मित्रों से लन्दन में मिलना हुआ। एक थीं कलाकार जिलिअन बार्लो, जिन की विशेषता थी फूलों का चित्रण। दूसरी थीं मनोविश्लेषक लिज़ क्लैरिज। भूपेन के एक और मित्र जिन से मिल कर बहुत अच्छा लगा, कलाकार ऐंटॉनी ग्रीन थे। लन्दन में भूपेन के दो और बहुत अच्छे मित्र थे, सलमान रशदी और प्रसिद्ध कलाकार हॉवर्ड हॉजकिन। हॉवर्ड से मिलने के लिए भूपेन ने कहा नहीं, और उसके कहने के बावजूद सलमान से हम मिले नहीं।

लन्दन के भूपेन के दोस्तों की ये फ़ेहरिस्त मुकम्मल नहीं है। पर काफ़ी है उसकी दोस्तियों के विशाल दायरे का अन्दाज़ कराने को, और दिखाने को कि कैसी असाधारण थीं वे दोस्तियाँ। सब जानते हैं कि इंग्लैण्ड में लोग आसानी से घर आने की दावत नहीं देते। घनिष्ट मित्रता न हो तो बाहर बुलाना ही पसन्द करते हैं। यहाँ समाँ दूसरा ही था। भूपेन का दोस्त होना काफ़ी था, घरों में बुलाये जाने के लिए, और मुफ़्त वहाँ रहने का निमन्त्रण पाने के लिए।

लन्दन की इन दोस्तियों के असामान्य फैलाव के सिलसिले में भूपेन की एक पेंटिंग, 'मैन इन पब' (१९७९), याद आ रही है। इसमें बेहद उदास और कुछ डरावना-सा दिखता निम्न वर्ग का एक अँग्रेज़ चित्रित है। इस चित्र को देखने के दौरान छिड़ गयी बातचीत में भूपेन ने मुझे बताया था कि इंग्लैण्ड में निचले वर्ग के गोरों से भी उसका ख़ासा मिलना-जुलना होता था। वह चाहे जब किसी पब में जा कर बैठ लेता, सिर्फ़ लोगों को देखने के मक़सद से। उसे बड़ी हैरानी होती थी, और दुःख भी, कि कुछ लोग पब के खुलते ही आ जाते, पब के बन्द होने तक बैठे पीते रहते। चुपचाप, निपट अकेले। पता नहीं कितने ऐसे अकेलों को अप्रत्याशित सुख का एक पल उसके निमित्त वरदान स्वरूप मिला होगा।

'मैन इन पब' की बात करते हुए एक बार भूपेन ने बताया था कि इस चित्र में आये आदमी जैसे नीचे तबके के गोरों से उसका ख़ूब मिलना-जुलना हुआ था। जिस तरह से उसने यह बात की थी उस में साफ़ इशारा था कि उसके चलते-फिरते शारीरिक सम्बन्ध भी हो गये थे उन में से

कुछेक के साथ। इशारे से ज़्यादा तो उसने कभी वल्लवभाई, हीराभाई या शंकरभाई को लेकर भी कुछ नहीं कहा था। कहता भी क्यों? स्त्री-पुरुष सम्बन्धों की बात भी तो इसी तरह बग़ैर कहे कही जाती है।

हिन्दुस्तान में ही नहीं विलायत में भी भूपेन का उठना-बैठना सर्वहारा से लेकर समृद्ध-से-समृद्ध और सम्भ्रान्त-से-सम्भ्रान्त लोगों के बीच एक-सी आत्मीयता के साथ होता था।

भूपेन की दोस्तियों की गहराई का हमारा निजी अनुभव लन्दन के आगे भी चलता है। यूरोप प्रवास का हमारा कार्यक्रम बन ही रहा था जब हमारी मुलाक़ात भूपेन से मिलने आयीं भानुबेन से हुई। पता लगा कि वह भूपेन के दिवंगत चहेते शंकरभाई की बेटी हैं और नैरोबी में रहती हैं। जैसे ही उन्हें हमारी यात्रा के बारे में पता चला, उन्होंने बड़े ख़ुलूस से कीनिया आने की दावत दे दी। इससे पहले कि हम सोच सकें कि यूरोप की सुन कर ये हमें कीनिया क्योंकर बुला रही हैं, उन्होंने बताया कि हम ब्रिटिश एयरवेज़ और कीनिया एयरवेज़ की उस समय चल रही एक योजना के तहत बग़ैर अतिरिक्त किराया दिये लन्दन से बरास्ता नैरोबी लौट सकते हैं। उन्होंने कहा कि आप लोग इस योजना का फ़ायदा उठाइये और कुछ दिन हमारे यहाँ रहिये, मैं आप को कीनिया घुमाऊँगी। भानुबेन के जाने के बाद हम ने भूपेन से पूछा कि कहीं बस हवा में ही तो नहीं भानुबेन दे गयीं हमें निमन्त्रण। उसका जवाब था कि ऐसा मौक़ा फिर नहीं मिलेगा, जाओ, पता लग जायेगा वहाँ कि कैसे बुलाया है।

फिर भूपेन देर तक शंकरभाई पटेल और अपने रिश्ते की बात करता रहा। शंकरभाई को आप देखना चाहें तो भूपेन के चित्र 'मैन ऐट द रैड फ़ोर्ट' (१९७१) में देख सकते हैं। जब १९६५ में भूपेन की मुलाक़ात अफ्रीका छोड़ सदा के लिए बड़ोदा लौट आये शंकरभाई से हुई तो वह न देख सकते थे न बोल सकते थे। पलंग पर पड़े रहते थे। कुछ हुआ भूपेन के अन्दर और लग गया वह शंकर भाई की सेवा में। एक अवर्णनीय प्रेम हो गया दोनों के बीच। हर रोज़, आधे दिन का अपना ऑफ़िस पूरा कर के, भोजनोपरान्त भूपेन पहुँच लेता शंकरभाई के पास। १९७५ में शंकरभाई का देहान्त हुआ तो भूपेन बिलकुल टूट गया। भटकता रहा इधर-उधर असान्त्वनीय। बड़ी देर लगी उसे इस आघात से उबरने में।

अफ्रीका की पहली यात्रा थी हमारी। मुश्किल है कीनिया में बिताये उन

१५ दिनों के अनोखे अनुभवों की विस्तृत चर्चा न करना। पर कहानी तो यहाँ भूपेन की दोस्तियों की हो रही है। सो सिर्फ़ इतना ही कि शहर से दूर जोमो केन्याटा हवाई अड्डे से मुँह सबेरे हमें अपने घर ले जाने से लेकर नैरोबी में घुमाने, ख़ुद ड्राइव कर के देश के धुर दक्षिण में मालिन्दी और मोमबासा दिखाने, वाइल्ड लाइफ़ सफ़ारी कराने और वापस हवाई अड्डा पहुँचाने तक सब कुछ अकेले भानुबेन ने किया हमारे लिए। कहना न होगा कि जिसे मैं 'हमारे लिए' कह रहा हूँ वह था भूपेन के लिए, भले ही उनके साथ बिताये पखवाड़े के दौरान हमारे सम्बन्ध भी बहुत मित्रतापूर्ण हो गये हों भानुबेन और उनके बेटे के साथ।

विदेश के सन्दर्भ को ज़्यादा न बढ़ाते हुए बस इतना और जोड़ दूँ कि चार साल बाद जब गीतांजलि और मैं अमरीका गये तो वहाँ भी भूपेन के दोस्तों ने हमें—अपने दोस्त के दोस्तों को—हाथों हाथ लिया। किन्नरी, जिन का ज़िक्र शंकरभाई के इलाज के सिलसिले में आ चुका है, शीतल से अलग हो उस समय न्यूयॉर्क में थीं। उन्होंने बड़े स्नेह से भोजन पर बुलाया हमें। बॉस्टन में मधुकरभाई—डॉक्टर मधुकर शाह—ने कुछ दिन अपने घर रहने के लिए बुलाया। ख़ूब घुमाया और ऐसा कर दिया कि उनके साथ निकल कर कुछ ख़रीदने की हिम्मत ही न पड़े; जो भी हम ख़रीदें भुगतान वही करें, हमारी एक न मानें। मेलबर्न में भूपेन के दो युवा ऑस्ट्रेलियाई दोस्तों से बड़े अच्छे सम्बन्ध बने। (ऊपर चर्चित देशों के अलावा संसार के और तमाम देशों में भी भूपेन के दोस्त फैले हुए थे।)

फिर वापस हिन्दुस्तान में। रणछोड़भाई वाले सामाजिक छोर पर बसे भूपेन के दोस्तों की चर्चा हो ही चुकी है। अब बात शीतल-किन्नरी वाले छोर के दोस्तों की और उन से इतर बीच में डोलते हमारे जैसों की। इसलिए भी कि इस ब्योरे में भूपेन के सोचने-विचारने के तरीक़ों की भी कुछ झलक मिल जायेगी। ऊपर आये इस वक्तव्य का ख़ुलासा भी हो जायेगा कि वह अमूमन लोगों के प्रति जजमेंटल नहीं होता था, सिवाय गुजरात २००२ जैसी असहनीय स्थिति और समलैंगिकता को लेकर असंवेदनशीलता जैसे मामलों में।

एतराज़ किया जा सकता है कि मैं जिन्हें भूपेन के दोस्त बता रहा हूँ वे असल में उसके अच्छे परिचित या प्रशंसक थे, दोस्त नहीं। जानकार एतराज़ करने वाले कह सकते हैं कि दोस्तों की गिनती में सुनील कोठारी,

हरिदास और गुलाम जैसे गिने-चुनों की बात होगी, औरों की नहीं। अँग्रेज़ी के 'फ्रेंड' और 'बॉय फ्रेंड' के फ़र्क़ की तर्ज़ पर ये लोग शायद वल्लवभाई जैसों को भी दोस्तों से अलग किसी श्रेणी में रखना चाहें। यह एतराज़ और कुछ नहीं तो केवल इस सामान्य अनुभव की बिना पर विश्वसनीय लग सकता है कि अच्छे से अच्छे और लोकप्रिय से लोकप्रिय लोगों के भी मित्र सीमित ही होते हैं।

लेकिन भूपेन तो सामान्य का मूर्तिमान नकार था। अपनी कला में भी और अपने स्वभाव-व्यवहार में भी। एक तरफ़ बहुत ही संश्लिष्ट और दूसरी तरफ़ बहुत ही सीधा। पर ऐसे तो अनगिनत लोग होते हैं। भूपेन की असामान्यता इसमें थी कि उसका सीधापन असामान्य था। उसका सीधापन ही उसे नितान्त स्वाभाविक तरीक़े से दूसरों से जोड़ देता था; ऐसी आसानी से कि सामान्य लोगों को वह सम्भव ही न लगे। यही कारण था कि भूपेन के दोस्तों की तादाद बहुतों के परिचितों की तादाद से भी बहुत ज़्यादा थी।

एक और तरीक़े से भी भूपेन के इतने दोस्त होने की वास्तविकता को समझा जा सकता है। दोस्ती होती क्या है आख़िर? प्रचलित मान्यता जो भी हो, ज़रूरी तो नहीं कि जो लम्बी चले सो ही दोस्ती। यह भी तो हो सकता है कि जब है, जितनी देर है, है? लम्बे अरसे से भूपेन को नज़दीक से जानने वालों का कहना है कि वह बड़ी आसानी से अपने दोस्तों से अलग हो सकता था। पर अलग हो जाने से दोस्ती का रहा होना नहीं ख़त्म हो जाता था, उसके रहे होने को लेकर कोई सन्देह नहीं पैदा हो जाता था। भूपेन किसी को थोड़ा भी पसन्द कर ले तो इतना प्यार और ख़ुलूस उसके लिए महसूस कर सकता था, और उसके अन्दर अपने लिए पैदा करा सकता था, कि उस सम्बन्ध को दोस्ती ही कहा जा सकता था।

मुमकिन है कि जितने मैं सोच रहा हूँ उससे कम रहे हों उसके दोस्त। पर पक्की गिनती तो हो नहीं रही यहाँ। और, गिनती कुछ भी हो, असल पते की बात महेन्द्र देसाई कह चुके हैं : 'भूपेन के बहुत दोस्त हैं। और एक भी नहीं।' यह भी मुमकिन है कि जितने मैं सोच रहा हूँ उससे ज़्यादा रहे हों भूपेन के दोस्त। कारण कि तेईस सालों के दौरान आख़ीर तक भूपेन के किसी न किसी ऐसे अच्छे दोस्त से पहली बार मिलना होता रहा

जिससे न पहले मुलाक़ात हुई थी और न ही उसका नाम सुना था।

केवल दो उदाहरण दूँगा बाद के सालों में उसके दोस्तों से हुए अपने पहले परिचय के। पहला उदाहरण एक ऐसे आदमी का है जिससे मिल कर मन बाग़-बाग़ हो गया। एक शाम भूपेन के यहाँ पहुँचा तो पहले से ही वहाँ बैठे एक सज्जन से उसने मिलवाया : 'ये हैं रमेशभाई, मेरे बड़े पुराने दोस्त। रमेश दिवेचा।' इससे पहले कि भूपेन रमेशभाई को मेरा नाम बता पाये, मैंने बेसाख़्ता कहा : 'द रमेश दिवेचा ? औव टॉम ग्रेवनी फ़ेम ?' इस पर रमेशभाई बोले : 'आप जानते हैं मुझे ? मैं तो सोचता था कि लोग भूल चुके हैं मेरा नाम।' उधर भूपेन कभी रमेश भाई को देखे कभी मुझे। फिर बोला : 'रमेश, मैं जानता हूँ कि तुम टेस्ट क्रिकेटर थे, पर ये क्या बात कर रहे हो तुम लोग ?' रमेशभाई थोड़ा सकुचाये कि कैसे करें अपनी तारीफ़। सो मैंने ख़ूब रस ले ले के भूपेन को बताया कि टॉम ग्रेवनी इंग्लैण्ड का बेहतरीन बल्लेबाज़ था, थोक में रन बनाता था, पर रमेश भाई के सामने टिक नहीं पाता था।

अब रमेशभाई को भी लगा कि वह बेझिझक अपनी बात कर सकते हैं। सो ख़ूब बातें बतायीं उन्होंने अपने ज़माने की। इसमें एक ऐसी बात भी थी जो मैंने न तो तब तक सुनी थी और न ही उसके बाद उसका कोई ज़िक्र देखा-सुना। यह बात भारतीय क्रिकेट के इतिहास में दर्ज होनी चाहिए। एक मैच में महान् सलामी बल्लेबाज़ लैन हटन—जिन का उस समय टेस्ट क्रिकेट में ३६४ रन का सर्वाधिक व्यक्तिगत स्कोर का रेकर्ड था—सुबह से लेकर लंच तक बार-बार रमेशभाई की गेंदों पर 'बीट' होते रहे पर आउट नहीं हुए। लंच होने पर जब खिलाड़ी पेविलियन की ओर जा रहे थे तो हटन ने रमेश भाई के पास आ कर कहा : 'रमेश, टुडे आइ वाज़ नॉट गुड ऐनफ टू गेट आउट टू यू।'

हटन के कहने का मतलब था कि रमेशभाई इतनी बढ़िया 'स्विंग' कर रहे थे कि उनका बल्ला गेंद को छू तक नहीं पा रहा था। थोड़ा बेहतर खेल रहे होते और गेंद तक अपना बल्ला पहुँचा पाते तो निश्चय ही विकेट-कीपर को या स्लिप में कैच दे बैठते। रमेश भाई ने कहा कि ग्रेवनी को बार-बार आउट करने से ज़्यादा आनन्द उन्हें हटन जैसे दिग्गज बल्लेबाज़ को 'बीट' करने से मिला, और फिर हटन की उन्मुक्त प्रशंसा अलग।

भूपेन सुन तो रहा था रमेशभाई का सारा विवरण और समझ भी रहा था

कि वह अपने किसी बड़े ही कमाल को याद कर रहे हैं। पर क़िस्से की तकनीकी बारीक़ियाँ उसके पल्ले नहीं पड़ रही थीं। शौक़ीन बहुत था क्रिकेट का भूपेन, चिपक जाता था टेलीविज़न से जब कोई बड़ा मैच होता था। पाण्डु, पाण्डु के बच्चे, ड्राइवर भगवान और ईश्वर, और न जाने कौन-कौन आ बैठते उसके चारों ओर। पर उसका क्रिकेट प्रेम पूरी तरह से उसके देश प्रेम के मातहत रहता। जहाँ हिन्दुस्तान की हार पक्की लगने लगती वह टेलीविज़न बन्द कर देता या चैनल बदल देता। कोई लाख कहे कि भाई खेल का मज़ा तो लेने दो, वह टस से मस न होता।

बिलकुल ही बाद के सालों में हुए परिचयों का दूसरा उदाहरण हैं आई.जी. पटेल जो रिज़र्व बैंक ऑव इण्डिया के गवर्नर और लन्दन स्कूल ऑव इकनॉमिक्स के डाइरेक्टर रह चुके थे। एक तरफ़ रमेश दिवेचा और दूसरी तरफ़ आई.जी. पटेल, हिसाब लगाना मुश्किल है कि जीवन के कितने विभिन्न क्षेत्रों की हस्तियों के साथ भूपेन का अपनापा था। सारे नाम न गिनाये जा सकते हैं, और न ही ज़रूरत है उन्हें गिनाने की। केवल बतौर नमूना थोड़े से नाम दर्ज हैं : उमा शंकर जोशी, चन्द्रलेखा, गुलाममोहम्मद शेख, विवान सुन्दरम, गीता कपूर, हसमुख शाह, मधु राय, महाश्वेता देवी, गणेश देवी, मनु पारेख, माधवी पारेख, धूमाल, नौशिल मेहता, इन्दिरा जयसिंह, अमित अम्बालाल, दशरथ पटेल, प्रफुल्ल दवे, सदानन्द मेनन, गीव पटेल, कुमार शाहनी, नसरीन मुहमदी, ज्योति भट्ट, दिल्लू (मृणालिनी मुकर्जी)।

अब जब कि यह किताब पूरी होने को है तो कुछ और नये नाम पता लग रहे हैं। मसलन, भायाणी साहब—प्रसिद्ध भाषाविद् और जैन साहित्य के प्रेमी-विद्वान हरिवल्लभ भायाणी—जिन को मैं अलग से बहुत अच्छी तरह जानता था, भूपेन के परम मित्रों में थे। विकट और विचित्र हास्य के धनी थे दोनों। मैंने देखा था कि कब और कैसे भूपेन उमा शंकर जोशी के नज़दीक आने लगा था। अहमदाबाद के उनके घर में एक बार मैं गया भी था भूपेन के साथ। बहुत देर तक हम बैठे थे वहाँ। इस मुलाक़ात से सम्बन्धित एक बात ख़ासतौर से याद है मुझे। उमा शंकर भाई से मिलने के दूसरे ही दिन भूपेन ने उन्हें फ़ोन किया। कहा कि जब कल आप से आप की तबियत के बारे में पूछा—उन्हें कैंसर था—तो लगा कि आप ने सच नहीं बताया। उमा शंकर भाई ने कहा 'हाँ' और फिर पूरा हाल दे

दिया भूपेन को। पूछे जाने पर कि फिर कल क्यों झूठ बोल गये, उनका जवाब था कि तुम्हारे साथ सुधीर था, उसको कुछ मालूम नहीं है, क्यों दुखी करता उसे। अब पता चला है कि उमा शंकर भाई के भाई कान्तिभाई से भी बड़ी मित्रता थी भूपेन की। ऐसे ही प्रसिद्ध गांधीवादी चूनीभाई वैद्य के पास भी बहुत जाता था वह।

भूपेन के दोस्तों को याद करते-करते अपनी-उसकी दोस्ती की एक ख़ास बात भी याद कर लूँ। उसके और मेरे जन्मदिन में सिर्फ़ तीन दिन का अन्तर है। जब भी इन जन्मदिनों के वक़्त हम दोनों ही बड़ोदा में होते वह कह देता कि दोनों जन्मदिन एक साथ मनाये जायेंगे। उसकी कोशिश रहती कि मनाये जाने वाले दिन न उसका जन्मदिन हो न मेरा, बीच के दो दिनों में से कोई एक हो। पार्टी उसी के घर होती। कुछ लम्बा-चौड़ा नहीं। बस शाम के सामान्य खाने-पीने से ज़रा ज़्यादा। वह भी खाने के मामले में नहीं।

भूपेन का जीवन हो, उसकी कला हो या उसका साहित्य हो, उसकी हास्य-प्रियता का लम्बा ब्योरा लाज़िम हो जाता है। उसके जीवन में अनेक रूपों में, कभी-कभी बिलकुल अप्रत्याशित स्थितियों में, उसका ये गुण उजागर होता रहता था। अपने अनुभव से ही इस प्रसंग को प्रारम्भ करूँ तो २४ जून, १९८५ की सुबह याद करना चाहूँगा। गीतांजलि और मैं भूपेन के साथ रह रहे थे और बम्बई जाने वाले थे, वहाँ से लन्दन जाने के लिए। सुबह उठे तो अख़बार में एयर इण्डिया के विमान 'कनिष्क' की भयंकर दुर्घटना की ख़बर थी। भूपेन ने चिन्ता जताते हुए पूछा कि बीमा तो करा लिया है न तुम लोगों ने। हमारी 'ना' सुन कर बोला : 'कोई बात नहीं, मैं करवा दूँगा। अपने पैसे से।' फिर, जोड़ते हुए कि दोनों की पॉलिसी में वह ख़ुद 'बेनेफ़िशरी' बन जायेगा, बड़ी गम्भीरता से कहने लगा : 'एयर इण्डिया से ही जा रहे हो तुम लोग। जैसे ये कनिष्क गया तुम्हारा जहाज़ भी जा सकता है। वैसा हो गया तो बीमा का सारा पैसा मैं ले लूँगा। आराम से रहूँगा। तुम दोनों की एक बड़ी-सी फ़ोटो इसी कमरे में लटका दूँगा, रोज़ माला चढ़ा कर उसकी आरती उतारूँगा, और सब को बताऊँगा कि मेरी क़िस्मत बदल गये मेरे ये दोस्त।'

अकुटिल कुटिल हास्य में पारंगत था भूपेन। एक और उदाहरण। सुबह-सुबह अख़बार में ख़बर देखते ही कि बम्बई के घाटकोपर इलाक़े में

पिछले दिन बम विस्फोट हुआ है, उसने घाटकोपर में ही रहने वाले अतुल डोडिया को फ़ोन किया। बजाय दरियाफ़्त करने के कि हुआ क्या और अतुल तो ख़ैरियत से है, उसने पूछा : 'ये क्या, दोस्त? लाइन चेंज किया क्या?' (कलाकार से टेरोरिस्ट बन गये?)

एक और क़िस्सा जो आये दिन दुहराया जाता था। भूपेन जानता था कि अगर स्कॉच नहीं है तो मैं सोडे के साथ पीऊँगा। सो पूरा इन्तज़ाम रखता सोडे का। पर जब मेरा गिलास बनाने लगता तो शरारतन वहम भर सोडा डाल कर हाथ खींच लेता। मैं एतराज़ करता कि यार ये क्या तरीक़ा है, तो छद्म रोष से चिल्लाता : 'मैं व्हिस्की पिलाने के लिए बुलाता हूँ, सोडा पिलाने के लिए नहीं। इतना ही शौक़ है तो अपना सोडा ले आया करो, और चाहो तो बस सोडा ही पिया करो। मेरी व्हिस्की तो बरबाद नहीं होगी। अगर कोई परेशानी है रोज़-रोज़ लाने में तो मुझे एक हज़ार रुपये दे दो। फिर सारी ज़िन्दगी जितना सोडा चाहोगे डालता रहूँगा तुम्हारी व्हिस्की में।' बार-बार होता यह नाटक, और किसी दिन कोई नया व्यक्ति आया हुआ हो तब तो कुछ ज़्यादा ही होता। गीतांजलि ने तो भूपेन के लिए मेरा नाम ही सोडा चन्द्रा रख दिया था।

सोडा डालने में कंजूसी तो महज़ नाटक था। पर एक ज़माना था जब भूपेन स्कॉच दे रहा हो तो सब को वैसे ही देता जैसे मुझे सोडा देता था। भूपेन के नौकरी करने और स्कूटर पर चलने वाला ज़माना था वह। उन दिनों रम या मामूली देसी व्हिस्की पीते थे हम लोग। साल में दो-चार बार हम में से कोई विदेश जाता ही था। लौटने पर ड्यूटी फ्री वाली स्कॉच खुलती थी। उस बोतल से 'पैग' बनाते वक़्त भूपेन के हाथ काँपने लगते और वह सामान्य से कम शराब ही गिलासों में डाल पाता। जितने दिन चल सके स्कॉच की रईसी चलाने की कोशिश करता। बाद के दिनों में यह रईसी आम हो गयी। आये दिन किसी न किसी बहाने स्कॉच खुल जाती। किन्तु अब 'पैग' रम और मामूली देसी व्हिस्की जैसे ही बनते।

एक चीज़ थी, जो रोज़ की सोडे की चिकचिक की तरह, रईसी के दिनों में भी जस की तस रही। भूपेन के अन्यथा नितान्त खुले घर में एक गुप्त कोना था जो अन्त तक अपने रहस्य अपने में ही समेटे रहा। शाम के मिलन का वक़्त होता तो भूपेन अपने ईज़ल से उठता, और बायीं ओर थोड़ा चल कर दीवाल के पीछे दायीं ओर मुड़ कर अदृश्य हो जाता। फिर

उस तरह की आवाज़ होती जैसी कि हर ठीक-ठाक परिवार में रहने वाली स्टील की अल्मारी के चाभी लग़ने से खुलने पर होती है। थोड़ी ही देर बाद वैसी ही आवाज़ अल्मारी के बन्द होने की होती और बोतल लिए-लिए भूपेन नमूदार होता। आम खाने से मतलब वाली कहावत को भली-भाँति जानते हुए भी एक अजीब इच्छा होती थी कि बस एक बार अल्मारी तक पहुँच जाऊँ, बस एक बार भूपेन मुझे चाभी पकड़ा दे, कह दे कि निकाल लाओ जो लाना है। नहीं कहा कभी उसने। न मैंने बतायी अपनी बुद्धू इच्छा। बीच-बीच में सान्त्वना ज़रूर दे लेता अपने को कि इस कोने तक तो पाण्डु की भी पहुँच नहीं।

चर्चा भूपेन के ह्यूमर की हो रही थी। अनेक रूप थे उसके हास्य के। महेन्द्र देसाई के साथ फ़ोन पर होने वाली उसकी ऊलजलूल बातों का ज़िक्र 'भूमिका' में हो ही चुका है। उन सब को मात करने वाली मसखरी का एक क़िस्सा अतुल डोडिया सुनाते हैं १९९३ का। ऐम्स्टर्डम के फ़ैन गौग म्यूज़ियम में घूम रहे थे वे दोनों। अचानक वहाँ तैनात एक दुबले-पतले गार्ड पर भूपेन की नज़र गयी। बोला, चलो इससे बात करते हैं। गया बढ़ के गार्ड के पास और कहा कि बड़ी अच्छी पेंटिंग्स लगायी हैं आप ने, लेकिन इन के दाम नहीं लिखे हैं। मुझे ये वाली पेंटिंग बहुत पसन्द आयी है। ये लेनी है मुझे। मेरे पास ४५० गिल्डर हैं। कितने में दोगे? बेचारा गार्ड समझाये कि भाई यह म्यूज़ियम है, यहाँ बिक्री नहीं होती। पर भूपेन किये जाये ज़िद कि इतनी दूर हिन्दुस्तान से आया हूँ, कुछ तो ख़याल करो। बीच-बीच में अतुल से भी कहता कि तुम ही समझा दो न इन साहब को। सिड़बिल्ला बना मज़ा लेता रहा देर तक।

एक-दो दोस्तों के साथ मिल कर किसी तीसरे दोस्त की जानी-पहचानी स्वाभाविक कमज़ोरी का फ़ायदा उठा उसकी भद्द उड़ाने में उसको अपार आनन्द मिलता। एक बार नौशिल और मनोज शाह के साथ षड्यन्त्र कर के उसने उनकी उपस्थिति में प्रबोध पारीख को फ़ोन किया। कहा कि ख़ुफ़िया विभाग में बड़े ऊँचे ओहदे पर तैनात एक दोस्त से एक बड़े गुप्त रहस्य का पता चला है। पर दोस्त ने कहा है कि ये बात किसी को पता नहीं चलनी चाहिए। ज़रा भी ढील हुई इस मामले में और कहीं पाकिस्तान को इस की ख़बर हो गयी तो देश की बड़ी छीछालेदर हो जायेगी। पता ये लगा है कि प्रधानमन्त्री नरसिम्हा

राव रोज़ रात में कांजीवरम की सुन्दर रेशमी साड़ी में सज के बैठ अपना प्रिय राग शंकराभरणम सुनते हैं। तुम से कोई डर नहीं है इसलिए तुम्हें बता दिया। नौशिल वग़ैरा किसी को नहीं बताया है। उन सालों के पेट में कोई बात रह ही नहीं सकती। आध घण्टा भी नहीं बीता था कि प्रबोध का फ़ोन आ गया नौशिल को।

अमित अम्बालाल और उनकी पत्नी रक्षा को साल दर साल ढेरों एक से एक मज़ेदार चिट्ठियाँ लिखीं उसने। विलक्षण हास्य की बेजोड़ मिसाल हैं ये चिट्ठियाँ। इनमें से कुछ चिट्ठियों में भूपेन की नैसर्गिक स्वांगप्रियता अपनी सात्विक लुच्चई के चरम पर पहुँच जाती है। विशुद्ध विशिष्ट हास्य है यहाँ, भूपेन का नितान्त अपना। हास्य की किसी स्थापित कोटि में उसे नहीं बाँधा जा सकता। पर वर्णन की सुविधा के लिए कह सकते हैं कि भूपेन के इस स्वांग में प्रहसन और विद्रूप का विलक्षण समावेश है।

विश्वास नहीं होता कि भूपेन ने इस श्रृंखला की आख़िरी चिट्ठी अपनी मौत से सिर्फ़ दो महीने पहले—१ जून, २००३ को—लिखी थी जब वह असह्य कष्ट में जी रहा था। क़लम पकड़ पाना तक मुश्किल था उसके लिए। चिट्ठी शुरू होती है यह बताने से कि चावल और राई के दाने बीन-बीन कर और उँगलियों के बीच से अख़बार खींच-खींच कर उसने हाथ की पकड़ ऐसी तो कर ली है कि अब उसके साइन किये हुए चैक बैंक से वापस नहीं आते। इस महत्त्वपूर्ण सूचना के बाद चिर कुमार भूपेन लिखता है :

> मेरे बेटे की बहू पीहर भाग गयी है। उसने तलाक लेने का विचार कर लिया है। कारण, दारू और जुआ। मेरी तबियत पहले से बेहतर है। मैं बग़ैर बैसाखी के चल रहा हूँ। ज़ीना भी उतर लेता हूँ। पर दिनेश का समाचार सुन कर हृदय में बवण्डर मचा हुआ है। मुझे तो शक है कि दिनेश को एड्स है। इसीलिए उसकी बीवी तलाक चाहती है। सच-झूठ ईश्वर जाने। तू [अमित] आजकल सीधे से रह रहा है या तरह-तरह के लफड़ों और रंग-राग में फँस गया है? यहाँ आ कर रक्षा मुझे बतायेगी। इस बार जॉनी वॉकर रैड लेबल मत लाना। ये सस्ती ज़रूर है पर अच्छी नहीं। रक्षा को हर सनीचर और बुधवार को छड़ी से पीटना बन्द कर दिया है या नहीं?

पत्र के अन्त में केवल रक्षा को सम्बोधित करते हुए :

small village near Dhaka.
In Dhaka near the
airport a young man
Conceived twins. His wife

His Ultimate Pleasure was
Striped smoke coming out
of the Candle.

woke up in the morning he was
to find
that his left hand had twelve fingers
hand had seven fingers

Ultimately he succeeded
in becoming a flower vase.

> तू चिन्ता मत कर। सुख-दु:ख में १२ दिन गुज़ार ले। बाद में यहाँ आने पर अमित की ख़ैर नहीं।

पहले की एक चिट्ठी है जिसमें भूपेन बताता है कि उसे मालूम पड़ चुका है कि अमित ने २० रुपये के जाली नोट बनाने की फ़ैक्टरी लगायी है। अमित और रक्षा दोनों को ही सम्बोधित एक और चिट्ठी में वह लिखता है कि मेरे जापान जाने के एक दिन पहले इला रोती-रोती आयी। उसके पैर भारी हैं। तुम—अमित—कोई एहतियात नहीं बरत रहे थे क्या? तीसरा महीना चल रहा है। डिलीवरी ध्यान से करानी होगी, नहीं तो माँ और आने वाले बच्चे को ख़तरा हो सकता है। तुम ने तो इला को एक फ़्लैट दे कर मान लिया कि तुम्हारी ज़िम्मेदारी पूरी हो गयी। सुनने में आया है कि नवीना नाम की एक नयी लड़की का प्रवेश हुआ है तुम्हारे जीवन में। इला के यहाँ जाना बन्द कर के अब भँवरे की भाँति नवीना के चारों ओर मण्डरा रहे हो। तुम पचास के ऊपर हो चले और नवीना ने क़दम ही रखा है कॉलेज में। इस निर्दोष पुष्प का शहद चूस कर इसे भी फेंक दोगे तुम।

मानो इला और नवीना से अवैध सम्बन्ध काफ़ी नहीं थे, एक तीसरी चिट्ठी में भूपेन अमित को अपने बच्चों का असल बाप घोषित कर देता है। कहता है कि इन बच्चों की ज़िम्मेदारी पूरी तरह से अमित की होगी, और उसकी जायदाद में उनका भी हिस्सा होगा।

सारे पत्र महा गम्भीर अन्दाज़ में लिखे गये हैं। अजनबी पढ़े तो जान ही न सके कि सब कुछ ठेठ ठठ्ठा है, सच का लेशांश भी नहीं है इन पत्रों में।

ये ख़ुराफ़ाती पत्र बड़े आराम से लिफ़ाफ़े में डाल के डाक से या आँगड़िया—डाक से भी ज़्यादा इस्तेमाल की जाने वाली गुजरात की पारम्परिक कुरिअर व्यवस्था—से भेजे जा सकते थे। पर उस में लुच्चई का असल आनन्द कहाँ था। बन्द लिफ़ाफ़ा तो सारा का सारा आनन्द तीन लोगों के बीच बन्द कर के रख देता। सो नियम से इन चिट्ठियों को भूपेन या तो पोस्टकार्ड पर लिख के भेजता या फ़ैक्स करता। खुला न्योता देता कि जिसके हाथ लग जाये, पढ़ ले। मालूम नहीं कि पोस्ट-कार्ड पहुँचाने वाले डाकिये समझ ही नहीं पाये कि वह क्या ले जा रहे हैं, या होली-दीवाली पर मिलने वाले इनाम की ख़ातिर, या किसी और वजह से, अनजान बने रहे। लेकिन यह मालूम है कि फ़ैक्स से भेजे गये पत्र अमित और रक्षा तक पहुँचने से पहले ही उनके आलीशान बंगले 'सुमेरु' के पड़ोस की फ़ैक्स

की दुकान चलाने वाले भाई को आनन्दित कर चुके होते थे। बड़ी शराफ़त से यह भाई अमित को फ़ोन से इत्तिला देते फ़ैक्स आने की और ख़ामोशी से अपना पैसा वसूल कर के पत्र पकड़ा देते, पर देखते रहते अमित को हैरत भरी नज़रों से कि ऐसा शरीफ़ दीखता ये ख़ानदानी रईस कैसे गुल खिला रहा है अन्दर ही अन्दर।

मज़ा ये है कि भूपेन ख़ुद तो यह शरारत करता है और सुभाष शाह से कहता है कि सुरेखा—सुभाष की पत्नी—ने जो पोस्टकार्ड थोक में ख़रीद कर रखे हुए हैं वे सिर्फ़ घर वालों और सम्बन्धियों के लिए हैं; दोस्तों के लिए सरकार ने इनलैण्ड और लिफ़ाफ़े की रचना की है, और भविष्य में उनका इस्तेमाल ज़रूरी है।

अमित और रक्षा को लिखे गये पत्रों जैसे ही १५० विनोदपूर्ण पत्रों का संग्रह प्रबोध पारीख के पास है जो भूपेन ने अपने दो प्रिय लेखक मित्रों—सुभाष शाह और लाभशंकर ठाकर—को लिखे थे। अधिकांश पत्र सुभाष शाह के नाम हैं पर कुछ दोनों को सम्बोधित हैं। लाभशंकर ठाकर और सुभाष शाह अपने समय के गुजराती साहित्य के मठाधीशों—विशेषकर उमाशंकर जोशी—के विरुद्ध खड़े किये गये 'रे मठ' के प्रमुख सक्रिय सदस्य थे।

इन ख़तों में अमित और रक्षा को लिखे गये ख़तों से बिलकुल भिन्न विषयों के सहारे हास्योत्पत्ति होती है। इन की भाषा भी भिन्न है। साहित्यकारों को लिखे गये पत्र, ख़ासतौर से जब लिखने वाले के भी लेखकीय स्वप्न हों और पारम्परिक संस्कृत सौन्दर्य-शास्त्र में उसे अपने हास्योत्पादन का अवलम्ब मिल रहा हो, यथासम्भव सुसंस्कृत और संस्कृत-निष्ठ गुजराती में ही हो सकते थे।

भूपेन के हास्य का वर्णन-विवेचन एक अलग पुस्तक का विषय हो सकता है। वैसा यहाँ न करना है न किया जा सकता है। सो, बतौर बानगी, सुभाष शाह को १८ जुलाई, १९६५ को लिखा गया एक पत्र लगभग पूरा का पूरा यहाँ उद्धृत है :

> हे मित्र, मित्रवर्य, मित्रों में श्रेष्ठ, *सुहृद,*
>
> तुम्हें आज तुम्हारा मित्र भूपेन, जिसे तुम केवल एक सप्ताह पूर्व मिले, जो ज्योति लिमिटेड में नौकरी करता है, जो चित्रकार भी है, ऐसा तुम्हारा मित्र तुम्हें—सुभाष को—जो गुजरात में सुप्रसिद्ध कवि है, आँकड़ाशास्त्री

है, लाभशंकर का परम मित्र है (ऐसे तुम्हें) मैं तुम्हें पत्र लिख रहा हूँ, उसे ध्यानपूर्वक पढ़ो।

तुम्हें बड़ोदा से गये लगभग एक सप्ताह हो गया, किन्तु एक-एक पल तुम्हारी मित्रता के लिए तरस रहा हूँ (no sexual reference)। मेरे हाथ का मणिबन्द तुम्हारे वियोग के कारण आये अश्रुओं से निस्तेज हो गया है, अँगुलियों में लिया पारिजात पुष्प निःश्वास के कारण मुरझा गया है, अन्न का एक दाना मैंने नहीं खाया है, और इस कारण कृशकाय हो बिछोने पर पड़ा हूँ। किन्तु जैसा कि चित्रलेखा में कहा गया है, त्याग सहवास से उच्च है। इसका बोध ले मैंने तुम्हें एक शब्द भी नहीं लिखा, और यह वियोग सहर्ष स्वीकार कर लिया है। तुम निष्ठापूर्वक जो कठोर परिश्रम कर अपना कर्तव्य निभा रहे हो उससे अधिक आनन्द मुझे क्या हो सकता है? और इस चलचित्र [चित्रलेखा] में भोग एवं विलास में रमती वह गणिका अपने प्रियतम के लिए कैसा बलिदान देती है। मुझे तो विश्वास है कि सब को ये चलचित्र सकुटुम्ब देखना चाहिए। अपने मित्र लाभशंकर से कहना कि सपत्नी, सपुत्र, सपुत्री इस महान सर्जन को देखने जाय। उससे कहना कि यह सेल्युलॉइड की पट्टी पर बना चलचित्र नहीं है, जीवन है, मानव जाति का मूल्यवान् संग्रह है, जीवन में से निष्पन्न अर्क़ है।

अब तुम बड़ोदा नगरी में वापस कब आ रहे हो? तुम इस रविवार को नहीं आये, यह समाचार जान कर विश्वामित्री का जल सूख गया है। अशोक वृक्ष पीले हो निःश्वास लेते नतमस्तक खड़े हैं। सब के चेहरों से नूर चला गया है। कितनी बालिकाएँ, कन्याएँ, स्त्रियाँ गरम निःश्वास ले रही हैं। और पता चला है कि तुम जब आओगे विश्वामित्री तुम्हें लेने दौड़ी आयेगी, हर मार्ग पर शाल मंजरी की वृष्टि होगी, वृक्ष नवपल्लवित होंगे, पुष्पक विमान में आसीन विष्णु तुम्हें लेने आयेंगे, देवता और गन्धर्व आकाश से पुष्प बरसायेंगे। अतः शीघ्र आओ।

बड़ोदा नगरी की बालिकाएँ, कन्याएँ, मुग्धाएँ चातक बनी तुम्हारी बाट जोह रही हैं।

हँसाने के निराले-निराले ढंग निकाल लेता था भूपेन। सुभाष शाह को ही दिसम्बर के मध्य में लिखे गये एक पत्र में वह ऑफ़िस से घर आने का रोना इस तरह रोता है (ध्यान रहे कि रोना दिसम्बर के मध्य में रोया जा

रहा है, मई के मध्य में नहीं) : 'श्री खख्खर क़रीब दो बजे कड़कती गर्मी में घर आये।' एक दूसरे पत्र में बिखरी ये छटा देखिये :

> खख्खर साहेब थोड़े दिन से बीमारी भोग रहे हैं और केवल कल से काम पर गये हैं। आज अस्वस्थ और नादुरुस्त तबियत ने उनकी मानसिक परिस्थिति और उनके मन को भी बेकाबू कर दिया है। उन्हें बारम्बार आराम की इच्छा होती है। किसी की भी सहानुभूति पा जाने के लिए तरसते हुए वह सब की आँखों में झाँकते हैं। उन्हें तो यह भी लगता है कि किसी को भी उनकी दरकार नहीं है। फिर अन्तर की गहराई में जा कर सोचते हैं कि क्या मनुष्य अकेला ही है? क्या जिस तरह से मुझे अस्वस्थ महसूस हो रहा है, जैसे मैं पीड़ित हूँ, उसी तरह से कोई दूसरा नहीं समझ पायेगा? कितनी भी सहानुभूति मिल जाये, आख़िरकार सहन तो मुझे ही करना है। इसमें कौन भाग ले, और कितने छोटे-छोटे दुःख किस को कहूँ?

अपने कष्टों का बेहद बारीक़ चित्र खींचते हुए श्री खख्खर आगे लिखते हैं :

> थोड़ा पेट दुखता है, पग अस्थिर हैं, बुख़ार आता है, माथा दुखता है, खाट पर तकिया ठीक से रख नहीं पाते, फटी चादर में पैर फँस जाते हैं, दवा से मुँह कड़वा हो जाता है, सारे दिन मुँह में खटास रहती है, खाँसी आती है, बलगम निकलता है, करवट ले के सोने की वजह से हाथ दुखता है, छींक आने से पहले माथा स्तब्ध हो जाता है, बखत से दवाई लेनी, दवाई के लिए डॉक्टर के यहाँ जाना, खाने में ध्यान रखना, आँख में जलन, सिगरेट से चढ़ती खाँसी, हाथ-पैर में होती शिथिलता, ऐसी कितनी पीड़ा और दुःख से त्रस्त खख्खर साहेब सहानुभूति की एक भावना की अपेक्षा नहीं रख सकते?

पता नहीं भूपेन ने कब से इस तरह की चिट्ठियाँ लिखनी शुरू कीं, और किस-किस को सौभाग्य दिया उन्हें पाने और उन से आनन्दित होने का। सुभाष शाह को १९६५ में लिखे पत्र से ही शुरू करें तो भी लगभग ४० साल तक तो चला ही यह सिलसिला और भूपेन के जीवन के साथ ही पूरा हुआ। अब, उसके जाने के १५ साल बाद, जब देखने को मिले ये पत्र तो याद आता है कि कैसे वह दिन में कभी भी अपना ख़ाकी बैग खोल पालथी मार के बहुत ही गम्भीर मुद्रा में चिट्ठियाँ लिखने बैठ जाता

था। उसी गम्भीर मुद्रा में ही ये चटपटी चिट्ठियाँ भी लिखी गयीं होंगी। कितनी ज़रूरी रही होंगी ये उसके लिए कि इन के लिए इतना समय निकालता रहा वह।

भूपेन के विशिष्ट हास्य का बड़ा उन्मुक्त और चतुर प्रदर्शन उसके स्वलिखित साक्षात्कारों और कैटलॉगों में भी हुआ है। उदाहरण के लिए, एक कैटलॉग की चर्चा करूँगा। यह कैटलॉग एक काल्पनिक साक्षात्कार के रूप में लिखा गया है। यानी कि इसके सवाल भी भूपेन के हैं और जवाब भी उसी के। पहला सवाल है : 'आप पेंट कब करते हैं?' जवाब :

> अगर मुझे कोई अच्छा चित्र बनाना है तो मुझे सुबह ९ बजे काम शुरू कर देना चाहिए। भगवान कृष्ण ने मेरे लिए यही वक़्त निर्धारित किया है। वह ठीक ९ बजे मेरे स्टूडियो में आ जाते हैं। अगर मैं वहाँ नहीं हूँ तो वह ग़ायब हो जाते हैं। एक बार मैंने कहा कि मुझे १० बजे का समय दे दो। उन्होंने मना कर दिया। उन्होंने कहा कि अतीत में वह सुबह ६ बजे मीराबाई के सामने प्रकट होते थे। वह जल्दी उठ जाती थी। पर नरसी मेहता को १० बजे का वक़्त दिया गया था, चूँकि वह रात में हरिजनवाड़ा में भजन गाने जाया करते थे और इस कारण देर से सो कर उठते थे। मुझे कृष्ण से दूसरी शिकायत यह है कि वह हमारे मन्त्री मुरली मनोहर जोशी की तरह बहुत ज़्यादा इत्र लगा कर आते हैं। कृष्ण ने मेरी शिकायत नज़रअन्दाज़ कर दी। उन्होंने बताया कि जब वह राधा के साथ होते हैं तो कोई सुगन्ध नहीं लगाते पर रुक्मिणी उन्हें शरीर पर इत्र लगाये बग़ैर जाने नहीं देती।

(भूपेन को वाकई 'परफ्यूम' पसन्द नहीं थी। एक-दो बार उसकी डाँट खाने के बाद गीतांजलि उसके यहाँ बग़ैर परफ्यूम के, या बहुत ही हलकी परफ्यूम लगा कर जाने लगी थी।)

इसके बाद का सवाल है : 'रेल बजट का आपकी पेंटिंग पर क्या असर पड़ा है?' जवाब :

> आप मुझसे एक निहायत महत्त्वपूर्ण सवाल पूछ रहे हैं, जैसे कि कारगिल युद्ध गुजरात में प्याज़ के भाव को कैसे प्रभावित करता है या प्रधानमन्त्री अटल बिहारी वाजपेयी के घुटनों के ऑपरेशन का फ़िल्म 'लगान' के बनने पर क्या प्रभाव पड़ता है। हालाँकि रेल बजट का मेरी पेंटिंग पर कोई सीधा प्रभाव नहीं है, ए.सी. द्वितीय श्रेणी के किराये में वृद्धि से हुए

राजनैतिक तरंग प्रभाव [रिपल इफेक्ट] के कारण मैं कम सफ़र कर पाता हूँ और ज़बरन मुझे गुजरात पर आधारित चित्र बनाने पड़ते हैं। मैं नियम से ठीक ९ बजे भगवान कृष्ण के दर्शन करने और मास्टरपीसज़ बनाने अपने स्टूडियो पहुँच जाता हूँ। सो इस बुरे रेल बजट से मुझे मास्टरपीसज़ बनाने में मदद मिल रही है।

तीसरा सवाल : 'आप अपने रंग कैसे चुनते हैं?' जवाब :

मैं दुकानों पर जाता हूँ और रंग ख़रीद लेता हूँ। जब मैं विदेश जाता हूँ तो उन दुकानों पर जाता हूँ जो रंग बेचती हैं। मुझे लूकस के रंगों की रेंज बहुत पसन्द है। जब मेरा कोई रंग ख़तम हो जाता है तो मैं रंजना स्टाइनब्रूक को बर्लिन में फ़ैक्स भेजता हूँ। वह बड़ी कार्य-कुशल है। वह तुरन्त मेरी ज़रूरत की रेंज भेज देती है।

इस पर प्रश्नकर्ता समझाता है : 'नहीं, मेरा मतलब दुकानों में रंग चुनने से नहीं, किसी चित्र के लिए रंग चुनने से था।' जवाब :

यह बड़ा मज़ाकिया सवाल है। मैं रंग नहीं चुनता। जब मैं पौने नौ बजे अपने स्टूडियो आता हूँ तो अपनी दाहिनी तरफ़ पड़ा पहला ट्यूब उठा लेता हूँ। बग़ैर देखे इसे दबाता हूँ और पेंट करना शुरू कर देता हूँ।

बात इतनी अटपटी है कि स्पष्टीकरण माँगना ज़रूरी हो जाता है : 'इस प्रक्रिया को कैसे समझायेंगे आप?' जवाब :

अगर आप को प्रारब्ध में विश्वास है तो आप को इस प्रक्रिया में विश्वास हो जायेगा। जब आप शाम को अपनी व्हिस्की के लिए उठते हैं तो आप को कोई अन्दाज़ नहीं होता कि ट्यूब और ब्रश किस तरह पड़े हैं। अगली सुबह प्रारब्ध किसी विशेष रंग में प्रकट हो जाता है।

सवाल : 'आप को पता कैसे लगता है कि कोई चित्र आप ने पूरा कर लिया?' जवाब :

मैं इस बारे में कुछ नहीं जानता। कृष्ण सुबह आते हैं, नम्बर १ का ब्रश मेरे हाथ में रख देते हैं और मुस्करा कर मुझे आदेश देते हैं कि साइन करो। मेरे पास और कोई रास्ता नहीं है यह करने का।

इस साक्षात्कार में आलोचकों की कलई खोलने की शरारती नीयत और बहुसंख्यक कलाकारों की गम्भीरता पर कटाक्ष तो है ही, इसका असल आनन्द—बन रहे चित्र को साइन करने वाले सवाल तक—इसके विशुद्ध

हास्य में है। फिर अचानक, ऐन आख़िर में, बग़ैर अपना हास्य खोये, यह साक्षात्कार बीजेपी और हिन्दुत्व पर हमला बोल देता है। हमले की तैयारी एक ऐसे सवाल से होती है कि लगता है कि अब भूपेन खख्खर गये काम से। सवाल है : 'आप अपने वॉटर कलर के लिए जो विदेशी लूकस के रंग और विदेशी काग़ज़ का इस्तेमाल करते हैं उस पर भगवान कृष्ण की क्या प्रतिक्रिया है?' जवाब आता है :

> मैं नहीं जानता कि बीजेपी की भूमण्डलीकरण की नीति पर उनके क्या विचार हैं। उनको [बीजेपी की नीति का] वह हिस्सा भी नहीं पसन्द जो ख़तरनाक तरीक़े से हिन्दुत्व की हिमायत करता है। कृष्ण जब अच्छे रंग देखते हैं तो उन्हें पसन्द करते हैं। अभी तक उन्होंने मुझे मिट्टी के रंग इस्तेमाल करने का मशविरा नहीं दिया है, जैसे हमारे पारम्परिक कलाकार अपने लघु चित्रों में किया करते थे। एक बार उन्होंने मुझे बताया था कि रुक्मिणी को गुच्ची की 'परफ्यूम्स' बहुत पसन्द हैं।

भूपेन की पहली महत्त्वपूर्ण एकल प्रदर्शिनी १९७२ में केमोल्ड गैलरी में हुई। इसके लिए उसने ख़ुद ही 'ट्रूथ इज़ ब्यूटी, ब्यूटी इज़ गॉड' का शीर्षक देते हुए एक बहुत ही मज़ेदार कैटलॉग लिखा था। आगे भी इस कैटलॉग का ज़िक्र आयेगा। इसमें भूपेन ने एक विचित्र खेल खेला है। सारा कैटलॉग एक कितबिया के रूप में है और किसी गुजराती जेब डायरी के पन्नों पर छपा है। डायरी के हर पन्ने पर, जैसा कि अक्सर गुजराती डायरियों में होता है, विक्रम, ईसवी, हिजरी और पारसी सम्वत् और सम्बद्ध महीना, दिन और तिथि दिये हुए हैं। यह सब छोटे-छोटे गुजराती अक्षरों में लिखा है। पर इस सब के ऊपर, अपेक्षाकृत बड़े अक्षरों में, अँगरेज़ी में दिन और तारीख़ भी लिखे हुए हैं। डायरी उसी साल की है—१९७२—जिसमें प्रदर्शिनी हो रही है। डायरी के बीस पन्नों में फैला है यह कैटलॉग। पर तारीख़ हर पन्ने पर एक ही है : १० मार्च। १० मार्च भूपेन का जन्मदिन है, और यह जानकारी पाठकों को कैटलॉग में दे दी गयी है, ताकि सतर्क नज़रें देख सकें उस ख़ास तारीख़ से किया गया खेल। फिर भी पता नहीं कितने लोगों का ध्यान गया होगा इस पर। मेरा अपना ही ध्यान इस पर तब गया जब मैं बिलकुल ही अन्तिम क्षण में जोड़ा गया इस किताब का अन्तिम अध्याय लिख रहा था। भूपेन ख़ुद भी जानता होगा कि थोड़ी ही नज़रें पड़ेंगी उसके करतब पर। लेकिन वह

तो अपनी इस सूझ पर ही फ़िदा हो गया होगा। बाक़ी फिर जो भी देख ले सोने में सुहागा।

इन स्वलिखित कैटलॉग्ज़ की ही तरह, पर इनके हास्य से भिन्न, भूपेन की कुछ ड्रॉइंग्ज़ में बड़ा विचित्र और वक्र हास्य दिखायी देता है। सिर्फ़ चार का उल्लेख करूँगा यहाँ। एक, अपने शिश्न पर उँगलियाँ टिकाये बैठे एक नग्न युवक की पत्नी उससे थोड़ा नीचे बायीं ओर बैठी है। युवक के सीने में गर्भस्थ शिशुओं से ख़ासे बड़े दो लड़के विराजमान हैं। नीचे दाहिने कोने में लिखा हुआ है : 'बांग्लादेश के एक गाँव में एक युवक के गर्भ में दो जुड़वाँ।' और : 'ढाका में हवाई अड्डे के पास एक युवक के गर्भ में दो जुड़वाँ। उसकी महिलावादी पत्नी सविता बहुत प्रसन्न।' दो, अपने दाहिने हाथ के सहारे बिस्तर में अध-लेटा एक मोटा आदमी और नीचे बायीं तरफ़ यह सूचना : 'धूम्रपान छोड़ने के बाद जीवनलाल मोटा और भारी हो गया।' तीन, आराम की मुद्रा में पसरे एक आदमी के दाहिनी बाजू में जलती हुई मोमबत्ती और उस में से अलग-अलग किनारियों में उठता धुआँ। नीचे दायीं ओर टिप्पणी : 'उस का सर्वोच्च आनन्द था मोमबत्ती से निकलता धारीदार धुआँ।' चार, एक बड़े से कमरे में बड़े-से तकिये पर अपना सिर टिकाये बिस्तर में लेटा आदमी अपने दोनों हाथों को देख रहा है। दूर बायीं ओर टिप्पणी है : 'जब शंकरलाल सुबह सो कर उठे तो यह देख कर अचम्भे में आ गये कि उनके बायें हाथ में बारह उँगलियाँ हैं और दाहिने हाथ में सात उँगलियाँ।' पाँच, घुटने से गर्दन तक फूलदार चादर से ढका आनन्द से लेटा हुआ एक आदमी। टिप्पणी : 'आख़िर वह सफल हो गया फूलदान बनने में।'

भूपेन के हास्य का एक और रूप उभर कर आता जब अमरीका से लेखक मधु राय (उस समय तीस साल से थोड़ा कम) आते और भूपेन (तीस के थोड़ा ऊपर) के साथ उनका रहना होता। जब भी सनक सवार हो जाये तो एक बन जाता पिता और दूसरा बन जाता बेटा। सारे दिन बड़ी तल्लीनता से चलता रहता पिता-पुत्र का यह खेल, बस बीच-बीच में अपनी भूमिकायें अदल-बदल लेते। इन दोनों ने ऐसे ही बैठे-बिठाये एक और स्वांग भी चालू कर दिया। इसका ज़िक्र नौशिल मेहता ने किया है। अमरीका से लौटे मधु राय को निशाना बनाते हुए भूपेन ने 'स्वदेश आगमन' के शीर्षक से अख़बार में छपे एक विज्ञापन की कल्पना की।

हर तरह से योग्य यह युवा एनआरआई विवाह के इरादे से स्वदेश आया है। दिक़्क़त ये है कि उसके पास वक़्त कम है। सो लोगों से विवाह की इच्छुक लड़कियों की तस्वीरें भेजने को कहा जाता है (इन्हें वापस करने के वादे के साथ)। बजाय यह सवाल उठाने के कि लोग ज़िन्दगी का इतना महत्त्वपूर्ण फ़ैसला इतनी जल्दी में कैसे कर सकते हैं, भूपेन मधु से पूछता है : 'क्या हो सकता है जब यह भावी पति अपनी भावी पत्नियों को इण्टरव्यू कर रहा है?' बस, दोनों खेल शुरू कर देते हैं इन काल्पनिक साक्षात्कारों का। कभी भूपेन लड़का बनता है और मधु लड़कियाँ, और कभी उलट। झड़ी लग जाती है वाहियात से वाहियात, अश्लील से अश्लील सवालों-जवाबों की। इसके बाद हफ़्तों जब भी वे मिलते चालू कर देते अपना इण्टरव्यू, जो और भी भड़कीला हो जाता अगर दूसरे लोग भी बैठे हों।

भूपेन के साथ हुए अपने इसी स्वाँग से प्रेरित हो कर मधु राय ने अपना प्रसिद्ध उपन्यास *किंबॉल रेवेन्सवुड* लिख डाला। इस उपन्यास के आधार पर दूरदर्शन का एक सीरियल, एक गुजराती नाटक, एक अँग्रेज़ी नाटक, और एक फ़िल्म भी बनी। मतलब यह, नौशिल कहते हैं, कि 'दोस्तों के साथ भूपेन की ज़्यादातर बातचीत कला के किसी भी माध्यम में एक पूरी रचना को जन्म दे सकने वाले स्वतःस्फूर्त विचारों से भरी होती थी।'

नाटककार नौशिल और भूपेन की १९७० के दशक में शुरू हुई मस्त दोस्ती में आख़ीर तक, बिना कोमलता खोये, अन्तहीन हँसी-मज़ाक़ चलता रहा। उसके जाने से जो भी रीतापन आ गया हो, भूपेन को याद भी नौशिल हँसते हुए जीने की उसी ज़िद से करना चाहते हैं जो ज़िन्दगी भर उन्होंने अपनी दोस्ती में निभाई। ये क़िस्से जो मैं यहाँ दे रहा हूँ नौशिल ने भूपेन की मौत के फ़ौरन बाद बम्बई में हुई एक शोक सभा में सुनाये थे। नौशिल का एक और क़िस्सा १९८९ के पृथ्वी थिएटर के नाट्य समारोह में हुए भूपेन के नाटक *मोजीला मणिलाल* से सम्बन्धित है। नाटक के सफल मंचन के बाद कुछ गुजराती नाटकवालों ने भूपेन से कहा : 'काहे को आपने अपनी इतनी ज़िन्दगी पेंटिंग में गँवा दी? इसे तो आप को नाटक लिखने में लगाना चाहिए था।' भूपेन ने तुरन्त उत्तर दिया : 'तमाम चित्रकार भी यही मानते हैं।'

अपने को लेकर हँसने-हँसाने—और उसी में अपनी महिमा बखान देने—

दिल्लू (मृणालिनी मुखर्जी) के साथ ट्रैजिडी किंग भूपेन

गीता कपूर के साथ रंगरलियाँ

नीलू (नीलिमा शेख) को फ़र्शी बजाता भूपेन

की एक और मिसाल अमित अम्बालाल को लिखे एक पोस्ट-कार्ड में इस तरह आती है। बताते हुए कि एक कहानी पूरी कर ली है, बस उसे 'फाइनलाइज़' करना बाक़ी है, भूपेन लिखता है कि अगर इसे *गद्यपर्व* में छपाया तो *गद्यपर्व* बन्द करना पड़ जायेगा, और उसके आजीवन सदस्यों का पैसा डूब जायेगा। सो [गुलाम] शेख ने राय दी है कि इसे छपाओ मत।

गद्यपर्व के सम्पादक और स्वयं प्रख्यात साहित्यकार भरत नायक ने जब यह कहानी पढ़ी तो वह भूपेन के पीछे पड़ गये कि यह तो उन्हें छापनी ही छापनी है अपनी पत्रिका में। पर भूपेन अड़ा रहा, मान के न दिया उसने। ख़ुफ़िया तौर पर स्त्री के रूप में अपना श्रृंगार करने वाले एक पुरुष की यह कहानी अभी भी अप्रकाशित है।

न छपने-छपाने के सन्दर्भ में यह भी जोड़ दूँ कि भूपेन की कहानियों से अभिभूत हो, और यह सोच कि खुले भाव और धड़ल्ले से 'हंस' का सम्पादन कर रहे राजेन्द्र यादव अवश्य भूपेन की कहानियों को हिन्दी में छापना चाहेंगे, गीतांजलि ने उससे लेकर कुछ कहानियाँ भेज दीं राजेन्द्रजी को। भूपेन को, यद्यपि, विश्वास नहीं था कि हिन्दी साहित्य जगत् गुजराती से ज़्यादा उन्मुक्त है। जल्दी ही भूपेन की कहानियाँ वापस आ गयीं, और राजेन्द्रजी से फ़ोन पर सुनने को मिला : 'ये क्या भेज दिया था मुझे?'

एक और प्रिय शग़ल था भूपेन का। सफ़र करते वक़्त अपने सहयात्रियों के साथ तरह-तरह के स्वाँग करते रहना। मित्रों से और ख़ुद उससे मैंने तमाम ऐसे क़िस्से सुने हैं। पर यहाँ मैं महेन्द्र देसाई के दिये एक क़िस्से का ज़िक्र करूँगा। क़िस्सा मुख़्तसर यूँ है। गाड़ी चल पड़ी है और, जैसा कि कुछ सालों पहले तक हमारे देश में आम था, डिब्बे के सारे यात्री एक-दूसरे से परिचित हो दीन-दुनिया की बातों में लग गये हैं। बस एक भूपेन है जो अकेला चुप बैठा है। साथ के लोग बार-बार कोशिश करते हैं उससे बात करने की, उससे नाम-पता पूछने की, पर उसने मौन साधा हुआ है। काफ़ी देर बाद एक आदमी बिलकुल सीधे पूछता है कि भाई क्या बात है, आप क्यों इतने ख़ामोश हैं, किसी के भी सवाल का जवाब नहीं देते।

अब भूपेन शुरू होता है : 'आप वाक़ई जानना चाहते हैं? पर पहले वादा कीजिए कि मेरा राज़ बतायेंगे नहीं किसी को। मेरे अपने स्टेशन पहुँच जाने तक तो हरगिज़ नहीं। मैं स्मगलर हूँ। आप समझ सकते हैं, क्यों

किसी से बात नहीं करता मैं। सोने की बिस्कुटें ले जाता हूँ। एक ही फेरे में दस हज़ार बन जाते हैं। वह ब्रीफ़केस है न जो आप के बग़ल में रख दिया है मैंने, उस में...आप समझ रहे हैं न?'

एक दिन बात छिड़ गयी कंजूसी पर। भूपेन बताने लगा अपने एक मित्र शान्तिभाई के बारे में। अपार पैसे वाले शान्तिभाई बम्बई में रहते थे। पर जब भी आते बस में आते, टैक्सी या अपनी गाड़ी में नहीं। एक दिन भूपेन से नहीं रहा गया और उसने पूछ ही लिया कि क्या बात है शान्ति काका, जो आप इतने अमीर हो कर भी बस में चलते हो? शान्तिभाई मुस्कुराये और बोले कि तुम बिलकुल सही पूछ रहे हो। है मेरे पास बहुत पैसा। मेरी बीवी, मेरे भाई और मेरा बेटा, सब अपनी-अपनी गाड़ियों में ही चलते हैं। पर क्या बताऊँ, मैं गाड़ी में चलता हूँ तो सोचता हूँ कि ये क्या फ़ुज़ूलख़र्ची कर रहा हूँ । ज़रूरत क्या है इस की? ख़ूब हँस-हँस कर और बड़े विस्तार से सुना रहा था भूपेन यह क़िस्सा। फिर अचानक गम्भीर हो कर बोला कि हम सब में एक शान्तिभाई होता है। कितना भी पैसा क्यों न हो किसी के पास, किसी एक मामले में ज़रूर ही कंजूस होता है वह। और फिर मज़े ले-लेकर एक के बाद एक दोस्तों की और अपनी शान्तिभाईयत गिनाने लगा।

मुझे शान्तिभाई की बात और भूपेन की उसकी व्याख्या बड़े भाये। मैं ख़ुद, भूपेन का हवाला दे कर, मौक़े-बेमौक़े शान्तिभाई का क़िस्सा सुनाने लगा। कहता रहता भूपेन से कि बड़ा मन है तुम्हारे शान्तिभाई से मिलने का। वह मौक़ा कभी न आया और भूपेन चला गया। उसके काफ़ी दिनों बाद एक बार गुलाम शेख़ से मैंने शान्तिभाई का ज़िक्र करते हुए कहा कि उन से मिलने की इच्छा मन में ही रह गयी। गुलाम ने मुस्कराते हुए कहा : 'तो तुम भी फँस गये उसके जाल में! कोई शान्तिभाई-वान्तिभाई नहीं थे। भूपेन की ईजाद थे।' (गुलाम ने 'भेरू' में भी 'शान्ति काका' उर्फ़ 'कंजूस काका' के काल्पनिक अस्तित्व की चर्चा की है।)

भूपेन के जाने के १६ साल बाद अभी हाल में अतुल डोडिया ने मुझे बताया कि एक बार उसने भूपेन को किसी बात पर कंजूसी के लिए टोका तो उसने अपने एक दोस्त—मैं ने बीच में ही पूछा, 'शान्तिकाका?' तो बोला 'हाँ'—के बारे में बताया और कहा कि उसका—भूपेन का—कोई बस है नहीं अपनी कंजूसी पर। इस बार मेरी बारी थी अतुल के

साथ वही मज़ा लेने की जो गुलाम ने लिया था, मुझे शान्तिकाका की असलियत बताते हुए। सालों भूपेन के साथ रहे अतुल का चेहरा देखने लायक़ था उस वक़्त मुझे सुनते हुए। मनगढ़न्त से मनगढ़न्त क़िस्से भी ऐसे सुनाता था भूपेन कि सुनने वालों को उनकी सच्चाई पर पूरा विश्वास हो जाये।

कभी-कभी अपनी ही मनगढ़न्त बातों पर ख़ुद ही विश्वास करने लगता। मसलन, कहता था कि वह कभी मंजन नहीं करता, जब कि मेरी आँखें गवाह हैं उसके दावे की ग़ैरसच्चाई की।

वैसे एक स्वाँग ऐसा भी हुआ जिसमें खख्खर साहब को ही मात खानी पड़ गयी। अमित के पिता अम्बालालभाई से भी बहुत पटती थी भूपेन की। जाता तो रहता ही था वह बार-बार अमित के यहाँ। जब जाता अम्बालालभाई के पास ज़रूर वक़्त बिताता। एक बार उनके पास जा के बोला, मुझे आशीर्वाद दो मैं जापान जा रहा हूँ। उन्होंने कहा कि जापानी बीवी लाने का वादा करो और ले लो आशीर्वाद। भूपेन ने बेहिचक कर दिया वादा और ले लिया आशीर्वाद। लौट कर आया तो उसके साथ उसके जापानी आर्ट डीलर की बेटी भी आयी थी। भूपेन ने इस युवती को साड़ी पहनायी, उसकी माँग भरवाई और उसे सिखा-पढ़ा कर कि कैसे सर पल्लू से ढक कर वृद्ध पिता के पैर छूने हैं, पहुँच लिया अहमदाबाद। जब पैर-वैर छू लिए गये तो उसने अम्बालालभाई से कहा कि अब रोकड़ा तो निकालो बहू के लिए। सेठ अम्बालाल ठहरे पुराने खिलाड़ी, बोले, रोकड़ा निकलेगा जब बड़ोदा में 'ऐट होम' करोगे।

अम्बालालभाई तो साफ़-साफ़ नहले पै दहला थे, पर एक बार भूपेन की अपनी प्रसिद्धि ने ही उसको ज़ेर कर दिया। बड़ोदा में बस जाने के बाद भी भूपेन के पासपोर्ट में उसका बम्बई का पुश्तैनी पता ही दर्ज था। इसका फ़ायदा उठा कर वह हर महीने एक या दो बार अपने घर के पास ही एक्सप्रेस होटल जा कर सरकारी शराब की दुकान में अपना पासपोर्ट दिखाता और बम्बई से बिज़नेस के सिलसिले में बड़ोदा आये होने के बहाने सरकारी दुकान से शराब ख़रीद लेता था। आराम से सालों तक गुजरात के तत्कालीन नशाबन्दी क़ानून का दुरुपयोग करता रहा वह। पर एक दिन जब माल ख़रीदने के लिए वह अपना पासपोर्ट दिखाने जा ही रहा था कि दुकान पर बैठे आदमी ने कहा : 'भाई, अभी पिछले दिनों

अख़बारों में आप की तस्वीर छपी थी और लिखा था कि आप को पद्मश्री मिला है। आप तो बड़ोदा के ही रहने वाले हो। मैं आप को शराब नहीं दे सकता।' उस आदमी के बोलने में भूपेन के लिए ऐसा मान था कि भूपेन उसे समझाने-बुझाने या मनाने की भी कोशिश न कर सका। कुछ हँसी-मज़ाक़ कर कि पद्मश्री ने बड़ा घाटा करा दिया, घर की राह ले ली।

एक शाम गीतांजलि और मैं पहुँचे ही थे उसके यहाँ कि वह बताने लगा कि आज बड़ी मज़ेदार बात हुई। बम्बई से एक ऑफ़र आया है मुझे। बहुत सीरियस ऑफ़र है। आशा पारेख की माँ ने भेजा है। अपनी बेटी से मेरी शादी कराना चाहती हैं वह। मामला इतना मज़ेदार था कि देर तक यही बात चलती रही। क्या आशा पारेख की अम्मा नहीं जानतीं कि तुम 'गे' हो? मालूम होगा, पर उनका इण्टरेस्ट तो लगता है किसी भी तरह अपनी बेटी को नासिर हुसैन के चंगुल से निकाल लेने में हैं। तो क्या आशा पारेख यहाँ आ कर रहेगी तुम्हारे पास? नहीं, मुझे घर जमाई बनाना चाहते हैं। वग़ैरा, वग़ैरा।

भूपेन के जीते जी मैं इस अजीबोगरीब ऑफ़र की बात को सच मानता रहा, शायद गीतांजलि भी। पर अब जब कि शान्ति काका की असलियत पता लग गयी है, कह नहीं सकता कि उस दिन भी भूपेन मन ही मन ख़ुश नहीं हो रहा था कि अपनी खुराफ़ाती कल्पना से कैसा बेवकूफ़ बना दिया दोनों को।

भूपेन ज़बरदस्त बहुरूपिया और नक़लची भी था। बड़े चाव से अलग-अलग रूपों में अपनी तस्वीरें खिंचवा के दोस्तों में बाँटता था। ब्रिटिश फ़िल्म्ज़ इन्स्टीट्यूट ने उस पर जो फ़िल्म बनायी उसके लिए ख़ासतौर से उसने कृष्ण का रूप धरा था। चमकीले परिधान, मुकुट और अधर-विराजित बाँसुरी में शोभायमान है वह। मानो ये ही फ़िल्म की टेक हो, क़ैमरा बार-बार इस बहुरूपिया कृष्ण पर आ टिकता है। उसकी और भी तस्वीरें हैं जिन में कहीं शॉन कॉनरी के अन्दाज़ में जेम्ज़ बॉंड बना हुआ है, कहीं सैंडो की याद दिलाता बॉडी-बिल्डर बना अपने मसल्ज़ का प्रदर्शन कर रहा है, कहीं 'गुड टूथपेस्ट'—असल में अपने मोती जैसे दूधिया दाँतों—का विज्ञापन कर रहा है, कहीं जानलेवा सरदर्द होने का अभिनय कर रहा है, कहीं बम्बइया फ़िल्मों के नायकों को मात देता अलग-अलग मुद्राओं में नायिकाओं के साथ बैठा या लेटा अठखेलियाँ

कर रहा है। एक और तस्वीर दी थी उसने, बड़ी जादुई-सी तस्वीर, जिसमें बिजली की चौंधिया देने वाली बड़ी चमकदार आड़ी-तिरछी किरणें उसे चारों तरफ़ से लपेटे हुए हैं। बहुत दिनों तक इस तस्वीर को सम्हाले रखा था, लेकिन अब लगता है कहीं खो गयी है।

वैसे भी भूपेन को फ़ोटो खिंचवाने का बड़ा शौक़ था। आती भी थीं उसकी तस्वीरें बहुत अच्छी। एक बार मैं ने, अपनी तरफ़ से उसकी तारीफ़ करते हुए, कहा : 'भूपेन, यार तुम हो बड़े फ़ोटोजेनिक।' पलट के बोला वह : 'आई एम हैण्डसम, नॉट फ़ोटोजेनिक। गैट इट राइट!'

कहने को तो ये बात उसने, बुरा मान जाने का नाटक करते हुए, मज़ाक़ में कही थी, पर उसका हैण्डसम होने का दावा बेबुनियाद नहीं था। उसके पास अक्सर अनजान समलैंगिकों के पत्र आते रहते थे कि कैसे उन्होंने फलानी जगह उसे देखा और उसकी सुन्दरता पर मोहित हैं।

एक और क़िस्सा याद आ रहा है भूपेन की विनोदप्रियता—और रूठने—का। मेरी एक किताब, *द ऑप्रैसिव प्रजेंट,* ऑक्सफ़ोर्ड यूनिवर्सिटी प्रेस से छप रही थी। इस किताब का एक बड़ा हिस्सा मैंने भूपेन के घर में रह कर ही लिखा था। गीता कपूर से दोस्ती थी ही, सोचा कि उससे अच्छा कोई और नहीं हो सकता, तय करने के लिए कि किस कलाकार के कौन-से काम को इस्तेमाल किया जाय किताब के कवर के लिए। वह मान भी गयी। बोली, जल्दी तय कर के सारा इन्तज़ाम कर दूँगी। फिर हुआ ये कि प्रेस जल्दी करे और गीता कुछ कर के न दे। आख़िर में जब लगा कि प्रेस अब और नहीं रुकेगा और अपना ही कवर तैयार करा लेगा तो मैंने भूपेन को अपनी परेशानी बतायी। वह सब सुनता रहा और फिर ताना देता हुआ बोला कि मुझसे तो तुम ने कहा नहीं, मैं तो जानता हूँ तुम्हारा काम, बना देता इसका कवर। सच बात ये थी कि मुझे लगता था कि भूपेन की शैली मेरी किताब के अनुरूप नहीं होगी। पर उसकी बात सुन कर मैं उछल पड़ा। मैंने कहा : 'सच, यार, बना दोगे तुम!'

वह उठा, अपनी तीन या चार चीज़ें ला कर मेरे सामने रख दीं। मैं सोच ही रहा था कि क्या चुनूँ कि उसने एक काम उठाया, उसे उलट दिया कि सिर पैर हो जाये, और बोला ये देखो। मैं दंग रह गया। इस दिशा से देखने में चित्र उस आक्रान्त भाव से भर गया था—औपनिवेशिक दासता में रह रहे हमारे पूर्वजों का दमघोंटू वातावरण (ऑप्रैसिव का गिरधर राठी

का अनुवाद)—जो मेरी पुस्तक का विषय था। यह थी भूपेन की आँख, और मेरी किताब क़े सत्व की उसकी पकड़ जो उसे मिल गयी थी महज़ हमारे बीच में किताब के बारे में होती रही छिटपुट बातचीत से।

दूसरे दिन सुबह ही सुबह भूपेन ने अपने कलाकार मित्र ज्योति (भट्ट) भाई को फ़ोन कर के बुला लिया और उन्होंने कवर की दो हाई रेज़ोलूशन स्लाइड्स तैयार कर दीं। शाम तक भूपेन ने ऑक्सफ़ोर्ड यूनिवर्सिटी प्रेस को कुरिअर कर दिया था कवर।

किताब आयी। कवर बड़ा ही लुभावना था। भूपेन को भी अच्छा लगा। फिर वह कुछ महीनों के लिए हॉलैण्ड चला गया। लौट के आया तो एक दिन पूछा उसने : 'कैसा कर रही है तुम्हारी किताब?' मैंने कहा : 'बहुत ही अच्छा, यार। साल भर भी नहीं हुआ है अभी और पूरी बिक गयी है। अब पेपरबैक एडिशन आ रहा है।' 'वह तो होना ही था। कवर जो इतना कमाल का है!' समझा दिया उसने किताब की कामयाबी का राज़।

ऐसा ही एक और उदाहरण। हम लोग नसरीन मोहमदी के घर गये हुए थे। नसरीन अपनी संवेदना और रहन-सहन में पूरी ज़ैन थीं। बड़े-से फ़्लैट में फ़र्नीचर के नाम पर कुछ नीची-नीची सैटी जैसी एक-दो-चीज़ें, एक नीची बड़ी मेज़। पूरे घर में सिर्फ़ दो रंग, सफ़ेद और काला। जैसी मिनिमलिस्ट नसरीन की कला वैसा ही उसका घर। ऐसी संवेदना और ऐसे घर की मालकिन नसरीन किसी बात पर भूपेन से ख़ुश हो गयीं। बोलीं : 'भूपेन, टेक एनीथिंग, एनीथिंग यू वांट फ़्रॉम दिस हाउस।' तपाक से भूपेन बोला : 'आई कैन ओनली ऍड, नसरीन!'

एक तरफ़ ऐसा नफ़ीस हास्य और दूसरी तरफ़ बेहया लम्पटगीरी। दोनों में पारंगत था भूपेन, और मौक़े के मुताबिक ठोक देता था। एक बार बरसते पानी में अपने स्कूटर से उतरा और कीचड़ से सने जूते फटकारता उसी कोमल ज़ैन नसरीन के उसी ज़ैन घर को बेरहमी से गन्दा करता हुआ धड़धड़ा के अन्दर घुस गया।

कभी-कभी वह अपनी सर्वविदित हास्य-प्रियता को अपनी झुँझलाहट निकालने के लिए भी इस्तेमाल कर लेता था। मान लीजिये कि—और ऐसा उस ज़माने में होता ही रहता था—उसके फ़ोन में भड़-भड़ हो रही

है या किसी और नम्बर पर चल रही बातचीत भी आप को सुनायी पड़ने लगी है, और कहीं भूल से भी आप के मुँह से निकल गया—जो निकल ही सकता था—कि यार ये क्या हो रहा है तुम्हारे फ़ोन में, तो ख़ैरियत नहीं थी आप की। एकदम बिफर उठता वह : 'क्या मतलब ? है मेरा फ़ोन। तो ? मैं कर रहा हूँ ये गड़बड़ ? मुझसे क्या शिकायत कर रहे हो ? ये रहा कंप्लेन्ट का नम्बर। करो डायल, और कोई उठा ले उधर से तो कर देना शिकायत। कर लेना चैन से बात जब ठीक हो जाये।'

भूपेन को हास्यप्रियता विरासत में अपनी माँ, महालक्ष्मीबेन, से मिली थी। बड़ा मज़ा आता उसे बताने में कि कैसे उसकी माँ और उसके मामा जब आपस में बैठकर बातें करते तो हर चीज़ उनके लिए स्वाभाविक मज़ाक़ का विषय बन जाती। उसके दिये उदाहरणों में मुझे अब केवल एक याद है। वो बताता कि जब ये भाई-बहन सब्ज़ियों की बात करते—जो कि भोजन-प्रिय होने के कारण वे अक्सर करते—तो उनका हर सब्ज़ी के लिए एक मज़ेदार अश्लील नाम होता, जो प्राय: स्त्री और पुरुष के गुप्तांगों से जुड़ा होता। न भाई को और न ही बहन को कोई परेशानी होती कि बच्चे सुन रहे हैं। अनजाने में ही भूपेन श्लील-अश्लील के प्रचलित चोचलों से मुक्त हो गया था। ख़ुद बस उसने इतना ही किया कि बाद में भी इन चोचलों से बचा रहा।

माँ की इस विरासत का प्रभाव भूपेन की स्वच्छन्द वर्जना-मुक्त कला में साफ़ दिखायी देता है।

भूपेन के रूठने का जो ऊपर ज़िक्र आया है उसकी चर्चा बहुत ज़रूरी है उसके व्यक्तित्व को समझने के लिए। उसके रूठने को उसके डाही स्वभाव से जोड़ कर ही समझा जा सकता है। एक दिलचस्प, नाकाबिल-ए-यक़ीन वाक़ये से शुरुआत करता हूँ ताकि समझ आ जाये कि भूपेन का बस चलता तो वह अपने दोस्तों के दिलों और दिमाग़ों को बस अपने में ही समेटे रखता।

अपने से ठीक बीस साल छोटे नौशिल से भूपेन की दोस्ती १९७७ में शुरू हुई। अगले १७ साल तक, लड़कियों से उसकी जो भी मित्रताएँ होती रही हों, भूपेन का यह लम्बा-चौड़ा सुन्दर नौजवान दोस्त अविवाहित रहा। १७ साल काफ़ी होते हैं किसी को भी इस ख़ुशफहमी में डालने के लिए कि ये पट्ठा तो ऐसे ही रहेगा। और तभी इसे श्रद्धा मिल गयी और

दोनों ने शादी कर के घर बसाने का फ़ैसला कर लिया। ये वो वक़्त था जब हॉलैण्ड भूपेन का घर बना हुआ था। समझदार नौशिल जानता था कि भूपेनभाई को भनक न पड़े तो ही अच्छा है। पर—नौशिल के कथनानुसार—नारद मुनि के कलियुगी अवतार अतुल डोडिया को कहाँ चैन मिलता बग़ैर भूपेन को ख़बर किये। तुरन्त भूपेन का फ़ोन आ गया हॉलैण्ड से नौशिल को समझाने के लिए कि शादी-वादी के मामले में उतावली ठीक नहीं होती। फिर ख़बर आयी कि फलाँ तारीख़ को भूपेनभाई बम्बई पहुँच रहे हैं।

जो सुना उसे आप को सुना देना मेरा काम है। कुछ और भी है क़िस्से के इसी हिस्से के बारे में सुनाने को। इसे सुन कर कुछ अन्दाज़ लगेगा भूपेन के इन लाड़ले दोस्तों की प्रकृति और उनके आपसी व्यवहार के बारे में। नौशिल का कहना है कि उसने तय कर लिया था कि भनक भी नहीं पड़ने देगा दूर बैठे भूपेन को अपनी शादी की। निबट लेगा जब लौट के आयेंगे वह। पर अतुल का दावा है कि अपनी तरफ़ से कुछ नहीं किया था उसने। नौशिल ख़ुद हिम्मत कर नहीं पा रहा था भूपेन को बताने की, और डर भी रहा था कि ख़बर न दी भूपेन को तो ग़ज़ब हो जायेगा। सो उसी के कहने पर अतुल ने फ़ोन कर के भूपेन को बताया था।

नौशिल और अतुल के बयानों में जैसा भेद है वैसे भेद अक्सर बीती बातों के अलग-अलग लोगों के बयानों में मिलते हैं। पर यहाँ कुछ और भी हो रहा है। 'मज़ा-मस्ती' को भूपेन और उसके नौशिल, अतुल और अमित अम्बालाल जैसे ख़ास दोस्त बहुत पूजते थे। सारे नटखटिये ताक में रहते थे कि कब मौक़ा मिले और कुछ ख़ुराफ़ात हो जाय। इसमें कोई एक-दूसरे का भी सगा नहीं था। ऐसे ही तो नहीं भूपेन साल दर साल अपने दुष्ट खुले ख़त अमित और रक्षा को भेजता रहा। सो लाख अतुल अपनी मासूमियत बताये, कुछ सोची-समझी कुटिलता तो रही ही होगी बम्बई से हॉलैण्ड में भूपेन को फ़ोन करने में। दोस्ती ही क्या वह जिसमें दोस्त को छकाने का मौक़ा छोड़ना पड़े दोस्त को। अतुल ही नहीं, सबके सब थे—भूपेन समेत—नारद मुनि के कलियुगी अवतार।

फ़ोन प्रकरण की सचाई जो भी हो, ख़बर पाते ही भूपेन पहुँच लिया बम्बई। मासूम श्रद्धा ने बड़े उत्साह से कहा कि वह अपनी गाड़ी में ले जायेगी नौशिल को हवाई अड्डे उस के परम मित्र को लाने के लिए।

१९७६ में यूरोप जाने से पहले भूपेन अपनी माँ के साथ

भूपेन के माता-पिता

द पोर्ट्रेट ऑव भूपेन मदर एण्ड फादर

भूपेन आया, श्रद्धा से आँख तक नहीं मिलायी उसने। नौशिल के साथ गाड़ी की पीछे की सीट पर बैठ गया, मानो शोफर-ड्रिवेन गाड़ी में जा रहा हो। रास्ते में, ऐन श्रद्धा की पीठ पीछे, भूपेन ने फिर वही राग अलापना शुरू कर दिया कि ऐसी जल्दी क्या है शादी करने की। और तो और उसने यह भी पूछ लिया कि कहीं पेट से तो नहीं कर दिया है लड़की को, जो इतनी हड़बड़ी में शादी रचा रहा है। नौशिल का घर आ गया तो भूपेन, 'थैंक यू' कहना तो दूर, बग़ैर श्रद्धा की ओर देखे गाड़ी से निकल गया। सन्न कि कोई ऐसा भी कर सकता है, श्रद्धा अपने घर न जा सकी। सान्त्वना की तलाश में सीधी प्रबोध और मित्रा के घर चली गयी।

बाद में श्रद्धा और भूपेन में अच्छी पटने लगी। पर श्रद्धा भूली कुछ नहीं है। सब कुछ बग़ैर किसी कडुवाहट के हँस-हँस के सुनाती है। हँसते-हँसते ही यह भी जोड़ देती है कि भूपेन के पास उससे दोस्ती करने के अलावा और कोई चारा नहीं था अगर उसे नौशिल से दोस्ती रखनी थी और पहले की ही तरह आना-जाना-रहना बनाये रखना था।

१९९९ में भूपेन अपने इलाज के सिलसिले में छह महीने के लिए बम्बई में था। जब रेडिएशन के लिए वह हिन्दुजा अस्पताल जाता तो नौशिल उसके साथ होता। एक दिन अपनी माँ की बीमारी की वजह से नौशिल ने मनोज शाह को भेज दिया भूपेन को अस्पताल ले जाने के लिए। बस हो गया भूपेन आग बबूला। लाख समझाया नौशिल ने, बताया अपनी माँ की बीमारी के बारे में, पर कुछ असर नहीं हुआ। अगले तीन दिन तक वह मनोज को ही अपने साथ ले जाता रहा, जब कि नौशिल जा सकता था उसके साथ।

एक तीसरा क़िस्सा नौशिल का ही जब वह और हरिदास भूपेन के घर ठहरे हुए थे। एक दिन गुलाम शेख ने फ़ोन कर के अकेले नौशिल को शाम के खाने पर आने की दावत दी। मना करने की कोई वजह थी नहीं। नौशिल ने 'हाँ' कर दी। शाम को जब पाण्डु को बताने के लिए पूछा गया कि क्या खाने की इच्छा है तो नौशिल ने कह दिया कि उसे गुलाम के यहाँ जाना है। फिर क्या था, बखेड़ा खड़ा कर दिया भूपेन ने। तमाम बातें कहीं। क्या हो गया है गुलाम को कि अकेले तुम को बुला रहा है, हरिदास और मैं भी तो उसके दोस्त हैं। और तुम ख़ुद कैसे हो कि मना नहीं कर दिया? और मान लो कि 'हाँ' करनी ही थी तुम को तो कम से

कम एक बार मुझसे पूछ तो लेते। देखता हूँ कैसे जाते हो। यहीं खाओगे खाना। उधर नौशिल अपनी ज़िद में। जैसे-तैसे शोर थमा। जाने का वक़्त हुआ और नौशिल तैयार हो के निकलने लगा तो फिर बाबेला मचा दिया भूपेन ने। नौशिल कहता रह गया कि मैं न गया तो शेखभाई को मुँह दिखाने लायक़ नहीं रहूँगा। नहीं जाने दिया भूपेन ने तो नहीं जाने दिया।

भूपेन दोस्तों पर अपना मालिकाना अधिकार चाहता था, मालिकाना अधिकार जो इकतरफ़ा होता है। इस तरह से बात कहने में शोषण का भाव आ सकता है। पर शोषण की भावना, चेतन स्तर पर, भूपेन के अन्दर थी नहीं। वह तो यही जानता था कि दोस्तों के लिए जान हाज़िर किये रहता है वह। ख़ुशक़िस्मत था कि काफ़ी सारे दोस्त बग़ैर चिढ़े अपनी-अपनी तरह से उसके इस स्वभाव से निबटते रहते थे। अकेला सुनील कोठारी था जो बाक़ी और दोस्तों के अधिकार-हनन का मुआवज़ा ख़ुद वसूल करता हुआ भूपेन पर अपनी चलाये रहता था, भले ही दोनों में हर वक़्त भन-भन क्यों न होती रहे। पर आख़िरी वक़्त अपने मरते दोस्त की अकल्पनीय सेवा कर हर वक़्त लेते रहने वाले सुनील ने सूद समेत सब कुछ अदा कर दिया।

नौशिल को किसी और का निमन्त्रण मिला हुआ था और भूपेन ने उसे जाने नहीं दिया। लेकिन अगर वह आप के घर में मेहमान है और उसे किसी ने बुलाया है तो सवाल ही नहीं उठता था उसके न जाने का, या ये सोचने का कि बुलाने वाले को भूपेन का मेज़बान होने के नाते शिष्टाचार निभाते हुए आप को भी बुलाना चाहिए था। वह इसके भी आगे जा सकता था। उन दिनों की बात है जब हम लोगों ने बड़ोदा छोड़ दिल्ली में रहना शुरू कर दिया था। मैं कुछ दिन के लिए उसके साथ रह कर दो-तीन दिन बाद दिल्ली लौटने वाला था। उसकी इच्छा थी कि मैं जल्दी ही उसके पास वापस आ जाऊँ। इसी बीच हसमुख शाह का फ़ोन आया भूपेन को। उन से बात ख़तम हुई ही थी कि उसने बड़े उत्साह से मुझे बताना शुरू कर दिया कि हर साल हसमुखभाई एक बड़ी पार्टी करते हैं। इस की ख़ासियत यह है कि इसमें खाना आदमी लोग बनाते हैं, महिलाओं को काम नहीं करने दिया जाता। फिर उसने पार्टी की तारीख़ बताते हुए कहा कि बस तुम उसी दिन वापस आ जाओ, हम दोनों चलेंगे इस पार्टी में। बहुत मज़ा आयेगा तुम को। लौटना तो था ही मुझे, सो भूपेन के कहे

मुताबिक मैं तीसरे पहर की फ्लाइट से आ गया। शाम होने को हुई तो मैंने पूछा कि कितने बजे निकलना है, तो वह बोला—इतनी देर बिलकुल ख़ामोश रहा था इस बाबत—कि नहीं मुझे अकेले जाना है इस पार्टी में। चला गया बग़ैर किसी परेशानी के।

पंकज मशर ने एक सिद्धान्त प्रतिपादित किया था। पंकज भुक्तभोगी था, निजी अनुभव से पहुँचा था सिद्धान्त पर। पंकज की स्थापना थी कि किसी भी एक समय में भूपेनभाई का एक 'खोड़ानो खूँदनार'—चहेती सन्तान—होता है। भूपेन से जब मेरी दोस्ती शुरू हुई तब ख़ुद पंकज उसके खोड़ानो खूँदनार थे। लम्बे अरसे तक रहे। फिर बारी आयी नौशिल की जिन को अपदस्थ किया अतुल डोडिया ने। खोड़ानो खूँदनार का किंचित् अर्थ-विस्तार कर दें तो भूपेन के 'पुरुष-मित्रों' पर भी पंकज का सिद्धान्त लागू होता है। कितने भी पुरुष-मित्र क्यों न हों एक वक़्त में—'समलैंगिकता' वाले अध्याय में भूपेन की प्रॉमिस्क्यूइटी की चर्चा होगी—शंकरभाई, रणछोड़ भाई, वल्लवभाई एक ही होते थे एक वक़्त में।

चहेती सन्तानें भी सब एक-सी नहीं थीं, और भूपेन के साथ उनके सम्बन्ध अलग-अलग तरह के थे। इनमें शायद सबसे जटिल और सबसे गहरा सम्बन्ध भूपेन और अतुल के बीच था। अपनी किसी चहेती सन्तान की बात मुझसे भूपेन ने उतनी नहीं की जितनी कि अतुल की। बाद के सालों में भूपेन काफ़ी दुखी और नाराज़ भी रहने लगा था अतुल से। अक्सर बताता था कि क्या हो रहा है। अतुल से न वैसी नज़दीकी थी मेरी, और न ही मिलना होता था। इत्तेफ़ाक ऐसा हुआ कि भूपेन के जाने के बाद अतुल से मिलने के मौक़े आने लगे। पहली बार अकस्मात् दिल्ली के इण्डिया इण्टरनेशनल सेन्टर में मिलना हुआ। अतुल जैसे मिला तो लगा कि वही पुराना अतुल मिल रहा है। फिर एक लम्बी शाम हम ने एक साथ बितायी। बस वह और मैं। एक मिनट को भी उस शाम भूपेन हमसे अलग नहीं हुआ। बहुत बोला अतुल उस शाम। भूपेन के साथ अपने सम्बन्ध के बारे में। मुझे तो बताना नहीं था कि मैं क्या कुछ सुनता रहा हूँ। पर जितना मैं सुनता रहा था, जो-जो बातें और घटनायें मुझे बतायी जा चुकी थीं, उनके परिप्रेक्ष्य में सुनते हुए मैं समझ रहा था कि अतुल न कुछ छोड़ रहा है और न ही लीपापोती कर रहा है। भूपेन की बात करते हुए अतुल उससे कम दुखी नहीं था जितना कि भूपेन होता था

उसके—अतुल के—बारे में बात करते हुए। कह रहा था—सारी बातों के बावजूद : 'मेरा जैसा चाहक कोई नहीं हुआ [भूपेन का]।'

अब थोड़ी चर्चा रोज़ शाम जुटने वाली मण्डली की। मण्डली ज़्यादातर भूपेन के यहाँ जुटती, कभी-कभार किसी और के यहाँ। इसमें कुछ ऐसे लोग थे जिन्हें कोर ग्रुप कहा जा सकता था। पर ज़रूरी नहीं था कि हर शाम पूरा कोर ग्रुप इकट्ठा हो ही। न ही ये कि मण्डली के बाहर का कोई आ नहीं सकता था। अक्सर भूपेन के साथ रहने या शहर में अलग-अलग कामों से आने वाले मित्रों की भी भागीदारी होती थी। मण्डली में भी फेर-बदल होती ही रहती थी। कभी कोई बड़ोदा छोड़ जाता या कोई नया वहाँ आ रहने लगता। यदा-कदा लम्बी रोज़ाना हिस्सेदारी के बाद, वजह जो भी हो, कोई अलग-थलग भी हो जाता। मसलन, युवा चित्रकार पंकज मशर सालों तक आने के बाद दिखायी देने बन्द हो गये, जब कि घर उनका भूपेन से पैदल दस मिनट की दूरी पर था।

भूपेन पैदायशी पार्टी परिन्दा था। पार्टी यानी मज़ा-मस्ती। लगता जैसे सारे दिन इसी लिए डट कर काम किया है कि हण्टरवालों को कोई बहाना न मिल सके पार्टी के वक़्त आ कर परेशान करने का। और मज़ा-मस्ती का मतलब था साथ बैठना, जो बात और जो विषय जिस किसी के मन में आ जाय उस पर जो भी सोच रहे हो, जो भी महसूस कर रहे हो, बोल देना, तैयार रहना कि दूसरे भी बख्शेंगे नहीं। कभी भी कोई-कोई भी गुल खिल सकता था शाम की पार्टी में। शहर-देश-दुनिया की बात; किसी भी कारण से, या अकारण ही, किसी व्यक्ति विशेष की बात; किसी का कोई अच्छा-बुरा काम—खसूसन साहित्य या कला का—सुनने-देखने में आया तो उसकी बात।

एक और ख़ास गुण-अवगुण मण्डली का था। इसका सबसे अधिक श्रेय भूपेन को ही जाता था। एक औघड़ महादेव उसके अन्दर सदा सतर्क बैठा रहता। संसार के अनैतिक, वर्जित, अश्लील बहुत भाते थे उसे। खिंचा रहता था उनकी ओर। किसी के ज़रा भी वर्जित व्यवहार की ख़बर मिल जाये तो सविस्तार चर्चा होती उसकी। ऊपर से भले ही यह सब एक शाम की मस्ती लगे, भूपेन के लिए उसका एक गम्भीर पक्ष भी रहता। कला और जीवन दोनों की दृष्टि से गम्भीर। मण्डली के सारे लोग वर्जनाओं की, दूसरों के गुप्त रहस्यों की, और अन्य लम्पटी विषयों की

चर्चा में रस लेते, लेकिन भूपेन अकेला होता उन चर्चाओं का अपनी कला और अपने साहित्य में रचनात्मक इस्तेमाल करने वाला।

मिसाल के लिए, उसे अहमदाबाद के एक जाने-माने रईस के बारे में पता चला कि वह शाम को घर लौटने पर स्त्री के रूप में अपना शृंगार करते हैं और देर रात में उसी रूप में अपने बाग़ में टहलते हैं। मानो अपनी आँखों देखी बता रहा हो, वह विस्तृत नख-शिख वर्णन करता अन्दर से बन्द कर लिए गये कमरे में बड़े-से शीशे के सामने बैठकर इन सज्जन के अत्यन्त मंथर गति और प्यार से अपने आप को सजाने का। उनके साड़ी पहनने की छोटी से छोटी क्रिया का उसका विस्तृत वर्णन अपूर्व होता। लोग चटखारे लेकर सुनते और अपना जो कुछ भी जानते रहे हों उसको नमक-मिर्च लगा कर सुनाते।

भूपेन के लिए वह हँसी के साथ-साथ काम का भी विषय रहता। उभयलिंगता—'एँड्रॉजेनी'—में उसकी बहुत गहरी दिलचस्पी थी। उसकी कला भरी पड़ी है उभयलिंगता के विभिन्न पक्षों से। एक वक़्त के लिए तो वह बिलकुल रम गया था इस विषय में। उसको पता लगा कि बड़ोदा के पास वासद क़स्बे में एक आदमी स्त्री के वेश में अपना शृंगार कर बस अड्डे पर सारे दिन खड़ा रहता है। भूपेन पहुँच लिया वासद। वहीं उसने इस आदमी से दोस्ती कर ली और अपने घर भी ले आया उसे कुछ दिन के लिए। इसी आदमी को चित्रित किया है उसने अपने प्रसिद्ध चित्र 'सखीभाव' में। गाँधी के प्रति उसका खिंचाव काफ़ी कुछ उनकी सैद्धान्तिक और व्यावहारिक एण्ड्रॉजेनी के कारण भी था।

इसी सन्दर्भ में यह भी याद कर लें कि भूपेन को स्त्रियों की भूमिका निभाने वाले दिग्गज कलाकार जयशंकर 'सुन्दरी' में भी बेहद दिलचस्पी थी। जब अनुराधा कपूर के थिएटर ग्रुप 'विवादी' ने देश के कई शहरों में 'सुन्दरी' के जीवन पर आधारित नाटक किया तो भूपेन बड़े उत्साह से सैट डिज़ाइन करने में उनके साथ लग लिया था। जब इसी विषय से सम्बन्धित बहुचर्चित गुजराती नाटक 'मास्टर फूलमणि' का मंचन मनोज शाह ने पृथ्वी थिएटर में किया तब भी भूपेन ने ही सैट डिज़ाइन किये।

मण्डली में मिलते तो आख़िर हाड़-माँस के ही लोग थे, राग-द्वेषादि समस्त मानवीय लक्षणों में किसी से उन्नीस नहीं। सो तू-तू मैं-मैं होती रहती थी आये दिन। धूमाल और महेन्द्र की रंगीन उपस्थिति होती तो

उनकी भाषा का सहज सौन्दर्य—गाली-गलौज—रहता ही आप को, आप की रुचि के अनुसार, आनन्दित या क्लेशित करने। मण्डली में जो भी कहा-सुनी और हंगामा होता रहे, भूपेन एक बात का विशेष ध्यान रखता। मण्डली के कोर ग्रुप में कुछ ऐसे भी थे जिन से भूपेन के कुछ दूसरे पुराने और प्रिय मित्रों की बिलकुल नहीं पटती थी। जब भी वह किसी ऐसे मित्र को बुलाता तो येन-केन-प्रकारेण पक्का कर लेता कि आने वाले मित्र से ३६ का आँकड़ा रखने वाला मण्डली का सदस्य उस शाम न आये। धीरे-धीरे मण्डली में सब समझने लग गये कि भूपेन कैसी कूटनीति बरतता है, और ऐसा कोई अवसर आये तो सम्बन्धित सदस्य ख़ुद ही हँस के कह देता कि अगले दिन वह नहीं आयेगा।

मण्डली के लोग भी एहतियात बरतते कि किस को अपने साथ लायें, किस को नहीं। मसलन, मेरा एक बहुत अच्छा दोस्त था। हर्षा हेगड़े से भी उसकी अच्छी दोस्ती थी। और हर्षा के तो सौ ख़ून माफ़ थे भूपेन के यहाँ। फिर भी हमारे इस दोस्त की नियमित आमद न हो सकी मण्डली में। भूपेन उसे पसन्द नहीं करता था। कारण, भूपेन ने उससे कहा था कि मलिक काफ़ूर से सम्बन्धित एक किताब युनिवर्सिटी लाइब्रेरी से ला कर पढ़ने के लिए दे दे। भूपेन की समलैंगिकता व्यवहार तक ही सीमित नहीं थी। वह समलैंगिक साहित्य और समलैंगिकता के सैद्धान्तिक पक्ष व इतिहास का गम्भीर अध्ययन करता रहता था। इसी सिलसिले में प्राचीन काल से आज तक सारे संसार में जो भी समलैंगिक किसी लायक़ हुए, उन सब के बारे में ज़्यादा से ज़्यादा जानकारी उसे चाहिए होती थी। जब से उसे भनक मिली थी सुल्तान अलाउद्दीन खिलजी और उसके प्रसिद्ध सिपहसालार मलिक काफ़ूर के रिश्ते की, वह बेचैन था इस की बाबत ज़्यादा से ज़्यादा जानकारी हासिल करने के लिए। हमारे दोस्त ने वादा तो कर दिया पर किताब ला कर नहीं दी। भूपेन ने उसे माफ़ नहीं किया।

अपनी तरफ़ से जो भी एहतियात बरतता रहे भूपेन, उसके कुछ पुराने मित्रों को लगता था कि वह ग़लत तत्वों के प्रभाव में आ गया है। हिन्दू-मुस्लिम समस्या को लेकर ख़ासतौर से उनको सन्देह ही नहीं विश्वास हो गया था कि उसका झुकाव हिन्दुत्व की ओर है। चूँकि इस मामले में मैं सन्देह से परे था, ये दोस्त मुझसे पूछा करते थे कि इस सम्बन्ध में मैं भूपेन के बारे में क्या सोचता हूँ। चूँकि, दुर्भाग्य से, यह विषय आज भी

बहुत महत्त्वपूर्ण और संवेदनशील बना हुआ है—भूपेन के जाने के बाद से और भी संगीन होता गया है—जो देखा-सुना-जाना मैंने, उसको किंचित् विस्तार से लिख देना ठीक रहेगा।

पहले ज़रूर बहुत कुछ हुआ होगा जो मैं भूल चुका हूँ। १९९० पहला साल है, जहाँ इस विषय पर भूपेन से होने वाली अनेक बातों की मेरी पहली याद जा पाती है। ध्यान दें कि यह १९९० की बात है, १९९२ की नहीं जब ऐसे बहुत से हिन्दुओं को भी हिन्दुत्व की असलियत दिखायी देने लगी थी, जो उसे देखना नहीं चाह रहे थे। आडवानी की रथ-यात्रा के फलस्वरूप अक्टूबर १९९० में हिन्दुत्व के कारसेवकों ने बाबरी मस्जिद पर हमला बोल कर उसे नष्ट करने की नाकाम कोशिश की थी। उस वक़्त कुछ समाज वैज्ञानिकों के साथ मैं अयोध्या जा कर वहाँ की स्थिति देख कर आया था। उस समय अयोध्या में हुई हिंसा के परिणामस्वरूप दक्षिण गुजरात समेत देश के कुछ इलाक़ों में भी मुसलमानों के ख़िलाफ़ हिंसा भड़क उठी थी। इस सिलसिले में मैं अलीगढ़ में काफ़ी लोगों से मिल आया था। वापस सूरत आकर मैं गीतांजलि के संग दक्षिण गुजरात के व्यारा और बारडोली में भी घूमा था और हमने वहाँ हुई मुस्लिम-विरोधी हिंसा के बारे में हिन्दुओं और मुसलमानों दोनों से मिल कर काफ़ी जानकारी हासिल की थी।

जब मैंने भूपेन को सारा हाल बताया तो वह बहुत विचलित हुआ। बोला कि लोगों को जानना चाहिए यह सब। हम एक मीटिंग करेंगे, तुम बोलना। पर मीटिंग के लिए आसानी से कोई जगह नहीं मिल रही थी। सो उसने अपने घर पर ही मीटिंग की और शहर के जितने लोगों को बुला सकता था बुलाया। यह मीटिंग उस आदमी ने की जो ढुलमुल माना जाता था। मुझसे बातचीत के वक़्त अपना आक्रोश और दुःख जता के वह सोच सकता था—सामान्य पढ़े-लिखों की तरह—कि उसे जो करना चाहिए उसने कर दिया। वैसे भी वह कोई ऐक्टिविस्ट तो था नहीं, पर नहीं रहा गया उससे।

१९९२ में बाबरी मस्जिद के ढहाये जाने और सूरत और बम्बई में मुसलमानों के ख़िलाफ़ हुई बर्बर हिंसा के बाद तो और भी कोई गुंजाइश नहीं थी भूपेन के डाँवाँडोल होने की। क्या सोच रहा था वह उस वक़्त, क्या महसूस कर रहा था, बड़ी शिद्दत से निकला है उसकी १९९३ में गैलरी केमोल्ड, बम्बई, में हुई एकल प्रदर्शिनी में। आज यह लिखते वक़्त—

जब इस प्रदर्शिनी को हुए २५ और भूपेन को गये १५ साल बीत चुके हैं—मुझे इलहाम-सा हो रहा है कि १९९० में मेरी अयोध्या से वापसी के बाद से जिस तरह की हमारी बातें होती रही थीं उसको यक़ीन रहा होगा कि मैं उसके इस काम की आत्मा को महसूस कर सकूँगा। इसी लिए उसने, १३ साल की दोस्ती में पहली बार, इस प्रदर्शिनी का कैटलॉग लिखने के लिए मुझसे कहा होगा।

मेरे कैटलॉग का शीर्षक था 'लुकिंग ऐट भूपेन खख्खर इन दीज़ ट्रबुलस टाइम्ज़'। हिन्दुत्व के उत्पात के कठिन काल में भूपेन को देखना। कुछ था उस काम में जो, अपने समय और स्थान का अतिक्रमण करते हुए भी, उस कठिन काल के सन्दर्भ में ही देखे जाने की ज़िद कर रहा था। उस ज़िद से बचने का कोई रास्ता न पा, मैंने कैटलॉग के अन्त में लिखा था : 'जब वक़्त आज से कम मुश्किल होगा तब क्या हम इन चित्रों को किसी और ढंग से देखेंगे ? मैं यही मानना चाहता हूँ।' इस प्रदर्शिनी का एक चित्र सीधे-सीधे उस विभीषिका का चित्रण था। साम्प्रदायिक हिंसा की शिकार एक लावारिस लाश सड़क पर पसरी पड़ी है। वाहिद एक बूढ़ा मौन प्रार्थना कर रहा है उसके लिए। बूढ़े को देखने-सुनने वाला कोई नहीं है। भूपेन बज़िद है कि हमें उस बूढ़े को दिखा के ही रहेगा, प्रेरित करेगा हमें उस मौन प्रार्थना में शामिल होने को। दु:ख की बात यह है कि इस चित्र का पता ही नहीं कि कहाँ है। गैलरी केमोल्ड को भी नहीं मालूम।

फिर आया २००२। पहले से भी बुरा वक़्त। सबसे बुरा गुजरात में। अच्छे-अच्छे अपने जानने वाले, जिन के दिल और दिमाग़ पहले हमेशा सही लगते थे, अब कहने लगे थे : 'और गोधरा ?' भूपेन के मुँह से कभी ऐसी कोई बात सुनने को नहीं मिली। संयोग से उसी वक़्त आई जी पटेल—विवेक की साक्षात् मूर्ति—भी अक्सर हमारे साथ बैठने लगे थे। भूपेन का लाडला हर्षा तो हर वक़्त नरेन्द्र मोदी को गाली देता रहता था। भूपेन समेत ज़्यादातर लोग हिन्दुत्व के कट्टर विरोधी थे। कुछ भी मोदी के ख़िलाफ़ जाता लगता—जैसे राजधर्म निभाने का वाजपेयी का मोदी को संदेश या बी.जी. वर्घीज़ का जाँच के लिए गुजरात आना—तो हम लोग ख़ुश हो जाते। पर कुछ थे जो अभी भी—पहले से ज़्यादा ही—तरह-तरह से मुसलमानों के ख़िलाफ़ बोलते। नतीजा ये हुआ कि शाम की बहसों में पहले से ज़्यादा तल्ख़ी आने लगी। लोगों की आवाज़ें और

पारे ज़्यादा ही चढ़ने लगे। पर भूपेन का स्वर संयत ही रहता।

मोदी की भयंकर चुनावी जीत ने भूपेन को व्यग्र कर दिया। दाँत मिसमिसा के 'इस आदमी'—मोदी—के ख़िलाफ़ बोलता रहता।

इसी बीच गुजरात में हुई हिंसा के ख़िलाफ़ देश भर में हो रही आलोचना से निपटने के इरादे से प्रान्त में एक नाटक शुरू कर दिया गया। कहा जाने लगा कि यह आलोचना गुजरात और गुजरातियों के प्रति पनप रही घृणा का परिणाम है। गुजरात और गुजरातियों का प्रायोजित 'धिक्कार'—अपमान—है यह। इस धिक्कार को गुजराती तद्दन सहन नहीं करेंगे। मोदी पहले ही 'आपनु गुजरात, आगवु गुजरात' (हमारा गुजरात, विशिष्ट गुजरात) का नारा दे चुके थे। उन्ही दिनों एक शाम मण्डली में एक महिला पधारी हुई थीं। किसी तरह बात गुजरात के अपमान पर आ गयी। हम में से कुछ ने कहा कि ये क्या ले बैठे, बिलकुल फ़ुज़ूल की बात है कि देश में अपमान हो रहा है गुजरात और गुजरातियों का। ये एक घटिया शोशा है यहाँ के लोगों का ध्यान बँटाने के लिए। इस पर शोर मच गया कि इतनी बड़ी बात को शोशा कह कर ख़तम किया जा रहा है मानो कुछ हुआ ही नहीं।

महिला का पारा ज़्यादा ही चढ़ गया। कहने लगीं कि पिछले दिन ही वह दिल्ली से लौटी हैं। बाकायदा बताते हुए कि किस जगह थीं और कौन-कौन लोग थे वहाँ (जो मुझे याद नहीं पर भाव यह था कि किसी बड़ी जगह थीं और लोग भी बड़े थे), उन्होंने गिनाना शुरू कर दिया कि क्या-क्या वाहियात लांछन लगाये जा रहे थे गुजरातियों पर। उन्होंने कहा कि हद तो तब हो गयी जब खाने के दौरान लोगों ने गुजराती ढोकला खाने से इनकार कर दिया। बात इतनी बेसिरपैर की थी कि मैंने कह दिया कि ऐसा हो ही नहीं सकता। वह बरस पड़ीं : 'यू मीन आई एम लाईंग!'

बड़ी देर से चुप बैठा भूपेन अचानक आपा खो बोलने लगा : ये दिल्ली वाले समझते क्या हैं अपने आप को! भूल गये इमरजेंसी के दिन। घुस गये थे सब के सब घरों में। हम यहाँ गुजरात में आज़ादी के लिए लड़ रहे थे। हम ने तो नहीं कहा कि अब हम दिल्ली नहीं जायेंगे।

क़िस्सा ख़तम नहीं होता यहाँ। इसके कुछ ही दिन बाद मुझे दिल्ली जाना पड़ा। वहाँ राष्ट्रीय नाट्य विद्यालय में अकस्मात् एक अन्तरराष्ट्रीय ख्याति प्राप्त अकादमिक से भेंट हो गयी। वह जानती थीं कि मैं गुजरात में हूँ, सो

पूछने लगीं वहाँ के हालचाल। मैंने कहा कि गुजरात में क्या हो रहा है जानने के लिए गुजरात में होना ज़रूरी नहीं। पर यहाँ दिल्ली में क्या हो रहा है? इतना कह कर मैंने ढोकला वाली बात बतायी। मैं कह सकूँ कि गुजरात में इस तरह की अफ़वाहें फैलायी जा रही हैं मोदी के पक्ष में वातावरण बनाने के लिए, कि वह बोल पड़ीं : 'ढोकला तो मैं भी नहीं खाऊँगी।'

गुजरातियों के अपमान की बात सुन कर भूपेन के इस तरह उबल पड़ने से सन्देह हो सकता है कि मुसलमानों के विरुद्ध हुई हिंसा और गुजरात में हिन्दुत्ववादी चुनावी राजनीति की अभूतपूर्व कामयाबी जैसे मामले में वह अपने दिमाग़ में उतना साफ़ और पक्का नहीं था जितना कि मैं दावा करता रहा हूँ, वह वास्तव में था। सवाल उठ सकता है कि समलैंगिकता को छोड़ क्या कोई भी मानवीय सरोकार उसके लिए ऐसा बुनियादी नहीं था जिसमें उसका विश्वास अडिग रहे।

एक व्यक्ति के रूप में भूपेन का महिमा-मण्डन मेरा प्रयोजन नहीं है। मैं केवल इतना दिखाना चाहता हूँ कि साम्प्रदायिकता के मामले में लचर रवैये या, उसके भी आगे, हिन्दुत्व के प्रति सहानुभूति के लिए उसके जीते जी जो उसकी आलोचना होती थी वह निराधार है। आधुनिक गुजराती साहित्य के अग्रणी निर्माता नर्मद ने 'गुजरात नी अस्मिता' और 'गरवी गुजरात' की जो भावना १९वीं सदी में जगायी थी, वह गुजराती संवेदना में गहरे घर कर चुकी है। उसी ऐतिहासिक-सांस्कृतिक परिप्रेक्ष्य में नरेन्द्र मोदी ने अपनी स्थिति मज़बूत करने के लिए बड़ी चतुराई से 'आपनु गुजरात, आगवु गुजरात' का नारा दिया था। और इसी के कारण गुजरात के धिक्कार का दुष्प्रचार कारगर हो रहा था। इस प्रचार के प्रभाव को न समझना, या इसे अनिवार्यतः हिन्दुत्व से जोड़ कर देखना ग़लत है।

इस देखने में ज़िद है कि जो हमारी सार्वजनिक चिन्ताएँ और वरीयताएँ हैं वही असल हैं; कि उनके मामले में किसी तरह की हीलाहवाली नहीं हो सकती। मैं ख़ुद भौचक्का रह गया था जब मैंने उस शाम गुजरातियों के अपमान को लेकर भूपेन को आपा खोते देखा था। पर मैं तो यह भी मान रहा था कि ढोकला जैसी बातें हो ही नहीं सकती थीं। देख लिया कि हो रही थीं तो समझ में आया कि जो कुछ भी हुआ हो उस शाम, भूपेन न तो मोदी का समर्थक बना था और न ही मुसलमानों का विरोधी।

भूपेन के विचारों और व्यवहार को उसके व्यक्तित्व के परिप्रेक्ष्य में देख

कर ही समझा जा सकता है। जब कभी कोई गम्भीर या अकादमिक बहस छिड़ जाय दोस्तों के बीच—जो आये दिन होता ही था—या किसी गोष्ठी, सभा इत्यादि में बोलना हो—वह भी होता ही था अक्सर—तो भूपेन बाज़ न आता था कहने से कि वह कोई बुद्धिजीवी नहीं है, और जब मन आ जाय तो इतना और जोड़ देता था कि 'यह जो भाषा आप लोग बोलते हैं मैं नहीं समझता।'

इसका एक अर्थपूर्ण अपवाद था लेकिन। समलैंगिकता की बात छिड़ने पर भूल से भी न कहता कि बुद्धिजीवी नहीं है वह, या कि अकादमिक शब्दावली उसके पल्ले नहीं पड़ती। इस विषय की चर्चा चाहे सैद्धान्तिक स्तर पर हो रही हो, चाहे व्यावहारिक स्तर पर, उसके बोलने में विश्वास और दृढ़ता की कोई कमी न होती।

कहना कठिन है कि अपनी इस आत्म-छवि को भूपेन ख़ुद कितना मानता था। एक वक़्त था जब वह गहरे एहसास-ए-कमतरी से ग्रसित था। अपने दिमाग़, अपनी पृष्ठभूमि और अपनी कला को लेकर। कला को लेकर यह एहसास धीरे-धीरे ख़त्म हो गया। पर हुआ धीरे-धीरे ही। मुझे याद है कि जब भूपेन को बड़े पैमाने पर ख्याति मिलनी शुरू हुई और उसे जगह-जगह आमन्त्रित किया जाने लगा तो वह बड़ी ईमानदारी से आश्चर्य-मिश्रित प्रसन्नता में कुछ फुसफुसाता-सा कहता था : 'यार, पता नहीं मेरे काम में क्या दिखायी देता है इन लोगों को।' धीरे-धीरे यह आत्म-सन्देह छटता गया और वह आश्वस्त होने लगा अपनी कला को लेकर, पर दम्भ से बचा रहा।

इस बढ़ते आत्मविश्वास ने भूपेन के एहसास-ए-कमतरी को काफ़ी कम कर दिया, लेकिन मिटाया नहीं। उसके मन में अपने ही कुछ मित्रों की पहचान बुद्धिजीवियों के रूप में रही और—प्राय: इन का नाम लेकर और इन से अपने को बौद्धिक स्तर पर कम घोषित करते हुए—वह कहता रहा कि वह बुद्धिजीवी नहीं है। पर इस तुलना के कारण शुरू के सालों में होने वाली कुण्ठा अब कुण्ठा से अलग कोई एहसास बनने लगी। इस एहसास में—विशेष रूप से अपने उन कलाकार मित्रों की तुलना में जिन्हें वह बुद्धिजीवी मानता था—भाव कुछ ऐसा था कि बुद्धिजीवियों का निस्सन्देह महत्त्व है, किन्तु मेरी—भूपेन की—'आँख' कुछ और ही है।

कुण्ठा से अलग होने लगा था बुद्धिजीवी न होने का एहसास, बग़ैर पूरी

तरह अकुण्ठित हुए।

भूपेन के बुद्धिजीवी न होने की निरन्तर घोषणा में एक शैतानी भी थी। जैसे कुछ मेधावी छात्र जान-बूझ कर 'बैक-बेंचर' बने रहते हैं, कभी पढ़ते नज़र नहीं आते, और इम्तहान में अव्वल आ जाते हैं, भूपेन को भी लगता है कोई कुटिल मज़ा आता था लोगों को धोखे में रखने में।

सच यह है कि भूपेन बहुत पढ़ा-लिखा, सम्भ्रान्त और सुसंस्कृत आदमी था। साहित्य—विशेषत: नाटक और कहानी-उपन्यास—मनोविज्ञान, माइथोलजी और सिनेमा में उसकी ख़ास दिलचस्पी थी। कला की उसकी अकादमिक जानकारी तो थी ही विशद। फिर भी बातचीत के दौरान वह ज़्यादातर जासूसी उपन्यासों और बम्बइया फ़िल्मों की ही बातें करता। कम ही लोग जान पाते कि 'क्लासिक्स' और देश में प्रसिद्ध या 'फ़ैशनेबल' हो जाने वाले लेखकों को ही नहीं, उन लेखकों को भी वह सुव्यवस्थित ढंग से पढ़े हुए है जो असाधारण होते हुए भी भारत में ज़्यादा नहीं जाने गये। केवल दो नाम उदाहरणार्थ दूँगा : स्तानिस्लाव लैम और रेमण्ड कार्वर। (एक बार ऐडिनबरा के इंस्टिट्यूट ऑव एडवांस्ड स्टडीज इन ह्यूमेनिटीज़ में मेरे साथ पोलैण्ड का एक दार्शनिक था। उसको जब पता लगा कि मैं ने, अपने एक कलाकार मित्र के कहने पर, लैम को पढ़ा भी है, सिर्फ़ तारकोवस्की की प्रसिद्ध फ़िल्म 'सोलारिस' की बिना पर नहीं जानता था उन्हें—तो वह बड़ा प्रसन्न हुआ। बोला पोलैण्ड जा कर बताऊँगा लैम को।)

पर अपने को बुद्धिजीवी न मान सका भूपेन। और इस अर्थ में था भी नहीं कि विचारों को सुव्यवस्थित ढंग से पेश करने की कोशिश करे या उनकी परस्पर तार्किकता के प्रति सचेत रहे। वैसे सच पूछें तो—थोड़े-बहुत औपचारिक लेखन और अकादमिक विचार-विमर्श को छोड़—कितने तथाकथित बुद्धिजीवी अपने जीवन और रोज़मर्रा की बातचीत में वैसे व्यवस्थित और तार्किक होते हैं जैसा कि दूसरों से उम्मीद करते हैं होने की?

अगर वैसा इम्तहान लेना है भूपेन का तो फिर तो वह नापास ही होगा। वर्ना विश्वासपूर्वक कहा जा सकता है कि हिन्दुत्व के मामले में उसकी नीयत और उसका आचरण सन्देह के नितान्त परे थे। हिन्दुत्व को लेकर कोई रियायत, कोई समझौता कर नहीं सकता था वह।

हाँ, कभी-कभी समलैंगिक भूपेन का अपने चारों ओर के संसार का तकलीफ़देह अनुभव अनजाने में उससे कुछ ऐसा बर्ताव करा देता कि उसके सोचने के बारे में खामखाँ ग़लतफ़हमी पैदा हो जाती। एक वाक़ये के सहारे इस बात को अच्छी तरह से सामने रखा जा सकता है। गुलाम शेख जब बड़ोदा की फ़ैकल्टी ऑव फ़ाइन आर्ट्स में प्रोफ़ेसर थे तो विश्वविद्यालय के शरारती हिन्दुत्व तत्वों ने उन पर साम्प्रदायिक होने का आरोप लगाया और उनकी बर्खास्तगी की माँग की। उस मामले में कुछ लोगों को—ख़ुद गुलाम को भी जैसा कि बड़ी ईमानदारी से उन्होंने 'भेरू' में लिखा है—भूपेन का रवैया काफ़ी निराशाजनक लगा। भूपेन से जैसे मुखर समर्थन की अपेक्षा थी उन्हें, वैसा मिला नहीं।

चूँकि हमारे सम्बन्ध भूपेन और गुलाम दोनों से बहुत अच्छे थे, यह सम्भव नहीं था कि इस नाज़ुक मसले पर हम भूपेन से बात न करें। सो हुई गीतांजलि और मेरी उससे अकेले में बात। उसका कहना था : शिकायत है क्या? मैंने क्या गुलाम के ख़िलाफ़ कुछ कहा है? तुम लोग नहीं जानते, या गुलाम नहीं जानता, या लोग नहीं जानते कि मैं किस के साथ हूँ? सब के अपने तरीक़े होते हैं तय करने के कि किस मामले में कितना बोलना है, कितना बाहर आना है। फिर उसने बड़े तैश में पूछा कि कभी होमोसैक्सुअलिटी का मसला उठता है तो तुम लोग कितना शोर मचाते हो। अब तक मैं भी थोड़ा आपे से बाहर हो गया था। मैंने कह दिया : 'बेचारे गुलाम का इसमें क्या कसूर है कि वह मुसलमान है? क्यों परेशान किया जाता है उसे, सिर्फ़ इसलिए कि वह मुसलमान पैदा हुआ है?'

यह सुनना था कि भूपेन तैश में आ गया। वैसे ग़ुस्से में उसे कभी नहीं देखा मैं ने। चेहरा तमतमाया, चिल्ला रहा था वह : 'जैसे गुलाम ने नहीं चुना मुसलमान होना, मैंने भी नहीं चुना होमोसैक्सुअल होना। मैं पैदा हुआ हूँ होमोसैक्सुअल, पैदा!' चिल्ला रहा था मुझ पर, सारी दुनिया पर, अपनी समलैंगिक बेचारगी में।

समलैंगिकता : 'मने माणस वधारे फावे छे'

भूपेन नहीं जानता था उस वक़्त। पर हम हिसाब लगा सकते हैं उसके जाने के बाद, कि अपनी ६९ बरस की ज़िन्दगी में सिर्फ़ आख़िरी दस बरस वह चैन, आनन्द और आज़ादी से जी सका। बाक़ी सारी ज़िन्दगी—सारा बचपन, सारी जवानी और प्रौढ़ावस्था का एक बड़ा हिस्सा—जीता रहा दहशत में। कहीं पकड़ा न जाऊँ। क्या होगा अगर पता लग गया घरवालों को, दोस्तों को, या जानने वालों को? झूठ, बेईमानी और ड्रामेबाज़ी के सहारे अपने को बचाये रखने की मुसलसल सफल-असफल कोशिशें करता रहा। मौत से आठ बरस पहले, १९९५ में, उसने लिखा : 'धीरे-धीरे अब साठ साल की उमर पे हिम्मत कर पाया हूँ अपनी इच्छाओं और अपने दोस्तों के बारे में बोलने की।' अपनी समलैंगिक इच्छाओं और अपने समलैंगिक दोस्तों के बारे में।

१९८० में शिवमहाल के आउटहाउस में भूपेन से हुई मुलाक़ात के वक़्त वल्लवभाई उसके साथ थे। उसके बाद जब भी बड़ोदा जाता भूपेन के घर में ही रहना होता। तब वल्लवभाई से और मिलना-जुलना होने लगा। जल्दी ही गीतांजलि और मेरा भी वल्लवभाई के यहाँ आना-जाना शुरू हो गया। भूपेन के और 'पुरुष-मित्र' भी आते ही रहते थे। न ही ऐसा था कि हमें भूपेन की समलैंगिकता का पता नहीं था। न सिर्फ़ गीता कपूर की *कन्टेम्परेरी इण्डियन आर्टिस्ट्स* की 'कापी-एडिटिंग' की थी मैं ने, उससे मेरी दोस्ती भी हो गयी थी। सो जो किताब में नहीं था भूपेन के निजी जीवन के बारे में वह भी पता चल चुका था गीता से। लेकिन ख़ुद भूपेन

से कई सालों तक कोई सीधी बात नहीं हुई इस बाबत।

भूपेन अक्सर कहा करता था कि १९७९ के लन्दन प्रवास ने उसे समलैंगिक सम्बन्धों का खुला आज़ाद रूप दिखा दिया। उसने देखा कि समलैंगिक जोड़े निश्चिन्त सरेआम साथ-साथ रहते हैं। इस अनुभव ने उसको अपने अपराध-बोध से मुक्त कर दिया, और उस में एक नया आत्मविश्वास पनपने लगा। पर यह असर अकेला काफ़ी नहीं था उसे बेपरवाह समलैंगिक ज़िन्दगी जी सकने देने के लिए। भूपेन की तर्ज पर कहें तो 'एक और बात'—'ऍनअदर थिंग'—यह थी कि इस तरह के असर एकबारगी अपना पूरा रंग नहीं दिखाते। धीरे-धीरे हिम्मत देते—और अमल में आते—हैं।

ख़ैर, मेरी दोस्ती तो शुरू ही हुई थी। पर महेन्द्र देसाई और भूपेन के बीच तो ख़ूब छनती थी। वैसे भी जब १९८३ में महेन्द्र की किताब छपी तब तक भूपेन 'यू कांट प्लीज़ ऑल' (१९८१) और 'टू मैन इन बनारस' (१९८२) जैसे घोषणाकारी समलैंगिक चित्र बना चुका था। मुमकिन नहीं था कि महेन्द्र को असलियत का पता न हो। पर भूपेन की समलैंगिकता को लेकर मौन है महेन्द्र की किताब। यहाँ तक कि उस में जो दो लम्बे प्रकरण हैं भूपेन के शादी न करने के बारे में उन में भी उसकी समलैंगिकता की भनक तक नहीं है। पहले प्रकरण में रणछोड़भाई विस्तार से बताते हैं कि हर कोशिश कर ली उन्होंने भूपेन की शादी करवाने की, लेकिन उनकी हसरत पूरी न हो सकी। एक बार तो राज़ी भी कर लिया था भूपेन को एक लड़की से मिलने के लिए, किन्तु नापास कर दिया भूपेन ने उसे। जब रणछोड़भाई फिर भी लड़की की अच्छाइयाँ गिनाने लगे भूपेन को मनाने के इरादे से तो उसने पलट के कह दिया : 'इतनी अच्छी है तो ख़ुद ही ब्याह कर लो उससे। तीन कर ही चुके हो पहले, एक और कर डालो।' दूसरे प्रकरण में महेन्द्र सीधे भूपेन से शादी न करने का कारण पूछते हैं। तब भी समलैंगिकता का कोई ज़िक्र नहीं होता।

इतना ही नहीं, महेन्द्र की किताब में भूपेन और शीला के प्रेम सम्बन्ध का भी ज़िक्र आता है। भूपेन की 'कज़िन' थी शीला। जैसा कि उस ज़माने की परिवार व्यवस्था में ममेरे-फुफेरे-मौसेरे-चचेरे भाई-बहनों में अक्सर हो जाया करता था, भूपेन और शीला में प्रेम हो गया। लेकिन, जैसी कि ऐसे सम्बन्धों की सामान्य नियति होती थी, उनका विवाह न हो सका। शीला के अमीर पिता को नामंज़ूर था भूपेन जैसे के साथ अपनी बेटी का रिश्ता।

महेन्द्र को यह जानकारी बचपन से ताउम्र भूपेन के मित्र रहे प्रसिद्ध नृत्य समालोचक सुनील कोठारी से बातचीत के दौरान मिली। शायद यह सोच कर कि सुनील से ज़्यादा नज़दीक से और लगातार किसी ने भूपेन को नहीं देखा था, महेन्द्र ने सुनील का कहा जस का तस लिख दिया अपनी किताब में। लेकिन हम जानते हैं—जानना तो महेन्द्र को भी चाहिए था—कि भूपेन समलैंगिकता को पैदाइशी मानता था, मानता था कि वह पैदा ही हुआ था समलैंगिक। उसका यह मानना सुनील के दिये प्रेम प्रसंग से मेल नहीं खाता। बस इतनी गुंजाइश फिर भी रहती है कि शीला से प्रेम-प्रसंग के वक़्त तक भूपेन अपना रुझान ठीक से समझ न पाया हो।

साथ ही यह भी सम्भव है कि असलियत छिपाने के लिए भूपेन—शायद अपने आप से भी—ढोंग कर रहा था एक लड़की से प्रेम हो जाने का। १९९५ के अपने उसी दस्तावेज़, में जिसमें उसने साठ साल की उमर पर जा कर हिम्मत जुटा पाने की बात की है, भूपेन यह भी बताता है कि, लोगों को झाँसे में रखने के लिए कि वह भी उन्हीं की तरह 'नॉर्मल' है, वह बड़े-बड़े फ़िल्मी पोस्टरों में हीरोइनों को देख कर या किसी लड़की के बग़ल से निकलने पर ऐसे दिखाता था जैसे बड़ा आनन्द ले रहा है, जब कि अन्दर ही अन्दर उसे घिन आ रही होती थी इस सबसे।

आँखों देखे और कानों सुने तथ्यों और प्रमाणों के भी बड़े अदृश्य छलावे होते हैं। जीवन में सोलह आने खरे साक्ष्य नहीं होते; हों भी तो अपने आँख-कान की खोट तो रहती ही है। इतना जानने के बाद भी इच्छा हुई कि चलो सीधे सुनील से ही पूछ लें। भेज दिया एक ई-मेल। शीला भूपेन के सगे मामा, चाचा, मौसी या बुआ की बेटी थी, या कोई दूर की 'कज़िन' थी? दोनों कितने बड़े थे उस वक़्त? मामला गम्भीर था क्या? इस प्रेम प्रसंग के वक़्त क्या भूपेन को अपनी समलैंगिकता का पूरा एहसास नहीं था? सुनील का जवाब संक्षिप्त था : भूपेन बन रहा था; अपनी 'सेक्सुअलिटी' वह अच्छी तरह समझता था; शीला किस की बेटी थी मालूम नहीं।

सुनील के जवाब के बावजूद धुँधलाहट बनी रहती है। सुनील मेरे सवालों के जवाब में साफ़-साफ़ कहते हैं कि भूपेन सरासर नाटक कर रहा था शीला से प्रेम का। लेकिन रस ले-लेकर जिस अन्दाज़ में सुनील महेन्द्र को यह प्रेम कथा सुनाते हैं उस में किसी को सन्देह तक नहीं हो सकता

कि यह सब दिखावा था। महेन्द्र ने सुनील के शब्दों में ही सारा क़िस्सा बयान किया है, अपनी तरफ़ से कुछ नहीं जोड़ा है। उसी को पढ़ कर आख़िर मुझे भी ज़रूरत पड़ी थी सुनील से पूछने की कि असल में माजरा था क्या।

महेन्द्र बड़े पत्रकार थे, चीज़ें सूँघ लेने में दीक्षित। ज्योति लिमिटेड में भूपेन के साथ थे। भूपेन की समलैंगिकता की कुछ भनक तो मिली होगी उन्हें भी। (अपने लेख 'भेरू' में गुलाम का कहना है कि महेन्द्र को १९८० तक कुछ नहीं मालूम था, और उन्होंने गुलाम से भी पूछा था भूपेन के शादी न करने का कारण। गुलाम यह नहीं बताते अपने लेख में कि उन्होंने कितना कुछ बताया महेन्द्र को।) ज़्यादा सम्भावना यह है कि महेन्द्र को भी लगा हो कि शीला-प्रसंग के समय तक भूपेन शायद अपनी 'सेक्सुअलिटी' को लेकर असमंजस में था, और उसी के साथ जुड़ गयी हो वर्जित फल चखने—'इन्सेस्ट'—की लालसा, और वाक़ई आकर्षित हो गया हो वह अपनी 'कज़िन' की तरफ़। फिर भी अचरज है कि अपनी पूरी किताब में महेन्द्र इशारा तक नहीं आने देते भूपेन की समलैंगिकता का। बल्कि शादी-ब्याह का इतना विस्तृत ब्यौरा डाल कर वह, शायद अनजाने ही, पाठक को पुरुष-स्त्री सम्बन्धों में ही घेरे रहते हैं। कोई और गुंजाइश आने ही नहीं देते। लगता है कि जानते हुए कि अपनी कला में समलैंगिकता का शंख-नाद कर देने के बावजूद भूपेन अपनी निज की समलैंगिकता के मामले में एहतियात बरतना चाह रहा था, महेन्द्र ने दोस्त के रहस्य को रहस्य ही बनाये रखना ठीक समझा। महेन्द्र ने जितना लिखा, लगता है, उससे कहीं ज़्यादा था उनके पास लिखने को।

हमारी जानकारी इतनी थोड़ी है, और जिस विषय की बात हो रही है वह इतना रहस्यमय है और ख़ुद सम्बन्धित व्यक्ति के लिए भी काफ़ी हद तक रहस्यमय बना रहता है, कि शीला प्रसंग की असलियत जानना असम्भव है। कितने भी विश्वास के साथ आज सुनील दावा करें कि भूपेन ढोंग कर रहा था शीला से प्रेम का, इस सम्भावना को ख़ारिज नहीं किया जा सकता कि जब हुआ वह प्रसंग तब उस तरह का कोरा नाटक भर नहीं था जैसा कि बाद में लगने—और कहा जाने—लगा कि—था।

इस सन्दर्भ को और पेचीदा बनाने वाला एक दिलचस्प तथ्य नौशिल

बताते हैं। एक बार उन्होंने भूपेन से पूछा कि क्या कभी किसी स्त्री के नज़दीक आये हैं आप। भूपेन ने जवाब दिया : 'छोड़ यार।' बजाय छोड़ने के नौशिल ने कहा : 'मेरे पहचान की एक लड़की है। आप को पसन्द भी है। मैं बात कर सकता हूँ उससे, वह इण्टरेस्टेड हो सकती है।' 'नहीं यार,' भूपेन बोला। नौशिल ने पैंतरा बदला : 'आप कैसे कह सकते हैं कि बात नहीं बनेगी अगर आप ने कभी कोशिश ही नहीं की है? कोशिश तो करिये एक बार। बाइसेक्सुअल हुए तो और मज़े होंगे।' भूपेन के कहने पर कि 'नहीं होता कुछ,' नौशिल ने घेरा : 'मतलब कि कोशिश की है आप ने।' भूपेन का जवाब था : 'हाँ।'

भूपेन के बचपन और नयी-नयी जवानी के दौरान उसकी सैक्सुअलिटी को लेकर हमारी जानकारी इतनी कम है कि अनुमान ही हमारा मुख्य प्रमाण रह जाता है। भूपेन ने अपने समलैंगिक जीवन के बारे में मुझे जो कुछ भी अलग-अलग वक़्त बताया वह, कारण जो भी रहा हो, बड़ोदा आ जाने के बाद वाले जीवन से सम्बन्धित था। मेरा यह था कि जितना सुनने को मिलता सुन लेता, लेकिन ख़ुद कभी कोई खोदा-खादी न करता। उसके प्रारम्भिक समलैंगिक जीवन के बारे में, परिणामतः, मैं मुकम्मल कुछ भी नहीं कह सकता। जो भी भरोसेमन्द जानकारी है, सुनील कोठारी को है, और वह भी बहुत थोड़ी है। मसलन यह कि बम्बई में जब वह चार्टर्ड अकाउण्टेंट की हैसियत से ए. एफ. फ़ेर्गूसन में नौकरी कर रहा था तब उसके अपने कुछ सहकर्मियों के साथ चलताऊ-से आधे-अधूरे मन वाले सम्बन्ध हुए थे।

भूपेन से मिली जानकारी की बिना पर सुनील कोठारी बताते हैं कि लगभग १२ साल की उमर से लेकर १५ साल की उमर तक घर का एक पुराना नौकर भूपेन के साथ दुष्कर्म करता रहा। आख़िर में परेशान हो कर भूपेन ने अपनी बड़ी बहन—माणेकबेन—से कहा कि उस नौकर को निकलवा दो, और वैसा ही किया गया। बाद में भूपेन ने सुनील को बताया कि वह बूढ़े लोगों की तरफ़ आकर्षित होता है। इस आकर्षण का कारण वह नहीं समझ पा रहा था, पर इस की वजह से उसे अपराधबोध होता था। बम्बई में सिडैनहैम कॉलेज में पढ़ते वक़्त वह अपने प्रिंसिपल—प्रोफ़ेसर धोंगडे—के प्रति आकर्षित हो गया। उसने उन्हें चिट्ठियाँ भी लिखीं, पर बग़ैर बताये कि वह उन पर फ़िदा हो गया है। कुछ और बूढ़े

भी थे, सब गुमनाम, जिन की ओर वह उस ज़माने में खिंचा। हो सकता है कि इक्का-दुक्का कुछ अपवाद हो गये हों, पर ताउम्र वह धवल-केशी वृद्धों की ओर ही खिंचता रहा। १९९२ के एक साक्षात्कार में, जब वह सिर्फ़ ५९ का था, उसने मज़ाक़ भी किया था कि बढ़ती उम्र के साथ अपने से बड़ों को खोज पाना मुश्किल होता जा रहा था उसके लिए।

इतनी थोड़ी जानकारी भी इस अनुमान के लिए काफ़ी है कि नौकर के साथ हुए लम्बे तकलीफ़देह अनुभव के बाद कुछ ऐसा भी हुआ होगा कि उसे समलैंगिकता में आनन्द आने लगा। जहाँ ढंग का अनुमान भी नहीं लग सकता वह है शीला प्रकरण से उठा सवाल कि भूपेन कभी विपरीत लिंग की तरफ़ झुका या नहीं। नौशिल से किये गये उसके इकबालिया बयान में भी विपरीत लिंग के प्रति झुकाव का कोई पक्का सबूत नहीं है। हो सकता है कि जो कुछ भी और जिसके साथ भी कोशिश की थी उसने वह मात्र इस उम्मीद में की हो कि अगर अन्दर कोई दूसरी प्रवृत्ति भी है तो उसको भी आज़मा लो।

जितना भी धीरे-धीरे टुकड़ों में सीधे भूपेन से मालूम होना शुरू हुआ उससे काफ़ी कुछ समझ में आने लगा। कई साल लगे इस सिलसिले को शुरू होने में। मुझे ख़ूब याद है वह तीसरा पहर जब भूपेन मुझे पहली मंज़िल के अपने बैड-रूम में ले गया था नयी-नयी बनी 'टू मैन इन बनारस' (१९८२) दिखाने। इससे पहले 'यू कांट प्लीज़ ऑल' पर लम्बी-लम्बी बातें होती रही थीं हमारी। हम दोनों की सबसे ज़्यादा बातें १९८७ में बनी 'ययाति' पर हुई थीं।

और बातों के अलावा, 'ययाति' के सिलसिले में मैंने भूपेन से काम—पुरुषार्थ वाला काम—की महत्ता स्थापित करने वाली कुछ कहानियों की चर्चा की थी। इनमें एक कहानी थी मण्डन मिश्र की पत्नी उभय भारती के साथ हुए शंकराचार्य के शास्त्रार्थ की। किंवदन्ती है कि काम से सम्बन्धित प्रश्न पूछे जाने पर निरीह शंकराचार्य ने हाथ जोड़ कर कहा कि देवी मैं तो बाल-संन्यासी हूँ, मुझे इस विषय का कोई ज्ञान नहीं है। पर कामशास्त्र भी शास्त्र का ही अंग है, सो कुछ दिनों के लिए शास्त्रार्थ मुल्तवी करने की विनती कर के शंकराचार्य ने एक सद्य:मृत राजा के मृत शरीर में प्रवेश किया और उसकी रानी के साथ सहवास कर कामशास्त्र का ज्ञान प्राप्त किया। मैंने भूपेन को इस विषय पर दार्शनिक दया कृष्ण के एक

लेख के बारे में बताया जिसमें ज्ञान के कुछ पक्षों में निजी अनुभव की अपरिहार्यता दिखायी गयी है। देर तक भूपेन दयाजी के तर्क को लेकर बातें करता रहा।

इसी सन्दर्भ में मैंने जयशंकर प्रसाद की एक बहुत पहले पढ़ी कहानी और डी.एच. लॉरेन्स की एक कहानी, 'द मैन हू डाईड', की विस्तृत चर्चा की। प्रसाद की कहानी में एक राजा अन्तिम साँसे गिन रहा है जब एक सुन्दरी अपने शरीर का ताप दे कर उसे जिला देती है। लॉरेन्स की 'द मैन हू डाईड' में क्रूसिफिक्शन के बाद ईसा मसीह सशरीर जी उठते हैं। अब की बार वह संसार को एक बिलकुल ही अलग नज़र से देखते हैं और एक सुन्दरी के साथ जीवन का आनन्द लेते हैं। उनकी एक सन्तान भी होती है। काम का आह्लादक उत्सव है, लॉरेन्स की इस लम्बी कहानी में। अपूर्ण है जीवन काम के बिना। भूपेन ने तुरन्त लॉरेन्स वाली कहानी मँगवा के पढ़ डाली। प्रसाद की कहानी का शीर्षक मुझे याद नहीं था सो उसकी बात वहीं रह गयी। इस किताब की तैय्यारी के वक़्त मित्रों से जानने की कोशिश की। उनका कहना है कि प्रसाद ग्रन्थावली में ऐसी कोई कहानी नहीं है। हो सकता है यह कहानी प्रसादजी की न हो। पता नहीं जो कहानी मैंने पढ़ी थी और जो सालों तक दिमाग़ में घूमती रही थी उसके सही लेखक का नाम क्यों याद नहीं रहा और क्यों उसकी जगह प्रसादजी का नाम आ गया।

शुरू के सात-आठ—शायद ज़्यादा—सालों में समलैंगिकता समेत काम-विषयक ये बातें सैद्धान्तिक स्तर तक ही सीमित रहीं। पढ़ने का शौक़ था ही उसे। सो ख़ासे गम्भीर स्तर पर चलती रहती थीं ये बातें। इन्हें कभी निजी मोड़ नहीं लेने दिया भूपेन ने। फिर—याद नहीं कब—धीरे-धीरे इशारों से अपनी समलैंगिकता की बातें करने लगा, जैसे कि वह जानता है कि मैं जानता हूँ और मुझे कहने की ज़रूरत नहीं है कि हाँ जानता हूँ मैं। न ही यह याद कि कब ये इशारे साफ़-सीधी बातों में बदल गये, और वह जब-तब बताने लगा अपने त्रासद समलैंगिक अतीत के बारे में।

१९६२ में महाराज सयाजीराव यूनिवर्सिटी की फ़ैकल्टी ऑव फ़ाइन आर्ट्स में दाख़िला लेने के वक़्त अट्ठाईस-वर्षीय भूपेन अपनी समलैंगिकता को अच्छी तरह पहचान चुका था। बड़ोदा आ कर उसने बड़े नाज़ुक और मुश्किल मोड़ पर ला खड़ा कर दिया था अपने आप को। कितना भी

ययाति

यू कान्ट प्लीज़ ऑल

टू मैन इन बनारस

आश्वस्त रहा हो अपने फ़ैसले को लेकर, डर भी था कि जो सम्भावनाएँ सोच रहा है उसके अन्दर हैं, वे निकलती भी हैं या नहीं। पर इस तनाव के बीच एक बड़ी उम्मीद भी थी। उम्मीद थी कि संस्कार नगरी माने जाने वाले बड़ोदा में, और ख़ासतौर से कलाकारों के बीच, उसे अपनी समलैंगिकता के प्रति आक्रामक संकीर्णता के बजाय थोड़ी उदारता मिलेगी।

कुछ भी न मिला वैसा। यह शहर भी बाक़ी शहरों जैसा ही निकला। पहले का पता नहीं, बड़ोदा में भूपेन के काफ़ी समलैंगिक सम्बन्ध निम्नवर्गीय पुरुषों से होते थे। उसने उन अड्डों का भी पता लगा लिया था जहाँ शहर के समलैंगिक झुटपुटे के बाद साथियों की या शिकार की तलाश में पहुँच लिया करते थे। इन स्थानों में प्रमुख था फाइन आर्ट्स फैकल्टी के सामने विशाल कमाटी बाग़ और शहर के बीचोंबीच गाँधी-गृह के पीछे स्थित जुबली बाग़ नाम का एक तिकोना पार्क।

इसी सन्दर्भ में एक बड़ी दिलचस्प जानकारी भूपेन से मिली। इन सार्वजनिक स्थानों पर जमा होने वाले कुछ समलैंगिक काम आसान करने के लिए ऐसी पैंटें बनवाते थे जिनकी ज़िप आगे के बजाय पीछे होती थी। उनका खेल खुल न जाय इसलिए पैंट के ऊपर क़मीज़ न पहन कर कुरता पहन कर निकलते थे।

कई बार, भूपेन ने बताया, वह पकड़ा भी गया। बड़ी छीछालेदर की लोगों ने, पिटाई भी की। उन अपमानों को वह भूला नहीं था। भूलना नहीं चाहता था शायद। भूलना चाहता भी रहा हो तो भूल नहीं पा रहा था। सालते रहते थे पुराने घाव। अन्दर ही दबे रहते तो और ज़्यादा सालते। पिटाई का डर तो पहले ही दूर हो गया था, फिर जब प्रसिद्धि के कवच से लैस हो धीरे-धीरे उसने जगहँसाई से भी मुक्ति पा ली, भूपेन अपनी समलैंगिकता की बात करने लगा। बहुत बार उसने उन अनुभवों की बात की। हर बार उसके चश्मे के मोटे काँच के पीछे दूर चली गयी उसकी आँखों में बड़ी कातर वेदना भर आती। उसका घायल स्वाभिमान उसे रोने से रोक लेता। रुलाई की जगह वह उलाहना देता, हर बार, कि तुम लोग जान ही नहीं सकते कि क्या बीतती है हम लोगों पर।

क्या बीतती है 'हम लोगों' पर। कभी उसने 'मुझ' नहीं कहा, और न ही कभी भूत काल सूचक 'थी' का इस्तेमाल किया। हमेशा कहता 'क्या

बीतती है हम पर।' बात सिर्फ़ उन मुश्किल दिनों की और उसकी अपनी नहीं थी। उसके अपने समलैंगिक समुदाय—अपनी बिरादरी—की थी।

यही बात उसकी बिलकुल निजी बन जाती जब, आम लोगों के रवैये को छोड़, वह उन मुश्किल दिनों में अपने साथी कलाकारों से मिली उदासीनता या उनके मौन उपहास को याद करता। इनमें से कुछ कलाकार उसके अच्छे मित्र थे और दो-तीन के साथ तो वह किराये की साझा जगह लेकर रह भी रहा था। अजीब ज़िन्दगी थी। जिन के साथ रहना-सहना, खाना-पीना, उठना-बैठना, हँसना-रोना, उन्हीं से हर पल सतर्क रहना, कि कहीं भनक न पड़ जाये उन्हें उसकी ख़ुफ़िया ज़िन्दगी की। हँस-रो भी नहीं सकता था खुल के वह। घबराया रहता हर पल कि कहीं ज़्यादा सुख में या ज़्यादा दुःख में कुछ ऐसा न बोल दे कि राज़ खुल जाये। मन मचलता कि कह दूँ किसी से : 'मालूम है, दोस्त, अभी एक आदमी से मुलाक़ात हुई है। अफ़्रीका से आया है। अब यहीं रहेगा, बड़ोदा में। शंकरभाई नाम है। कुछ हो रहा है मुझे, खिंचे जा रहा हूँ इस आदमी की ओर।'

दूसरे दोस्त अपने-अपने सुख-दुःख आपस में बाँटते, राय-मशविरा करते, एक दूसरे की प्रेम-कहानियाँ सुनते-सुनाते, सहानुभूति लेते-देते, भूपेन को भी अपना राज़दार बनाते। बेख़बर उसके अकेलेपन से। बेख़बर कि वह भी तड़प रहा है उन से कहने को कि दोस्त, मेरा भी काम बन गया है, जा रहा हूँ शंकरभाई से मिलने। कि बताना चाह रहा है पर बता नहीं पा रहा।

अकेलेपन की मानसिक यन्त्रणा थोड़ी सहनीय हो भी जाती अगर वह राज़ बना रहता जिस को बनाये रखने के लिए भूपेन प्रपंच पर प्रपंच किये जा रहा था। वैसा न हो सकता था, न हुआ। ऐसी बातें छिपती नहीं देर तक। जैसे भी हुआ हो, पता लग ही गया दोस्तों को। बस इतनी शराफ़त बरती उन्होंने कि भूपेन से न कुछ पूछा न कुछ कहा। पर उनकी ख़ामोशी उससे छिपा न सकी कि वे जान चुके हैं। जानने के बाद कि वे जान चुके हैं, ज़िन्दगी और दूभर हो गयी। वह पहले सोचा करता था कि अगर राज़ खुल गया तो वह आत्महत्या कर लेगा। आत्महत्या तो नहीं हुई, पर और बुरे-बुरे ख़याल सताने लगे उसे। उसे यक़ीन हो गया कि मित्रों की ख़ामोशी महज़ लिहाज़ है आँख के सामने का, पीठ पीछे तिरस्कार ही तिरस्कार है

उनके मन में। वह और गहरे धँसता गया अकेलेपन में। उसके अपने ही दोस्त उसके मुँह मोड़ते ही खिल्ली उड़ाते हैं उसकी, इस ज़िल्लत की किसी से बात कर के अपना जी तक हल्का नहीं कर सकता था वह।

व्यापक समाज से कितनी भी शिकायत रही हो भूपेन को, वह सबसे ज़्यादा निराश और दुःखी हुआ कलाकारों के रवैये से। कलाकारों में भी सबसे ज़्यादा दर्द मिला उसे अपने सबसे नज़दीकी कलाकार मित्रों के रवैये से। उम्मीद ही नहीं पूरा विश्वास था उसे कि ये लोग तो नहीं ही उसकी सेक्सुअलिटी को ग़लत और 'ऐबनॉर्मल' मानेंगे। वह नाम लेकर इन की बात करता। कहता कि आज भी ये मेरे वैसे ही मित्र हैं जैसे तब थे, काश उस वक़्त ये मुझे उतनी अच्छी तरह समझ पाते जैसे आज समझ रहे हैं।

लिखित साक्ष्य चाहने वाले १९९५ का वह दस्तावेज़ देख सकते हैं जिस का ज़िक्र ऊपर दो बार आ चुका है। भूपेन पर अपनी किताब लिखने की तैयारी के सिलसिले में टिमथी हाइमन ने क़रीब बीस लिखित सवाल उसे भेजे थे। उन सवालों के जवाब में भूपेन ने १५ अप्रैल के दिन तैयार किया था यह दस्तावेज़। इस दस्तावेज़ में भी, बग़ैर कोई नाम दिये, मोटा–मोटी वही बात कही गयी है जो अलग–अलग मौक़ों पर मैंने मय नामों के उसकी ज़बानी सुनी। मुमकिन है कि इनमें से कुछ के मौन को भूपेन ने ग़लत समझ लिया हो और मान लिया हो कि ये लोग भी औरों की तरह पीठ पीछे उसकी आलोचना करते हैं, जब कि उस नाजुक स्थिति में ये लोग ख़ुद ही नहीं समझ पा रहे थे कि चुप रहना बेहतर है या भूपेन से सीधे–सीधे बात करना। डरते रहे होंगे कि कुछ भी कह या पूछ कर अपने दोस्त को झेंपा न दें। जो भी हो, भूपेन का अपना सच बदला नहीं और अन्त तक सालता रहा उसे।

इस स्थिति का बड़ा बेबाक चित्रण गुलाम शेख ने भूपेन पर लिखे अपने अप्रतिम लेख 'भेरू' (दोस्त) में किया है :

> भूपेन बराबर छल का पाठ भजता रहता था। बाहर से सब की तरह 'सीधा' [अँग्रेज़ी के शब्द 'स्ट्रेट' के विशेष अर्थ में] होने का स्वाँग और अन्दर एक गुप्त दुनिया। उन्नीस सौ साठ की शुरुआत में गहरी पुरुष–प्रेम पसन्दगी ज़ाहिर करना मुश्किल ही नहीं, सारी दुनिया को दुश्मन बनाने जैसा था। दुहरी ज़िन्दगी के सिवाय कोई दूसरा रास्ता नहीं था।

> शुरू के सालों में उसके 'डबल रोल' की बाबत मैं भी अनजान था। लेकिन '६३ के दौरान विवान (सुन्दरम) ने मुझे उसके इस 'चलन' के बारे में बता कर झकझोर दिया। मैं उसके बाद तीन बरस इंग्लैण्ड रहा। उस वक़्त भूपेन नागजी (पटेल) और (कृष्ण) छातपर के साथ रहने लगा, और तब उन दोनों को मालूम पड़ा। उन्होंने भूपेन को एक बार किसी अनजान आदमी की बाँहों में देख लिया तो पकड़े जाने के डर से भूपेन ने 'चोर! चोर!' चिल्लाने का कमाल कर प्रेमी को भगा दिया।

तीन साल बाद जब अक्टूबर १९६६ में गुलाम की इंग्लैण्ड से वापसी हुई तब भूपेन, नागजी, छातपर, परन्तप मजुमदार, और तन्मय गंगोपाध्याय शिवमहाल के आउट हाउस में अलग-अलग कमरों में रह रहे थे। वहीं छठा कमरा गुलाम ने ले लिया। यहाँ से भूपेन वाला क़िस्सा ऐसे बढ़ता है :

> उन दिनों उसके कमरे में हम अक्सर अनजाने व्यक्तियों का आना-जाना देखते। कभी-कभी साथ में हम शहर में निकलते तब 'ऐसा' कोई व्यक्ति टकरा जाता और इस तरह से हम उसकी पसन्द के व्यक्तित्व से परिचित हुए। कई बार उसकी ग़ैरहाजिरी में हम उसकी 'सौन्दर्य की अवधारणा' को लेकर मज़ा भी लेते, पर इस बात पर ज़्यादा ध्यान नहीं देते थे। वह टूट न जाये इसलिए हम यह बात छेड़ते ही नहीं और उसे सम्हाले रखने की खातिर बाहर से इस बात पर मौन रहते। भूपेन भी लम्बे अरसे तक इस छल को बनाये रखने के लिए हमारी टोली की स्त्री-मित्रों गीता कपूर और नसरीन मोहमदी से रोमांस का स्वाँग करता।

साथी कलाकारों का समवेत क़िस्सा पूरा हो जाता है यहाँ। पर गुलाम को अभी कुछ और भी कहना है। अपने बारे में। क्षुब्ध कि दूरी आने लगी है भूपेन और उनके बीच, गुलाम निर्मम आत्मचिन्तन के बाद लिखते हैं :

> उसके समलिंगी व्यवहार को समय पर परख कर अपना आचरण बदलने में मैं असफल रहा था। एक बार विदेश से लिखे पत्रों में उसने अपने समलिंगी जीवन को मेरे पूरी तरह से स्वीकार न करने को लेकर मेरी ख़बर ले डाली थी। मैं जाग गया किन्तु सब कुछ को आचरण में लाने में देर लग गयी। समझ गया तो खाने-पीने और दूसरे मौक़ों पर जैसे विवाहितों को एक साथ न्योता देते हैं उसके साथ वल्लवभाई को भी बुलाने लगे हम। दूरी और समीपता के इस आटापाटा के दौरान मैंने 'कला और निषेध' पर अपने एक व्याख्यान में उसके अनेक चित्रों को

दिखाते हुए बताया कि निषेधों से कैसी टक्कर ली थी उसने। व्याख्यान पूरा होने पर ख़ुश हो उसने मुझसे कहा 'सारे गुनाह माफ़!'

लगता नहीं कि भूपेन के ज़्यादा कलाकार मित्र गुलाम की तरह अपने ये गुनाह माफ़ करवा पाये। कि उन्हें लगता भी था कि उन्हें ज़रूरत है भूपेन से माफ़ी की। वैसे भी बहुत गहरे पैठ चुका था उस ज़माने का दर्द। इतने गहरे कि सचेत माफ़ी भी पूरी तरह न पहुँच पाये वहाँ।

समलैंगिक भूपेन के अकेलेपन का एक व्यापक सांस्कृतिक आयाम भी था। उसकी त्रासदी सिर्फ़ यही नहीं थी कि जब बाक़ी सारे दोस्त अपनी प्रेमिकाओं की बातें करते थे, उसे अपनी भावनाओं को अपने अन्दर ही दबाये रखना पड़ता था। उसका एक बड़ा दुःख यह भी था कि, उदाहरणार्थ, जब दोस्त लोग सुरैय्या, मधुबाला, गीताबाली, मीना कुमारी, वैजयन्तीमाला वग़ैरा पर फ़िदा हो उनका विशद नख-शिख विवेचन करते या किसी फ़िल्म के रोमांटिक दृश्यों पर मुग्ध होते, तो पूछना चाहते हुए भी वह उन से पूछ न पाता कि मेरे लिए क्या है इस सब में? पर बाद के दिनों में, मौक़ा मिलते ही, शिकायत करता : 'माधुरी दीक्षित, माधुरी दीक्षित चिल्लाते हो तुम लोग, उसकी सुन्दरता का बखान करते हो, वह नाचती है तो उसकी देह और उसके अंगों को देख कर फड़कते हो। कभी सोचा है कि क्या है उस में हमारे लिए? क्यों नहीं बन सकतीं हमारे लिए फ़िल्में?' कहता कि तुम लोगों को तो एहसास तक नहीं होता कि हमारे लिए सामान्य मनोरंजन भी नहीं है तुम्हारे चहुँ दिशि छाए इस सांस्कृतिक परिदृश्य में।

कैसी भयंकर आत्म-तोषी अमानुषिकता हम—बग़ैर जाने कि क्या कर रहे हैं—समलैंगिकों के साथ बरतते हैं, और नहीं जानते कि कैसा वंचित और त्रासद जीवन उन्हें जीना पड़ता है, यह भूपेन की बातें सुन कर समझ में आने लगा। समझ में आने लगा कि हम जानते तक नहीं कि हम नहीं जानते समलैंगिकों के प्रति अपनी संवेदनहीनता। इस की एक मिसाल भूपेन के ही कलाकर्म से दी जा सकती है। जब एक बार कर ली उसने हिम्मत तो अपने लिए और अपने साथी समलैंगिक वंचितों के लिए—बाक़ियों के लिए भी, अगर वे चाहें— 'टू मैन इन बनारस' और 'ययाति' जैसे उत्तरोत्तर प्रदर्शनकारी और आनन्ददायक चित्र बनाने लगा। जिस समय वह लगातार समलैंगिक स्वतन्त्रता और संकल्प के छोटे-बड़े चित्र बनाये ही चले जा रहा था, तो आलोचना होने लगी कि चुक गया है वह;

कि और कुछ अब बचा नहीं है उसके पास बनाने को। जैसा कि भुक्तभोगी भूपेन ग़ुस्से और शिकायत में कहता था, लोग यह छोटी-सी बात भी नहीं समझ पा रहे थे कि 'सदियों से आदमी-औरत का सम्बन्ध तरह-तरह से चित्रित होता रहा है कला और साहित्य में। कभी किसी को नहीं लगा कि ये क्या हो रहा है। मैंने तो अभी शुरू ही किया है आदमी-आदमी का चित्रण, और लोगों को लग रहा है बहुत हो गया।'

भूपेन के कुछ अन्तरंग मित्रों तक के मन में इस तरह के विचार आने लगे थे। नौशिल और अतुल ने तो उससे शिकायत भी की उसके बाद के काम में समलैंगिकता के अतिरेक की। उनको उसका जवाब था : 'अगर मेरा काम उन चीज़ों पर ही नहीं टिक सकता जो मेरे लिए महत्त्वपूर्ण हैं तो फिर मतलब ही क्या है?'

समलिंगी-विरोधी पूर्वग्रहों से सचेतन मुक्ति के बाद भी उनके सूक्ष्म अवशेष हमारे अचेतन के किसी अँधेरे कोने में बचे रह जाते हैं। सूक्ष्म और अचेतन, इसलिए ज़्यादा ही असरकारी और ख़तरनाक। ख़ुद मेरा उदाहरण है, उस समय का जब भूपेन के साथ रह कर और उससे बातें करते रहने के कारण बहुत कुछ समझ में आने लगा था, और मेरी सचेत संवेदना पूरी तरह से समलैंगिकों के साथ थी। भूपेन पर लिखे अपने पहले कैटलॉग—'लुकिंग ऐट भूपेन खख्खर इन दीज़ ट्रबुलस टाइम्ज़'—में मैंने उस समय किये गये एक वॉटर कलर का ख़ास ज़िक्र किया। इस चित्र में भाँति-भाँति की मैथुन मुद्राओं में रत पुरुषों की आनन्दमयी क्रीड़ाओं में मुझे उनकी रति की अनिवार्य बंध्यता दिखायी दी। इस चित्र में इन पुरुषों के अगल-बग़ल विचर रही मछलियों को लक्षित करते हुए मैंने कैटलॉग में लिखा : 'केवल मछलियाँ ही प्रजनन करेंगी यहाँ।' चूँकि इस प्रदर्शिनी और कैटलॉग की पृष्ठभूमि हिन्दुत्व का उत्पात थी—विशेष रूप से गुजरात में—मात्र मछलियों के प्रजनन-योग्य होने का इशारा हिन्दुत्व की विकरालता से उत्पन्न नपुंसकता की ओर था। किन्तु फिर भी, समलैंगिकता के उत्सव को सहर्ष स्वीकारते हुए, इस वाक्य में उस उत्सव की अनिवार्य फलहीनता को लेकर कुछ परेशानी तो थी ही।

कैसे मैं इस तरह 'देख' सका बग़ैर इसमें निहित अदेखे को देखे? मानव समाज में स्त्री-पुरुष की कुल जमा काम-क्रीड़ा का कौन-सा दशमलवांश सचेतन प्रजनन के लिए होता है? बाक़ी तो उस समलैंगिक मैथुन जैसा

ही होता है जिस को देख कर मुझे उसकी अन्तिम फलहीनता ध्यान में आयी थी। प्रधानतः पुरुष-स्त्री रति का वांछित फल भी आनन्द ही होता है, और इस फल-प्राप्ति के दौरान पूरा प्रयास रहता है कि कहीं दूसरा 'फल' न आ जाये इसके कारण। आने लगे तो नष्ट करना चाहते हैं उस अवांछित फल को।

जहाँ तक समलैंगिकों के लिए चले आ रहे विशाल सांस्कृतिक अभाव का सवाल है, भूपेन ने अपनी कला और अपने साहित्य में भरसक कोशिश की उस अभाव को कम करने की। लेकिन इसके लिए उसने कोई अलग संकीर्ण समानान्तर सांस्कृतिक चेतना नहीं विकसित की। इससे कहीं बड़ा काम किया उसने। उसने हम सब का सामना कराया एक अलग साझे सौन्दर्य-बोध से।

हमारा सौन्दर्य-बोध कितना परिवर्तित—परिष्कृत—हुआ उसके काम से, यह सवाल भी हमें पूछना होगा; और इसका जवाब उसकी ख्याति के छलावे में फँसे बग़ैर ढूँढ़ना होगा। एक दृष्टान्त से अपनी बात स्पष्ट करना चाहूँगा। अभी हाल में, इस किताब की तैयारी के दौरान, भूपेन से किया गया एक महिला का साक्षात्कार देखने को मिला। महिला भूपेन की प्रशंसक हैं और उसके कुछ नज़दीकी मित्रों की मित्र भी। उनके किसी सवाल के जवाब में भूपेन कहता है कि काफ़ी लोगों को उसका काम पसन्द नहीं आता। महिला भूपेन के कहे का मतलब लगाती हैं कि काफ़ी लोगों को उसके द्वारा चित्रित पुरुष अच्छे नहीं लगते। उन्हें ख़ुद भी नहीं अच्छे लगते भूपेन के पुरुष। सो, ज़ाहिर ही अपने कहे के अर्थ से नादान, वह कुछ मचलती-सी कहती हैं : 'लेकिन, भूपेन, अपने पुरुषों को थोड़ा तो सुन्दर बना ही सकते हैं आप।' भौचक, भूपेन महिला को देखता है पर, शिष्टाचारवश, चुप रह जाता है। वे फिर दुहराती हैं : 'क्यों नहीं बनाते उन्हें थोड़ा सुन्दर!' और चुप रहना अशिष्टता होती, सो वह निहायत शाइस्तगी से कहता है : 'इट्स ए मैटर ऑव टेस्ट।'

टेस्ट—सौन्दर्य-बोध—अपने प्रशंसकों और साथी कलाकारों का भी कितना बदल पाया भूपेन?

समलैंगिकता की दृष्टि से भूपेन के कलात्मक विकास में १९८१ में बनी 'यू कांट प्लीज़ ऑल' का जो भी महत्त्व हो, निजी जीवन में वह इससे पहले ही समलैंगिकता को लेकर बरसों चले अपने डर, अपराध-बोध

और हीन-भाव से ख़ासा मुक्त हो चुका था; भले ही इस पर अभी खुल कर बोल नहीं रहा था। वल्लवभाई के साथ उसके सम्बन्ध इस मुक्ति का ठोस प्रमाण हैं। 'यू कांट प्लीज़ ऑल' इस मुक्ति का पहला प्रसाद भर है। वल्लवभाई शाह, जिन के दर्शन भूपेन के अनगिनत चित्रों में हो सकते हैं, देखने-सुनने में निहायत मामूली शख़्स थे। मानो बने ही हों भूपेन की कला के लिए।

वल्लवभाई होते तो एतराज़ करते कि भूपेन की कला के लिए नहीं बने हैं वह। कहते, जैसा कि उन्होंने महेन्द्र देसाई से कहा था, कि भूपेन और वह एक-दूसरे के लिए बने हैं। कि उनका जन्म-जन्मान्तर का साथ है। आप के न मानने पर, जैसे कि महेन्द्र भी नहीं माने थे, उनका जवाब होता : 'भूपेन और मैं १९७५ में मिले थे। कैसे है कि मेरा चेहरा उसके '६६, '७० और '७२ के चित्रों में आता है?' महेन्द्र के पास कोई जवाब नहीं था इसका। आप के पास भी न होता।

जन्म-जन्मान्तर को लेकर एक बड़ा दिलचस्प क़िस्सा वल्लवभाई के बेटे अमरीश से हाल में सुनने को मिला उनकी और भूपेन की पहली मुलाक़ात के बारे में। वल्लवभाई सूरत रेलवे स्टेशन पर जा रहे थे कि प्लेटफ़ॉर्म की बैंच पर बैठे एक अजनबी ने पुकारा : 'वल्लव! ए वल्लव!' वल्लवभाई ठिठक कर देखने लगे आवाज़ देने वाले को तो वो बोला : 'हूँ भूपेन छूँ, भूपेन! केम, ओलखतो नथी मने!'

राशि-योग में विश्वास रखने वालों के लिए यह तथ्य महत्त्वपूर्ण हो सकता है कि वल्लवभाई भी भूपेन की तरह मीन राशि के थे। भूपेन पैदा हुआ था १० मार्च, १९३४ को और वल्लवभाई २० मार्च, १९२० को।

बहुत धार्मिक थे वल्लवभाई। आगरा के दयालबाग़ वाले राधास्वामी सम्प्रदाय के अनुयायी थे। इस की एक शाख़ा बड़ोदा में भी थी जहाँ हर इतवार को सत्संग होता था। वल्लवभाई नियमपूर्वक सत्संग में पहुँचते। भूपेन भी उनके साथ जाता। न जा पाये तो सत्संग की समाप्ति पर ज़रूर पहुँच जाता वल्लवभाई को अपने स्कूटर पर बिठा कर लाने के लिए। साल में दो बार दयालबाग़ में सम्प्रदाय का उत्सव होता। दोनों बार सारे उत्सव भर भूपेन वहाँ रहता वल्लवभाई के संग। उसके घर में घुसते ही बैठक में बायीं दीवाल पर सदा राधास्वामी सम्प्रदाय के एक गुरु महाराज का चित्र टँगा रहता था। इसी सन्दर्भ में अतुल डोडिया से एक दिलचस्प

जानकारी मिली। एक बार अतुल ने भूपेन के किसी चित्र के पीछे अँग्रेज़ी में 'आरएस १९९०' लिखा देखा। चित्रों के मामले में 'आरएस' का सीधा मतलब बनता है 'रूपीज़'। पर भूपेन के काम की क़ीमत १९९० रुपये तो हो नहीं सकती थी। कौतूहलवश अतुल ने भूपेन से पूछ ही लिया उसका मतलब तो पता लगा कि यह है 'राधास्वामी १९९०'। अतुल ने यह भी बताया—ताज़्ज़ुब है कि मैंने क्यों नहीं कभी ध्यान दिया—कि भूपेन सोने की एक अँगूठी पहनता था जिस पर कलात्मक शैली में खुदा हुआ था 'आरएस'।

अतुल एक और बड़ी उल्लेखनीय बात बताता है। १९९० में अभिषेक पोद्दार ने कुन्नूर में कलाकारों का एक शिविर आयोजित किया। इसमें वल्लवभाई भी गये भूपेन के साथ। अतुल का कहना है कि कुन्नूर की नीरव रातों में भूपेन वल्लवभाई के लिए हालरडूं —लोरी—गाता था।

हर तरह से साधारण दिखते वल्लवभाई तरह-तरह के पेशे कर चुके थे और दुनिया देखे थे। अमरीका का 'ग्रीन कार्ड' भी था उनके पास। सहज विवेक के धनी थे वह। एक अविस्मरणीय घटना का ज़िक्र करूँगा। दिल का दौरा पड़ने की वजह से नर्सिंग होम में दाख़िल वल्लवभाई की मिज़ाजपुरसी के लिए गया हुआ था मैं। वह बता रहे थे कि अब तबियत ठीक है और शायद शाम तक डॉक्टर घर भेज दे। इसी बीच उन्होंने बग़ल की मेज़ पर रखे जग से एक गिलास में पानी ले के पिया और बचा पानी—मेरे मना करते-करते—कमरे के बाहर जा कर एक क्यारी में डाल दिया। जगत् की कैसी पर्यावरणीय चिन्ता थी उस छोटे से कृत्य में।

१९९७ में गीतांजलि और मैं दो साल जापान रह कर लौटे। वल्लवभाई ने—चार्टर्ड अकाउण्टेंट भूपेन ने नहीं—बैठ के कोई पेचीदा हिसाब लगाया, आय कर विभाग को एक दरख़्वास्त भिजवायी, और हमें एक लाख रुपये का रिफ़ण्ड दिलवा दिया। ख़ुद भूपेन—ज्योति लिमिटेड का जो भी हिसाब-किताब वह करता हो—अपना सारा हिसाब-किताब वल्लवभाई के ज़िम्मे छोड़े रहता था। अक्सर वल्लवभाई की रोक-टोक भी चलती कि फ़ुज़ूलखर्ची हो रही है, अभी पिछले महीने ही तीस हज़ार निकाले थे इतनी जल्दी अब और क्यों चाहिए, और इस पाण्डु को बहुत सर चढ़ा रक्खा है, पैसा बहाता है, मोटर में सब्ज़ी लेने जाता है, और न जाने क्या-क्या।

सिर्फ़ ऊपर से ही निरीह दीखते थे वल्लवभाई। ठान लें तो अपनी करवा

के ही छोड़ते थे। एक बार सूरत में बैठे-बैठे अचानक गीतांजलि और मेरा मन हुआ भूपेन के पास जाने का। तुरन्त बैकपैक में ज़रूरत की चीज़ें डालीं और अपने स्कूटर पर सवार हो निकल लिए बड़ोदा के लिए। शाम को वल्लवभाई आये तो भूपेन ने बताया हमारा करिश्मा। उसी में मैंने जोड़ दिया कि बड़ोदा क्या है, हम तो औरंगाबाद, अजन्ता और एलोरा की सैर भी कर आये हैं स्कूटर पर। हम सोच रहे थे कि वल्लवभाई भी शाबाशी देंगे, लेकिन वह डाँट पिलाने लगे। सूरत-बड़ोदा हाईवे पर नित दिन होने वाली दुर्घटनाओं का लम्बा ब्योरा देने के बाद डपट कर बोले कि यह आख़िरी बार है, अब कभी तुम लोग ऐसा नहीं करोगे। मैंने बड़ी ना-नूँ की, हँसी में बात टालने की कोशिश की, पर वल्लवभाई न माने। कसम दिला दी हम दोनों को सूरत के बाहर स्कूटर पर न निकलने की।

भूपेन और वल्लवभाई की जोड़ी एक खुला राज़ थी। १९८४ में भूपेन को पद्मश्री मिला। सरकार की तरफ़ से आये औपचारिक पत्र में लिखा था कि वह चाहे तो अपने साथ अपने किसी परिजन को ला सकता है। वल्लवभाई गये भूपेन के साथ। साथ-साथ रहे लोदी होटल में। एक शाम गीतांजलि को भी बुला लिया। खाने-पीने में देर हो गयी तो उसको रोक लिया अपने ही पास। डबल-बेड पर भूपेन और ब्रदर वैल और सोफ़े पर गीतांजलि। सुबह ही सुबह जब बेड-टी देने के लिए बैरे ने दस्तक दी तो भूपेन ने गीतांजलि को गुसलघर में छुपा दिया। ब्रदर वैल प्यार से वल्लवभाई को दिया हुआ गीतांजलि का नाम था। भूपेन और वल्लवभाई दोनों को ही बड़ा प्रिय था यह सम्बोधन।

पद्मश्री से एक साल पहले जब भूपेन लन्दन में हो रही अपनी पहली एकल प्रदर्शिनी के लिए गया तो वहाँ पहुँचने के हफ़्ते भर के अन्दर ही उसने वल्लवभाई को अपने पास बुला लिया। एक बार अमरीका में भी थे दोनों साथ। हिन्दुस्तान में तो अक्सर साथ-साथ ही 'बाहरगाँव'—शहर के बाहर—जाना होता।

बड़ोदा के सामाजिक-सांस्कृतिक जीवन में भी ऐसा ही था। भूपेन को निमन्त्रण मिला है तो पक्का था कि वल्लवभाई होंगे उसके साथ। कोई फ़र्क़ नहीं पड़ता था कि बुलावे में अलग से वल्लवभाई का नाम है या नहीं। बुलाने वाले क्या सोचेंगे-कहेंगे, भूपेन इस की परवाह नहीं करता था। कहता कि मैं जानता हूँ कि मेरे कुछ दोस्त वल्लवभाई को पसन्द

नहीं करते, मानते हैं कि उनके बीच उठने–बैठने लायक़ नहीं है वल्लवभाई। उनको ये नहीं दिखायी देता कि कितने हैं जिन की बीवियों के बारे में मैं वही सोचता हूँ जो वे वल्लवभाई के बारे में सोचते हैं। फिर भी आ जाते हैं अपनी बीवियों के संग मेरे यहाँ। मैं तो कुछ नहीं कहता।

एक जोड़ी के रूप में बहुत ही सामान्य, स्वाभाविक तरीक़े से चलती थी भूपेन और वल्लवभाई की ज़िन्दगी। वल्लवभाई तो आते ही थे रोज़ भूपेन के यहाँ, भूपेन भी उनके यहाँ आये दिन पहुँचा रहता। परिवार के अपने किसी बड़े की तरह आवभगत होती उसकी। वल्लवभाई के छोटे-से ड्रॉइंग–रूम में दीवार के सहारे लगे एक तख़्त पर अपनी ट्रेडमार्क पाल्थी मार के बैठ जाता भूपेन और लग जाता उनकी पत्नी, बेटे, बहू और पोते–पोतियों से बातों में। घर की कोई समस्या हो तो उस पर भी सलाह–मशविरा होने लगता। कुछ भी नहीं था परिवार का जो भूपेन से छिपाया जाता। दिन का जो भी समय हो उसके मुताबिक वल्लवभाई की पत्नी और बहू स्नेहपूर्ण मुस्तैदी से इन्तज़ाम करतीं भूपेन के नाश्ता–पानी या भोजन का। वल्लवभाई का बेटा, गिरीश, जो पिता के साथ ही रहता था, आये दिन अपने स्कूटर पर भूपेन से मिलने और अपने काम की बाबत मशविरा करने 'परमानन्द' आता।

जब से मैंने देखा कभी ऐसा नहीं लगा कि परिवार वाले इस रिश्ते से चिन्तित थे, या इसे स्वाभाविक से अलग कुछ मानते थे। फिर भी दावे से कहना मुश्किल है कि वल्लवभाई के परिवार में किसी के भी मन में गहरे अन्दर किसी तरह की कोई बेचैनी नहीं थी भूपेन और उनके रिश्ते को लेकर। यह भी मुमकिन है कि कभी कोई परेशानी रही हो जो बाद में दबा या भुला दी गयी हो। बस एक शहादत मिली है जिससे लगता है ऐसा हुआ ज़रूर था। शहादत भी ऐसी–वैसी नहीं है, भूपेन की मुँह–बोली बहन किन्नरी की है।

किन्नरी का कहा बताने से पहले उसके और भूपेन के गहरे परस्पर स्नेह के बारे में दो शब्द। १९७५ में जब पहली मर्तबा भूपेन किन्नरी से मिला तो छूटते ही बोला : 'तुम बहुत सुन्दर हो। आज से तुम मेरी बहन हो।' इसके बाद आये रक्षा–बन्धन पर जब उसे राखी नहीं मिली तो उसने फ़ोन कर के किन्नरी को बहुत डाँटा। किन्नरी ने फ़ौरन गाड़ी निकलवायी और पहुँच गयी अहमदाबाद से बड़ोदा। भूपेन पहले ही, अपनी पसन्द के

मुताबिक, 'पॉप आर्ट' वाली एक साड़ी बहन के लिए ख़रीद चुका था। (जो डिज़ाइनिंग में निष्णात बहन ने कभी पहनी नहीं!) इसके पाँच साल बाद जब भूपेन की माँ की मृत्यु हुई और उसके पास अन्त्येष्टि के लिए पैसे नहीं थे तो उसने और किसी से नहीं किन्नरी से कहा कि उसे तुरन्त ही दो हज़ार रुपये चाहिए। उसी समय बड़ोदा स्थित अपने ऑफ़िस को हिदायत दे कर किन्नरी ने तीन हज़ार रुपये भिजवा दिये। इसके बाद भूपेन कुछ भी कर सकता था अपनी इस बहन के लिए।

अब किन्नरी की बतायी बात। १९८५ में, अपने पति शीतल को छोड़ने का फ़ैसला कर, किन्नरी मिशिगन में डिज़ाइनिंग में मास्टर्स की पढ़ाई कर रही थी। उसी समय वल्लवभाई के साथ भूपेन का भी अमरीका जाना हुआ। वह अकेला किन्नरी से मिलने गया और कुछ दिन उसी के साथ रहा। वहाँ उसने देखा कि अब किन्नरी आर्थिक कष्ट में है। सो जितना पैसा अमरीका में वह दे सकता था किन्नरी को दिया। इन दिनों दोनों पहले से भी अधिक एक-दूसरे के निकट आ गये। देर रात तक दोनों ही अपने-अपने दुखड़े सुनते-सुनाते। किन्नरी का कहना है कि और तमाम बातों के साथ भूपेन ने यह भी बताया कि वल्लवभाई की पत्नी उसके घर आ कर शोर करती हैं और गाली-गलौज से भी बाज़ नहीं आतीं।

किन्नरी की गवाही को ख़ारिज नहीं किया जा सकता। न ही उसे शब्दशः लिया जा सकता है। यह तो निश्चित है कि किन्नरी कोरी कल्पना नहीं कर रहीं। भूपेन ने कुछ रोना तो रोया ही होगा उनके सामने। लेकिन, ३३ साल पहले जो सुना वह मुझे बताने के लिए याद करने की प्रक्रिया में, काफ़ी कुछ गड्डमड्ड भी हो गया लगता है। १९८५ में भूपेन ने उन से जो कहा उन्होंने ऐसे सुना मानो वह उस वक़्त भी हो रहा था। तब तक मैं भूपेन-वल्लवभाई सम्बन्ध को पाँच साल से ख़ासे नज़दीक से देखता रहा था। उस देखे के आधार पर मैं कह सकता हूँ कि किन्नरी का विवरण १९८० से पहले के लिए कितना भी सही हो, बाद के लिए सही नहीं है।

बिलकुल ही शुरू में जो भी हुआ हो, कम से कम १९८० से तो भूपेन को पूरी तरह से क़बूल कर लिया गया था वल्लवभाई के घर में। वल्लवभाई और भूपेन को गये १६ साल होने को हैं। आज भी वल्लवभाई के परिवार में भूपेन कितना अपना बना हुआ है इसका अन्दाज़ इससे होता है कि वल्लवभाई का सबसे छोटा बेटा, अमरीश, अपने भूपेन काका की

एक जीवनी अपना पैसा लगा कर गुजराती में लिखवा रहा है। ऐसे ही रणछोड़भाई के बेटे कालिदास ने अपने घर में माला चढ़ा कर अपने दिवंगत पिता और भूपेन की एक तस्वीर रखी हुई है। (भूपेन के 'टू मैन इन बनारस' में चित्रित युवक कालिदास है।) शंकरभाई की बेटी, भानुबेन, की चर्चा पहले हो ही चुकी है जो कीनिया से बड़ोदा आने पर बड़े प्यार से भूपेन से मिलने आयीं और जिन्होंने सिर्फ़ इसलिए कि हम भूपेन के दोस्त हैं, गीतांजलि और मुझे बड़ी फ़राग़दिली से नैरोबी में बड़े ठाठ में रखा और ख़ूब घुमाया।

शंकरभाई, वल्लवभाई वग़ैरा के घरों में भूपेन के बिलकुल अपनों की तरह मान लिये जाने को एक ख़ास सांस्कृतिक संस्कार के परिप्रेक्ष्य में भी देखना होगा। समलैंगिक सम्बन्ध—स्त्रियों और पुरुषों दोनों में—पहले भी वैसे ही होते थे जैसे आज होते हैं। अन्तर यह है कि आज की तरह उन सम्बन्धों को लेकर कोई सैद्धान्तिक अधिकार की और आन्दोलन की बात नहीं होती थी। चलते रहते थे ये सम्बन्ध। पता भी रहता था तो चुप्पी की सर्वसम्मति उनके प्रति बनी रहती थी। साथ ही साथ, इसके बरक्स, अलग-अलग कारणों से ऐसा भी होता रहता था कि किसी सम्बन्ध विशेष को लेकर ग़ुस्सा उमड़ पड़े और सम्बन्धित व्यक्तियों की छीछालेदर होने लगे। भूपेन सौभाग्यशाली रहा कि जिन लोगों से उसकी विशिष्ट मैत्रियाँ हुईं उनके परिवारों ने और आसपास के समाज ने मूलतः सहिष्णु अनदेखी वाला पारम्परिक रुख़ अपनाया। इस स्थिति के बनने में इस वजह से भी ज़रूर आसानी हुई होगी कि चार्टर्ड अकाउण्टेंट और कलाकार की हैसियत से भूपेन का परिवारवालों और समाज के लिए अलग आकर्षण और प्रभाव रहा होगा।

आश्चर्य नहीं कि अमरीश के लिए भूपेन की जीवनी लिखवाना अपने पिता और काका की 'जुगल जोड़ी' का तर्पण करने की तरह है। यह भी विशेष उल्लेखनीय कि अमरीश समलैंगिकता की बात को विशुद्ध प्रवाद मानते हैं।

भूपेन-वल्लवभाई की जुगल जोड़ी तब फली-फूली जब समलैंगिकता को दण्डित करने वाला आर्टिकल ३७७ हमारे क़ानून का हिस्सा था, और समलैंगिक विवाह जैसे विचार अभी समलैंगिक विमर्श के हाशिए पर ही थे। वैसे भी भूपेन को—सिवाय अपनी कला में—जो भी क़रना होता था

किन्नरी पनिकर के सौजन्य से प्राप्त जॉन पनिकर द्वारा लिया चित्र

किन्नरी पनिकर के सौजन्य से प्राप्त जॉन पनिकर द्वारा लिया चित्र

किन्नरी पनिकर के सौजन्य से प्राप्त जॉन पनिकर द्वारा लिया चित्र

टिमथी हाइमैन,
'भूपेन खख्खर
एवं
मिस्टर वल्लवभाई'

मैन वेअरिंग रेड स्कार्फ़

'लो की' में रह कर ही कर लेता था। कला के क्षेत्र में भी जो कुछ उसने किया अपने चित्रों में किया, नाटकीय, भड़कीले, अख़बारों-पत्रिकाओं की सुर्ख़ियों में पहुँचने वाले बयान दे कर नहीं। दिखावा—सिवाय अपनी बहुरूपिया तस्वीरों में—उसे पसन्द नहीं था। होता भी तो वल्लवभाई के साथ उसका जो आत्मिक लगाव था उस में दिखावे की रत्तीभर भी गुंजाइश नहीं थी।

२८ साल चले भूपेन-वल्लवभाई सम्बन्ध के केवल शुरुआती पाँच साल नहीं देखे मैं ने। बाद के २३ सालों में ख़ासी नज़दीकी से जो देखा उसके आधार पर एक बड़ी बात इस सम्बन्ध की समझ में आती है। वह है इस की स्वाभाविकता। न भूपेन ने और न वल्लवभाई ने किसी को समझाने की कोशिश की कि उनका सम्बन्ध है क्या। कोई कुछ भी समझे-कहे, उन्हें जैसे रहना था रहते थे और जो करना था करते थे। कहना मुश्किल है कि उन में आपस में क्या बातें और क्या फ़ैसले होते थे अपने सम्बन्ध को लेकर। मसलन, बाहर कितना भी साथ जायें-रहें दोनों, जब बड़ोदा में होते तो कितनी भी देर क्यों न हो जाये, वल्लवभाई अपने घर पर ही सोते थे, 'परमानन्द' में नहीं। पता नहीं कि बस यूँ ही चल निकला यह सिलसिला या दोनों ने सारी परिस्थितियों के मद्देनज़र इस तरह रहने का फ़ैसला किया था।

एक और उदाहरण। इस बात को इस तरह से कहते हुए कि सुनने वाले समझ जायें कि वह अपनी भी बात कर रहा है, भूपेन कहा करता था कि समलैंगिक 'प्रोमिस्क्यूअस' होते हैं, स्वच्छन्द सम्भोगी। स्वयं मुझसे उसने यह बात कई बार कही। टिमथी हाइमन के सवालों के जवाब में भी उसने यही बात कही, पर थोड़ी तरमीम के साथ। मुझसे वह समलैंगिकों की जन्मगत प्रवृत्ति की बात करता था जब कि टिमथी को उसने लिखा : 'ज़्यादातर समलैंगिक प्रकृति से या सामाजिक दबाव की वजह से प्रोमिस्क्यूअस होते हैं।' सामाजिक दबाव का अर्थ-विस्तार करते हुए उसने लिखा कि अब स्थायी समलैंगिक सम्बन्ध सम्भव हो गये हैं, लेकिन '६० और '७० के दशकों में इन्हें बुरा माना जाता था।

बहरहाल, मुझसे अन्त तक भूपेन अपनी बात पहले वाले अन्दाज़ में ही कहता रहा। लगता है कि टिमथी को लिखते वक़्त भूपेन अपनी बौद्धिक साख के बारे में अतिरिक्त सावधान था। जितना कुछ वह प्रचलित

समलैंगिक सैद्धान्तिकी से परिचित था, उसे बेहतर यही लगा होगा कि प्रोमिस्क्युइटी का स्रोत अकेले प्रकृति में न मान कर सामाजिक परिस्थितियों में भी बता दे। पर मानना, शायद, वह यही चाहता था कि समलैंगिक प्रोमिस्क्युइटी के लिए ज़िम्मेदार असल में प्रकृति ही है। हो सकता है कि इस विश्वास के सहारे वह अपनी प्रोमिस्क्युइटी से होने—हो सकने—वाले अपराध-बोध से अपने को मुक्त रख पाता हो, ख़ास तौर से समाज के डर से मुक्त हो जाने के बाद।

जो भी हो, वल्लवभाई और उसके सम्बन्ध पर तो प्रभाव पड़ा ही—पड़ता ही रहा—होगा उसके जब-तब होते रहने वाले इतर समलैंगिक सम्बन्धों का। उनको लेकर कभी वल्लवभाई उससे झगड़ते थे या नहीं; उन्हें इस कारण से कोई परेशानी, कोई दुःख होता था या नहीं; इन इतर सम्बन्धों को चलाये रखने को लेकर दोनों ने मिल कर कोई रास्ता निकाल लिया था, या फिर भूपेन—अधिकतर विवाहेतर सम्बन्धों की प्रचलित रीति के अनुसार—जब जैसा बन पड़े इन्तज़ाम कर लेता था; इस तरह के सवाल स्वाभाविक हैं, पर उनके सन्तोषजनक उत्तर सम्भव नहीं।

भूपेन-वल्लवभाई सम्बन्ध को लेकर हमारे मन में ऐसे सवालों का आना ही सबूत है उनके अपनापे की गहराई और अन्तरंगता का।

चार दिन हो गये हैं लिखे कि २३ सालों के देखे के आधार पर इस सम्बन्ध की बात करना चाहूँगा। विषय के इर्द-गिर्द घूम रहा हूँ, कह कुछ नहीं पाया हूँ। कुछ कह पाने की इस नाकाम कोशिश में जो हो रहा है उसकी चर्चा कर के आगे बढ़ने की कोशिश करता हूँ। शायद बात बन जाय। हर बार जब कुछ लिखने लगता हूँ तो पारम्परिक वैवाहिक सम्बन्ध से तुलना आने लगती है दिमाग़ में, या पार्टनर जैसे शब्द घुमड़ने लगते हैं। पर एक बार कोई जाना-पहचाना प्रतिमान इस्तेमाल कर लिया तो उसी खाँचे में फँसा रह जायेगा भूपेन-वल्लवभाई का सम्बन्ध, जब कि असल चुनौती है उसे उसी के सन्दर्भ में समझने की। रघुबर छबि के समान रघुबर छबि बनियाँ।

सो बजाय कोई नाम दे कर परिभाषित—सीमित—कर देने के, उन दोनों के संग—शायद यह नाम हो सकता है—की प्रकृति का कुछ अनुमान कराने वाली दो स्मृतियों का उल्लेख भर करूँगा। भूपेन चाहे वल्लवभाई के बारे में बात कर रहा हो या सीधे उन्हीं को सम्बोधित कर रहा हो, पूरा

नाम लेता था उनका। पर कभी-कभी, काफ़ी कम, वह अनायास पुकार बैठता : 'वल्लव।' बड़ी लाड़ भरी होती थी वह पुकार। उसको सुन कर लगता कि यह होता है प्यार।

दूसरी स्मृति। बिलकुल अन्त की। बड़ोदा से फ़ोन पर भूपेन की सपाट, संयत आवाज़ : 'वल्लवभाई चले गये।' सुदूर एडिनबरा में बैठा मैं कुछ बोल सकूँ सान्त्वना में कि उसने बात बदल दी। हर बार की तरह देर तक बातें न कर, जल्दी ही फ़ोन रख दिया उसने। हफ़्ते भर बाद वह ख़ुद चला गया।

ज़बरदस्त कष्ट में था भूपेन जब वल्लवभाई गये। बेहद कमज़ोर हो गया था। हर समय कथिटर लगा रहता था उसके। ख़ून अलग निकलता था। डाक्टरों और दोस्तों ने बहुत मना किया। वह न माना और शहर से दूर हो रहे वल्लवभाई के दाह-संस्कार में पहुँच गया। उनके 'बेसने' पर भी गया, और जल्दी ही लौट आया। वल्लवभाई की बीमारी के आख़िरी दौर में सीढ़ियाँ चढ़ के उनके घर भी गया।

भूपेन की बीमारी लम्बी चली थी। कई बार अस्पताल में दाख़िल हुआ था। अपनी बीमारी से पहले वल्लवभाई नियम से भूपेन के पास पहुँचते थे। अस्पताल में चुपचाप देखते रहते उसे और लौट जाते।

वल्लवभाई के फ़ौरन बाद भूपेन के चले जाने को लेकर एक बड़ी मार्मिक बात धूमाल से सुनने को मिली। लिखने से पहले बता दूँ कि इस की वास्तविकता सन्दिध है। हर्षा कहता है कि ऐसा नहीं हुआ। फिर भी हो सकता है कि हुआ हो, लेकिन उस वक़्त हर्षा वहाँ न रहा हो। जो भी हो, इस बात का महत्त्व इसके होने या न होने में नहीं है। इसका महत्त्व है इस की अपनी आन्तरिक विश्वसनीयता में, इसमें कि सुनने वाले को लगे कि हुआ ही होगा ऐसा।

धूमाल ने करन ग्रोवर से सुना है कि भूपेन ने जाते-जाते पूछा था : 'अरे भाई कोईए वल्लव ने कीधू छे के हुं आवानो छूं!' ('अरे भाई, किसी ने वल्लव को बता दिया है कि मैं आ रहा हूँ!')

दोनों के संग को वक़्त लगा था—किसी भी लम्बे अन्तरंग सम्बन्ध को लगता है—ऐसा हो जाने में। मैंने तो १९८० में देखा था उन्हें पहली बार। उस वक़्त देखा जा सकता था कि दोनों अपने बीच किसी स्थिर समीकरण

को बनाने की जद्दोजेहद में हैं। मसलन, शाम होती तो अक्सर वल्लवभाई भूपेन पर अपना अधिकार जताने की कोशिश करते। कहते कि बस बहुत ले चुके हो तुम, अब और नहीं लोगे। भूपेन उनकी आँख बचा के चुप्पे से और ले लेता। कभी मौक़ा पा के ख़ुद या किसी दोस्त की ओर अपना गिलास सरका के। वल्लवभाई की उन दिनों यह भी कोशिश रहती कि रात में दोस्त लोग जल्दी रुख़सत हो जायें। मजमा देर तक चले या रुख़सती जल्दी हो जाये, दरअसल मसला यह नहीं था भूपेन के लिए। पाबन्दी का ख़याल ही उसे सताने लगता था।

हर इतवार को शहर में होने वाले राधास्वामी सत्संग को लेकर भी बीच-बीच में कहा-सुनी हो जाती। वल्लवभाई चाहते कि भूपेन नियम से हिस्सा ले सत्संग में। कुछ दिन कोशिश भी की उसने। पर उसके बूते का नहीं था इस तरह से बँध जाना। आख़िर में समझौता हो गया कि भूपेन सत्संग में हिस्सा ले या न ले, समाप्ति पर वल्लवभाई को लेने ज़रूर पहुँचेगा। इसी तरह रात के प्रोग्राम के बारे में तय हो गया कि वल्लवभाई अमुक वक़्त पर उठ जायेंगे और उनको स्कूटर पर स्टेशन तक भूपेन या कोई दोस्त पहुँचा देगा (वहाँ से वल्लवभाई लाडवा स्थित अपने घर जाने के लिए माण्डवी जाने वाले साझे के थ्री-व्हीलर में बैठ लेते)। पाँच-सात साल में यह खट-पट बन्द हो गयी। ठीक-ठाक ढर्रे पर चलने लगी उनकी गाड़ी।

जहाँ तक बात है दूसरे 'पुरुषों' को लेकर होने वाली कहीं अधिक मारक और दुखदायी खट-पट की—जो हुई ज़रूर होगी कभी, अगर बाद में भी अन्दर ही अन्दर बीच-बीच में नहीं होती रही—मुझे याद नहीं पड़ता कि मैंने कभी वैसा कुछ देखा। हाँ, कभी-कभार इतना ज़रूर लगता था कि चुपचाप भूपेन ऐसी जुगाड़ कर लेता है कि वल्लवभाई और हीराभाई एक साथ घर में न हों।

गीतांजलि, जिस की न केवल स्मरण शक्ति बल्कि चीज़ों की समझ भी मुझसे बहुत ज़्यादा अच्छी है, का कहना है कि भूपेन ने हमसे कहा हुआ था कि हीराभाई के आने के बारे में वल्लवभाई को न बतायें। मज़े की बात यह है कि हीराभाई भी वल्लवभाई की तरह सत्संगी थे, और उनकी भूपेन से मुलाक़ात वल्लवभाई की ही मार्फ़त हुई थी।

श्री खख्खर प्रसन्न में एक प्रसंग आता है। भूपेन के चारों ओर जो कुछ

भी हो रहा है उसको समझने को बेचैन नौशिल परेशान हैं कि उन्हें हीराभाई के बारे में कुछ भी नहीं पता। भूपेन भी कोई मदद नहीं करता। सो हार कर सुनील (कोठारी) से पूछते हैं नौशिल। छोटा-सा जवाब मिलता है : 'मैं बस इतना जानता हूँ कि वल्लवभाई इन [हीराभाई] को डिसअप्रूव करते हैं।' नौशिल अपने स्वाभाविक मज़ाक़िया अन्दाज़ में लिखते हैं कि इस जवाब से कुछ पता नहीं चला, क्यूँकि वल्लवभाई तो बहुतों को डिसअप्रूव करते थे, भूपेन को भी।

मुझे सुनील के जवाब में कुछ और सुनायी पड़ता है। भले ही वल्लवभाई भूपेन समेत ढेर सारे लोगों को नापसन्द करते रहे हों, उनके हीराभाई को नापसन्द करने की नौइयत बिलकुल अलग थी।

भूपेन के अनगिनत रस्ता-चलते सम्बन्धों का मुझे कोई प्रत्यक्ष ज्ञान नहीं। सम्भव है कि समय के साथ इन की ज़रूरत कम होती गयी हो। वल्लवभाई और हीराभाई जैसे स्थायी सम्बन्धों के सामाजिक स्वीकार ने उसे थोड़ी बहुत मनोवैज्ञानिक शान्ति और स्थिरता दे दी हो, और चलताऊ सम्बन्ध पहले के मुक़ाबले में कम होने लगे हों। इन सम्बन्धों का भरोसेमन्द, यथोचित नाटकीय, और अपूर्व वर्णन गुलाम शेख ने 'भेरू' में किया है। सो उसके कुछ लम्बे उद्धरण प्रस्तुत हैं। बताते हुए कि १९६६ में इंग्लैण्ड से वापसी के बाद उन्होंने सुना कि भूपेन रोज़-रोज़ किसी नये पुरुष की तलाश में निकल जाता था, गुलाम लिखते हैं :

> उसके प्रेमियों के रूप अलग-अलग थे। पकी उम्र के या अपना जीवन जी चुके बूढ़े, थकान और नीरसता से सराबोर, कोमलता के भूखे, बहुत ही वध्य, अधूरी इच्छाओं की आतिश को जगाने के लिए किसी अगम चमत्कार की बाट जोहते, यौन जीवन पार कर चुके विधुर या विवाहित, और कुछ तो बिलकुल मौत की कगार पर बैठे। आमतौर पर निचले या मध्यवर्ग के और सम्पन्न भी इसमें शामिल होते। इनमें विदेश से लौटे और बिस्तर से लगे पटेल हों या चाय की दुकान चलाने वाले, स्थानीय राजनीतिज्ञ, सेवानिवृत्त अफ़सर हों या सार्वजनिक बग़ीचे का माली। चेहरे-मोहरे से बड़ी उम्र के लेकिन चौड़े मुँह, तीक्ष्ण ओठों, उछलती आँखों वाले वेंकटरमण या मल्लिकार्जुन मंसूर सरीखे। प्रेमियों की इस कतार में से कुछ रिश्ते गहरे पैठे, लम्बे चले। सबसे पहले जिन्हें देखा वे थे शंकरभाई या शंकर काका, फिर रणछोड़भाई और चन्द्रकान्तभाई,

और आख़िर में वल्लवदास और हीराभाई। दूसरे सब तो छू कर निकल जाने वाले थे, जिन के नाम-पते नहीं हैं, लेकिन खोजने चलें तो उन सबका सिरा उसके चित्रों में मिल जा सकता है। गैलरी ऑव रोग्स नामक चित्र (१९९३) में उसने अपने पूरे आराध्य-परिवार को अच्छी तरह से जमाया है। जो उसके संगी-साथी हो जाते थे उनके प्रेम में वह आकण्ठ डूबा रहता; सेवा भी ऐसी ही करता। ज़रूरत पड़ने पर रुपये-पैसे से भी मदद पहुँचाता और बीमारी-तिमारी होने पर देखभाल-चाकरी भी करता। मेरे एक डॉक्टर ने बताया था कि भूपेन किसी बूढ़े आदमी को बड़े जतन और करुणा-भाव से अस्पताल लाया था...

ये अलिखित प्रेमी उसे चारों ओर मिल जाते थे : ऐसे व्यक्ति की भनक पा कर उससे रहा नहीं जाता था। यह रास्ता प्रेमलक्षण का, न्योछावरी का, समर्पण का; प्रेमी तो उसके लिए आराध्य देव था, जिसके लिए जी-जान और देह सब कुछ न्यौछावर। अचानक ऐसे व्यक्ति से भेंट हो जाने पर किसी अदम्य चाहत के सवार हो जाने की तरह, आसपास का सब कुछ भुला कर, किसी भी तरह उसका पीछा करता, और उसे लपेटे बिना उसे चैन न मिलता। एक बार मैं उसके साथ बस में सफ़र कर रहा था। बग़ल की सीट पर बैठे 'ऐसे' को देख कर वह बहक गया और देखते-देखते उसने उसके बग़ल में जगह बना ली : लगभग पल भर में ही देह मुद्राओं और बातचीत के द्वारा उस अनजान आदमी को अपने प्रेमी में बदल दिया उसने। पारिवारिक बूढ़ा भी उतना ही पागल हो गया। बीच में बस कहीं खड़ी हुई और हम चाय पीने नीचे उतरे, वहाँ उसने मेरी पहचान करायी। बूढ़े ने मुझसे कहा 'यह तो देवपुरुष हैं! हैं ना!' यह सब देख कर ओशो और भक्ति की भनक-सी मिलती थी।

'गैलरी ऑव रोग्ज़' में स्थापित जिस आराध्य-परिवार का ज़िक्र गुलाम ने किया है उसको भूपेन ने अपनी मृत्यु से दो साल पहले अपने कहानी-संग्रह *मगनभाईनो गुन्दर अने अन्य वारताओ* के 'अर्पण' में भी एक साथ याद किया है : 'शान्तिलाल, चन्द्रकान्तभाई, रामभाई, शंकरभाई, रणछोड़भाई, मधुभाई, काशीनाथ, नारनभाई, मणिलाल, वलेचा, शिवलाल, सुन्दरलाल, शाहू, जेठाभाईनी स्मृतिने।'

पलक झपकाते इच्छित व्यक्ति को अपना बनाने की भूपेन की कला के एक और चश्मदीद गवाह अमित अम्बालाल हैं। वह और अतुल डोडिया

भूपेन के साथ नाथद्वारा गये हुए थे। एक दिन वे तीनों एक वृद्ध स्थानीय कलाकार की दुकान में उसका काम देखने गये। अपना निशाना साध भूपेन सीधे जा कर वृद्ध के बग़ल में बैठ गया। देखते ही देखते उसका हाथ वृद्ध की जाँघ पर पहुँच गया, और कुछ ही देर में वह वृद्ध की जाँघों को मन्द-मन्द सहलाने लगा। नौशिल ने भी इससे मिलता-जुलता अपना अनुभव बयान किया है, जिसमें एक छोटी-सी रेल यात्रा के दौरान भूपेन ने एक आदमी से ऐसी दोस्ती कर ली कि वह 'परमानन्द' आने-जाने लगा। एक बार उसने शंकरानन्द नाम के एक तत्कालीन केन्द्रीय मन्त्री को दूरदर्शन पर देख लिया। पसन्द आ गये मन्त्री महोदय उसे। पता नहीं कैसे, कर ली उसने उन से दोस्ती।

समलैंगिक स्पर्श की ऐसी ललक के बरक्स भूपेन अपने अच्छे से अच्छे सामान्य मित्रों के साथ शारीरिक दूरी बनाये रखता था। मैंने कभी उसको स्नेहातिरेक में या किसी से लम्बे अरसे के बाद मिलते वक़्त गले लगते नहीं देखा। (नौशिल का कहना है ऐसा नहीं था। अतुल का कहना है कि था।) हाँ, कभी-कभार अपनी स्त्री मित्रों को प्यार से आलिंगन में ले लेता था। और तो और, बदन को 'ढंग' से ढके रखने के मामले में भी वह 'प्यूरिटन' होने की हद तक सचेत रहता था। जिन दिनों मैं उसके यहाँ रह कर अपनी *ऑप्रैसिव प्रजेंट* लिख रहा था तो दिन में वह अपने ईज़ल पर काम करता और मैं अपने पोर्टेबल ऑलिवेटी टाइपराइटर पर बैठकर लिखायी करता। गर्मी के दिन थे। पंखे कितने भी तेज़ चलाओ दोपहर की बढ़ती गरमी से बचाव ही नहीं था। मेरे पास लाल रंग के 'हॉट पैन्ट्स' थे। मैं सिर्फ़ उन्हें पहन काम में जुट गया। दूसरे दिन जैसे ही मैं ऊपर से नीचे आया काम करने, भूपेन ने बग़ैर अपनी झुँझलाहट को दबाने की कोशिश किये कहा : 'ये क्या नंगे बदन बैठ जाते हो। कुछ तो पहन लो।'

गीतांजलि एक बार भूपेन के साथ उसके स्कूटर पर पीछे बैठकर जा रही थी। रास्ते में उसे लगा कि भूपेन बार-बार थोड़ा आगे खिसकने की कोशिश कर रहा है। तब उसकी समझ में आया कि वह ध्यान नहीं रख रही कि भूपेन के बदन से पूरी तरह दूर रहे। घर लौटने पर भूपेन ने कहा कि सुधीर पीछे बैठता है तो मेरे लिए काफ़ी जगह रहती है लेकिन आज गीतांजलि बैठी तो जगह कुछ कम पड़ गयी। और है कैसी दुबली-पतली

यह। बेचारी गीतांजलि समझाने लगी कि सुधीर पैर इधर-उधर कर के बैठता है इसलिए जगह बनी रहती है, जब कि मैं अपने लहँगे की वजह से दोनों पैर एक तरफ़ कर के बैठी हुई थी।

वापस भूपेन के प्रेमियों पर। माना जाता है कि जिन लोगों से उसके सम्बन्ध लम्बे चले वे सब लगभग एक जैसे थे, विविधता नहीं थी उन में। सभी कमोबेश पकी उमर के, कमज़ोर, वध्य, और—(एक बार कह दूँ हर बार के लिए) आम नज़र के मुताबिक—बदसूरत या बदसूरती के आस-पास। यह भी कि वे सब निम्न या निम्न-मध्य वर्गीय थे। बन कैसे गयी यह मान्यता कहना कठिन है। पर इसका कोई ठोस आधार है नहीं। कुलीगीरी कर रहे रणछोड़भाई बेशक निम्न वर्गीय, निरक्षर और बदसूरत थे। बाद में जब उनके पास थोड़ा-बहुत पैसा आ गया और ठीक-ठाक घर बन गया तब भी उनके हुलिये और तौर-तरीक़े में कोई फ़र्क़ नहीं आया।

पर एन.आर.आई. शंकरभाई पूरी तरह से मध्यवर्गीय थे। एक तस्वीर है जिसमें बायें से नागजी पटेल, सुभाष शाह (सामने अधलेटी उनकी छोटी-सी बिटिया), कृष्ण छातपर, भूपेन और अन्त में सदा की भाँति काला चश्मा चढ़ाये पालथी की मुद्रा में शंकरभाई हैं। कितनी भी दोष-दृष्टि डालो, शंकरभाई ख़ासे आकर्षक लगते हैं। हीराभाई के सुन्दर नाक-नक़्श और शुभ्र वेश का ज़िक्र पहले ही कर चुका हूँ। चन्द्रकान्त भाई सूरत-शकल में भी अच्छे-ख़ासे थे और प्रमुख स्थानीय नेताओं में गिने जाते थे। बस अकेले एक वल्लवभाई हैं जो भूपेन के प्रेमियों के बारे में प्रचलित धारणा से काफ़ी हद तक मेल खाते हैं। लेकिन उन्हें भी मध्य वर्ग से नीचे नहीं बिठाया जा सकता। बहुत मुमकिन है कि इससे भी अधिक विविधता भूपेन के उन 'प्रेमियों' में रही हो जो थोड़ी देर का साथ दे कर विलीन हो गये और जिन की कोई मुकम्मल गिनती नहीं है।

फिर भी भूपेन का सौन्दर्य-बोध और वास्तविक जीवन में उसकी पसन्द सामान्य संवेदना के लिए हैरतअंगेज़ हो सकते थे। रणछोड़भाई के रूप का वर्णन हो ही चुका है। अमित अम्बलाल बताते हैं कि भूपेन के साथ एक बार वह चीनी मिट्टी के प्याले, रकाबी वग़ैरा बनाने वाले किसी कारीगर के यहाँ गये। वहाँ कारीगर के बूढ़े पिता भी विराजमान थे। ख़ूब मोटे, कल्पनातीत काले चेहरे पर चेचक के दाग़ ही दाग़, तेल से चुपड़ी

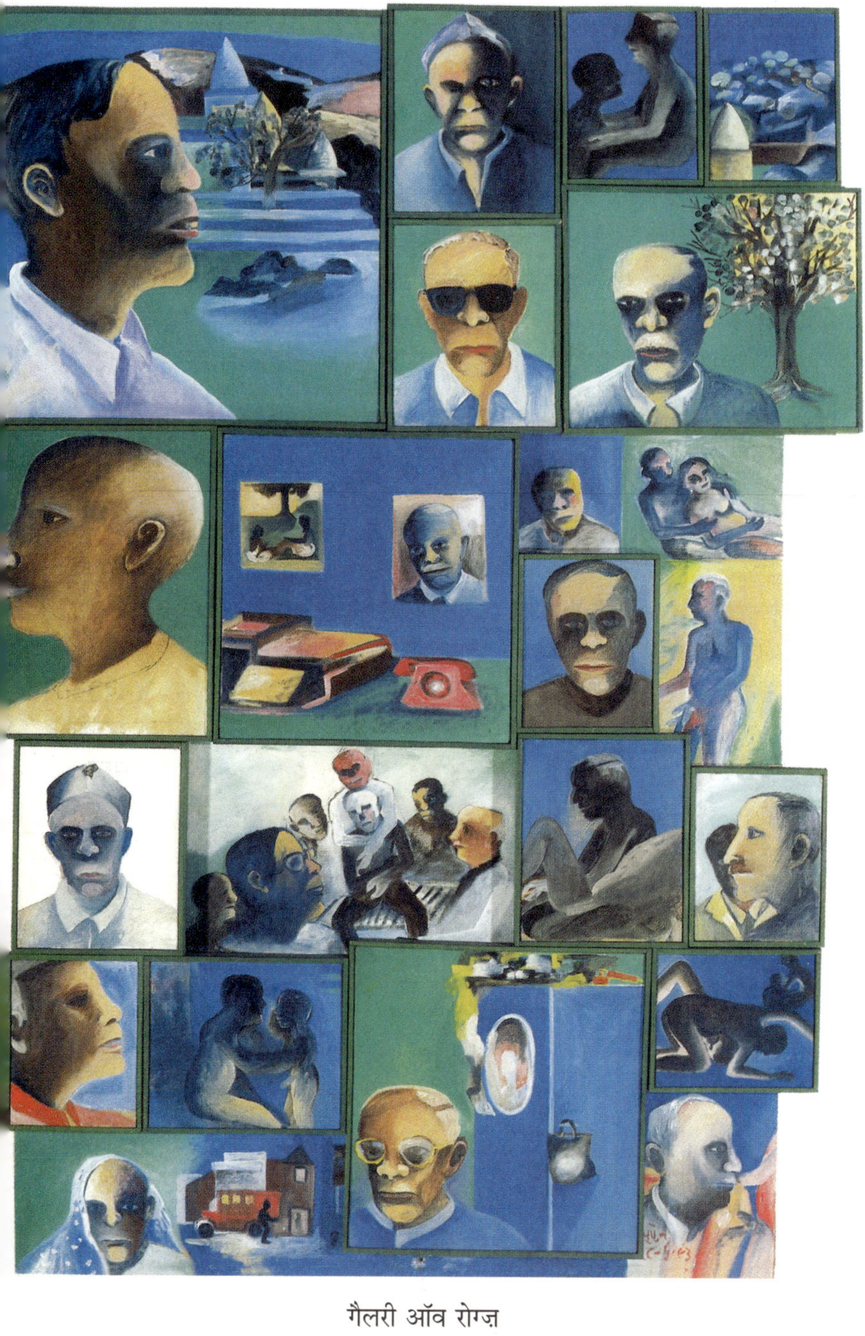

गैलरी ऑव रोग्ज़

खोपड़ी, और भूपेन की आँखें हट के न देखें वृद्ध से। वहाँ से निकलते ही रट लगा दी भूपेन ने 'सरस माणस', 'केटलो सरस माणस' (कितना सुन्दर आदमी)। जितना अमित असहमत हों उतनी ही भूपेन की रट बढ़े।

आगे हम इस विषय की और चर्चा करेंगे भूपेन के जुगुप्सा के अर्थ-विस्तार के सन्दर्भ में। यहाँ केवल सुन्दर-असुन्दर से जुड़े उस प्रश्न को याद कर लेना ज़रूरी है जिसके महत्त्व को सिद्धान्त के स्तर पर अमूमन सभी मानते हैं पर व्यवहार में भुलाये रहते हैं। सुन्दर है क्या?

उम्रदराज़, थुलथुल, कामातुर लोग हमेशा ही भूपेन को भाये रहते हों ऐसा भी नहीं था। उसकी कहानी 'डायरी के तीन पन्ने' के सूत्र बताते हैं कि वह फँसता भी रहता था अनचाहे आदमियों के चक्कर में। सामने वाले आदमी के लिहाज़ में ज़बरदस्ती कर के न निकल पाने की वजह से ख़ुद ही शिकार हो जाता था ज़बरदस्ती का। एक बार लन्दन में तो वह बड़ी डरावनी स्थिति में फँस गया था, चलते-चलते हो गये एक सम्बन्ध की वजह से। किसी निम्न-वर्गीय गोरे अजनबी के साथ वह एक अँधेरी ख़तरनाक जगह में फँस गया था, और किसी तरह आधी रात के बाद जान बचा कर भागा था वहाँ से। दुहरी ज़िन्दगी की उस आवारगी में ऐसे अप्रिय अनुभवों का जोख़िम तो बना ही रहता होगा, पर लगता है कि वे अपवाद ही रहे और उनकी कोई बुरी छाया भूपेन के समलिंगी सहचार पर नहीं पड़ी।

तभी गुलाम शेख अपने संवेदनशील विश्लेषण में आगे कह पाते हैं :

> भूपेन को इससे क्या साध्य था इसका पता नहीं, लेकिन उसकी प्रेम-परिधि में आने वाले बीमार, मरते व्यक्ति के जीवन में नया संचार होता नज़र आता था। चित्रों में इन सभी को जीवनदान मिला और उसके जीवन ने ययातिपर्व का रूप धारण किया।

यहाँ आ कर गुलाम भूपेन के इन समलैंगिक सम्बन्धों के एक गहन मनोवैज्ञानिक पक्ष की ओर इशारा करते हैं : 'बचपन में चले गये पिता को पुनः प्रसवित करते पिता और प्रेमी एक हुए।' महेन्द्र देसाई की किताब में रणछोड़भाई भूपेन की बात करते-करते बार-बार उसे अपना बेटा बताते हैं। भूपेन अपने साहित्य को आत्मकथात्मक बताता था। न बताता तो भी उसका साहित्य ख़ुद इस रहस्य का उद्‌घाटन कर देता।

उसकी एक कहानी है : 'वालेचा।' छोटी-सी इस कहानी में चार्टर्ड अकाउण्टेंट बनने की तैयारी कर रहे एक युवक की मुलाकात अनायास एक बूढ़े अजनबी से होती है। कुछ दिन बाद जब युवक उस बूढ़े—चेलाराम वालेचा—से मिलने उसके ऑफ़िस जाता है तो वृद्ध वालेचा बड़े प्यार से युवक की पीठ सहलाने लगता है और अति भावुक हो बताता है कि वह उसे अपने बेटे की याद दिलाता है। युवक के पूछने पर वृद्ध बताता है कि बँटवारे के वक़्त बलवाइयों ने उसकी आँखों के सामने उसके बेटे को काट डाला था। वृद्ध खद्दर के रुमाल से अपने आँसू पोंछता है, युवक को देख कर मुस्कुराता है, और उसकी जाँघें सहलाने लगता है। युवक वृद्ध को गालों पर चूमता है। वृद्ध उसे चिपटा लेता है।

वृद्ध पेशे से वकील है, गाँधी से प्रभावित है, रोज़ सुबह एक घण्टा चरखा कातता है, और युवक से कहता है कि प्यारेलाल की *गांधी : द लास्ट फ़ेज़* पढ़े। दोनों का मिलना-जुलना होने लगता है। वृद्ध अब युवक को 'बेटा' कह कर बुलाता है, और उसके बदन को मलने का मज़ा भी लेता रहता है। युवक खिंचता भी है वृद्ध की ओर और उससे भागना भी चाहता है। कहानी में एक जगह वह कहता है; 'मैं इस रिश्ते को लेकर परेशानी में था। विचित्र मेल था यह वासना और पिता सदृश स्नेह का।'

खट-खट साफ़ बयानी, कोई लगालेस नहीं, न ही गम्भीर मनोविश्लेषण का मुलम्मा। समझो तो ठीक, नहीं तो समझते रहो जो समझना है। पर आदमी होता ऐसा ही है : मासूम भी, पाजी भी। हर व्यक्ति विरोधों का एक नित नये रूप लेता पुंज। भूपेन पहचान चुका था इस असलियत को। देख सकता था पिता और प्रेमी दोनों को एक ही व्यक्ति में पा जाने से मिलने वाला सुख भी और उस व्यक्ति से दूर भागने की व्यग्रता भी। आनन्द भी जुगुप्सा भी।

हम देख चुके हैं कि भूपेन असामान्य माने जाने वाले रिश्तों में ज़बरदस्त रुचि लेता था। भनक भर लग जाये उसे ऐसे किसी सम्बन्ध की और लग जाता था वह उसके बारे में ज़्यादा से ज़्यादा जानकारी हासिल करने में। पिता-पुत्र के 'अवैध' सम्बन्ध का एक वाक़या उसे अपने एक मनोविश्लेषक मित्र से पता लगा। इस मित्र का अक्सर बड़ोदा आना होता था और वह भूपेन के साथ ही ठहरता था। पता नहीं कितनी अन्तरंग बातें भूपेन इस मनोविश्लेषक मित्र से करता था, पर इस मित्र का मानना था

शंकरभाई

कि भूपेन के काम ने उसे पागल होने से बचा लिया है। एक शाम, जब मैं भी भूपेन के यहाँ था, इस मित्र ने बताया कि उसके पिता के साथ उसके बाबा के शारीरिक सम्बन्ध थे। यहाँ तक कि बेटे की सुहागरात वाले दिन भी पिता ने बेटे को अपने पास बुला भेजा। बड़ी मुश्किल से इस मित्र के पिता को अपने पिता के चंगुल से आज़ादी मिली।

वापस भूपेन की कहानी 'वालेचा' पर। ऊपर, इसके सन्दर्भ में, मैंने अलग-अलग आनन्द और जुगुप्सा कहा। भूपेन के लिए जुगुप्सा में आनन्द समाहित था। लोगों की इस शब्द की सामान्य समझ और इसके स्थापित शाब्दिक अर्थ से अलग, उसके लिए जुगुप्सा का अर्थ था घृणा और आनन्द का मेल। एक ऐसी स्थिति जिसमें हमें किसी के प्रति—कोई व्यक्ति, विचार, स्थिति या भाव—घिन भी होती है और उसकी ओर हम खिंचते भी हैं। इस संश्लिष्ट और गहरे अर्थ में जुगुप्सा उसके प्रिय शब्दों में एक था। यह समझ जीवन में गहरे डूबे एक कलाकार की समझ है, और इसमें रसोत्पत्ति की वह पूरी प्रक्रिया समायी हुई है जो जुगुप्सा की परिणति वीभत्स की निष्पत्ति से मिले आनन्द में कराती है।

उल्लेखनीय अवान्तर प्रसंग आ जाने से ऊपर चल रही भूपेन-वल्लवभाई के रिश्ते की कहानी उस जगह छूट गयी थी जहाँ दोनों व्यक्ति कहे-अनकहे लेन-देन और समझौते करते हुए एक ऐसे धरातल पर पहुँचने में लगे हुए थे जहाँ से उनका साथ यथासम्भव शान्ति और प्यार से चल सके। मुझे ऐसा याद पड़ता है कि जल्दी ही भूपेन और वल्लवभाई के बीच चल रही अघोषित रस्साकशी ख़तम हो गयी। मुझे यह भी याद है कि वल्लवभाई के लिए एक दुःख-सा उभरा था मेरे अन्दर जब मुझे लगा था कि उन्होंने भूपेन के साथ भाव खाना और उठते बैठते उस पर ज़ोर जमाना बन्द कर दिया है। बन्द इसलिए नहीं किया कि भूपेन अब उनके मन की करने लगा था, बल्कि इसलिए कि उसको बदल पाने की उम्मीद छोड़ बैठे थे वह। समझ गये थे कि सूरते हाल को मान लेना ही बेहतर है।

बड़ी नाज़ुक है ऊपर कही बात। बहुत कोशिश की है कि इसका बयान करने में सन्तुलन न गड़बड़ाये। इस को पढ़ने-सुनने में भी सन्तुलन रहे तो अच्छा है। ग़लतफ़हमी की गुंजाइश न रहे इसलिए इतना जोड़ देना चाहता हूँ इस पूरे बयान में। भाव यह नहीं है कि कोई मजबूरी रही होगी

जिस की वजह से वल्लवभाई भूपेन के साथ रिश्ता निभाये रहते थे, या यह कि भूपेन उन पर धौंस जमाये रहता था। चाहतें बराबरी के पैमाने पर तुल-तुल के नहीं चलतीं। ग़ैर-बराबरी रहती ही है हमेशा। कहीं कम कहीं ज़्यादा।

भूपेन की सेवा—वृत्ति असाधारण थी। दूसरों के लिए जितना बन सके करता था, अपनों के लिए तो सामर्थ्य से भी ज़्यादा करता रहता था। पर इसी के साथ-साथ एक ऐसी शदीद स्वार्थ-वृत्ति भी कभी-कभी उसे ऐसे जकड़ लेती थी कि उसके चंगुल से वह निकल ही नहीं पाता था। बच्चों की तरह बेबस हो जाता था उस वक़्त।

दो नगण्य-से लगते पर अर्थपूर्ण उदाहरण देना चाहूँगा। सूरत के सेन्टर फॉर सोशल स्टडीज़ में काम करने के दौरान मैंने 'साहित्य और सामाजिक चेतना' पर एक संगोष्ठी आयोजित की थी। इसमें अन्य साहित्यकारों, आलोचकों और विद्वानों के साथ भूपेन भी आमन्त्रित था। भोजन की व्यवस्था सेन्टर से ही लगे विश्वविद्यालय के अतिथि-गृह में थी। सुबह ही भूपेन ने वहाँ ख़बर कर दी थी कि उसके लिए बग़ैर मिर्च का खाना बनवा दिया जाय। जब भोजन परोसा गया तो बग़ैर मिर्च का खाना था ही नहीं। जो खाना बना था उस में मिर्च बिलकुल भी ज़्यादा नहीं थी। लेकिन थी तो। बस बिफर गया भूपेन। एक ही रट, कि मेरे मुँह में छाले हैं, मैं अब क्या करूँ?

दूसरा उदाहरण भी सूरत का ही है। एक बार आ गया भूपेन बग़ैर बताये बड़ोदा से। आते ही बोला कि बड़ा मन था मिलने का, सोचा बस चल दो। मिलने के उत्साह में उसने ध्यान नहीं दिया कि मैं लेटा हुआ हूँ। मैंने उसे बताया कि मेरी तबियत गड़बड़ाई हुई है। फिर तो बस वह मेरी ही पूछने लगा। शाम होते ही बोला कि एक ज़रूरी काम से महेन्द्र (देसाई) से मिलने जाना है। जल्दी लौट आऊँगा। लौटा देर रात गये। ये नहीं कि मेरी चिन्ता नहीं थी उसे, बस ये कि एक बीमार के बग़ल में सारी शाम बैठ अकेले लेते रहने में क्या मज़ा आना था।

जब-तब भले ही किसी को थोड़ी-बहुत चिड़चिड़ाहट हो जाय, दोस्तों को उसके इस स्वभाव से कोई ख़ास फ़र्क़ नहीं पड़ता था। हर कोई अपने हिसाब से तय कर सकता था कि कितनी भूपेन के मन की करनी है बग़ैर अपने लिए कोई तनाव मोल लिए। वल्लवभाई को तो वैसी आज़ादी नहीं

रही होगी। जितना दबने के लिए ख़ुशी-ख़ुशी तैयार रहे होंगे, उससे ज़्यादा दबना हो जाता होगा। भूपेन भी दबता था, किन्तु अपने मन के मुताबिक।

भूपेन और वल्लवभाई के सम्बन्ध को जिस तरह से ख़ुद मैंने देखा और उसके बारे में दोस्तों से जो सुना उसकी दास्ताँ के आख़ीर में नौशिल और किन्नरी से सुनी दो बहुत अहम बातें। नौशिल का पक्का विश्वास है कि भूपेन और वल्लवभाई के बीच शारीरिक सम्बन्ध नहीं थे। किन्नरी बताती हैं कि एक बार भूपेन ने उन से कहा था कि उसने वल्लवभाई के साथ आध्यात्मिक प्रेम की अनुभूति की है। दोनों बातें एक नहीं हैं। शारीरिक सम्बन्ध की अनुपस्थिति आवश्यक नहीं कि आध्यात्मिक प्रेम पैदा करे, और शारीरिक सम्बन्ध भी निमित्त हो सकता है आध्यात्मिक प्रेम का। स्थूल और सूक्ष्म के दो ध्रुव छोरों के बीच अनगिनत अध्रुव बिन्दु हो सकते हैं सहवास के। इसीलिए मैंने ऊपर कहा है कि भूपेन-वल्लवभाई के सम्बन्ध को वर्णित करने के लिए शायद सबसे उपयुक्त शब्द 'संग' है।

वल्लवभाई के साथ आध्यात्मिक प्रेम के सम्बन्ध में एक निहायत ग़ौरतलब बात का ज़िक्र ज़रूरी है। इसलिए भी कि जहाँ तक मैं जानता हूँ इस पर ग़ौर नहीं हुआ है। भूपेन की कला और उसकी निजी ज़िन्दगी, दोनों की ही दृष्टि से जितनी चर्चा उसकी 'यू कांट प्लीज़ ऑल' की हुई है उतनी उसके किसी और चित्र की नहीं। इस चित्र को लेकर आम सहमति है कि ऊपर अपनी बाल्कनी से नंगा खड़ा हो जो आदमी नीचे संसार का खेला देख रहा है वह ख़ुद भूपेन है। कुछ ही दिन पहले अतुल डोडिया ने फ़ोन पर बात करते वक़्त कहा कि यह आदमी वल्लवभाई है, भूपेन नहीं। मेरा कहना था कि इस व्यक्ति में वल्लवभाई भी झलकते हैं और भूपेन भी। यह कहते-कहते मुझे कुछ और ही सूझ गया और मैंने जोड़ दिया कि ठीक ही तो है कि ऐसा है। इस पर हम दोनों ही उस जुगल जोड़ी को प्रेम से याद कर के हँसने लगे। अब जब कि भूपेन-वल्लव प्रसंग पूरा होने को है तो लग रहा है—कहना चाह रहा हूँ कि विश्वास हो गया है—कि 'यू कांट प्लीज़ ऑल' का यह नायक दरअसल उस आध्यात्मिक प्रेम का मूर्त रूप है जिस का स्वीकार भूपेन ने किन्नरी से किया था। प्रेम में दो शरीरों के एकमेक हो जाने वाले अलौकिक क्षण का मूर्त रूप।

भूपेन के जीवन और उसकी कला दोनों के ही परम महत्त्वपूर्ण पक्ष,

समलैंगिकता, की इस चर्चा का समापन १९९१ में या उसके आसपास नौशिल से हुए उसके एक वार्तालाप से करना चाहूँगा। किसी टेलीविज़न चैनल ने भूपेन समेत कुछ समलैंगिकों को समलैंगिकता पर बातचीत के लिए बुलाया था। बम्बई पहुँच कर सदा की तरह भूपेन नौशिल के घर चला गया। बड़े उत्साह से उसने नौशिल को अपने आने का सबब बताया। सुनते ही नौशिल ने कहा कि आप को इस कार्यक्रम में हिस्सा नहीं लेना चाहिए। बड़ी देर तक बहस चलती रही, पर भूपेन नौशिल का कोई भी तर्क मानने को तैयार नहीं था। बड़ी मुश्किल से वह अपने सारे डरों से उबर कर इस स्थिति में आ पाया था कि न सिर्फ़ अपने काम बल्कि अपनी ज़िन्दगी में भी अपने होने के इतने बड़े सच को खुल के स्वीकार कर सके। ख़ुद निडर हो अब वह दूसरों को भी निडर होने के लिए प्रेरित कर सकता था। इस कार्यक्रम में हिस्सा लेकर वैसा ही कुछ कर सकता था वह। उधर नौशिल ने ठानी हुई थी कि भूपेन को जाने नहीं देना है। जब सब तर्क चुक गये तो नौशिल ने पुरानी दोस्ती को ही दाँव पर लगा दिया और कहा कि इसके बाद भी जाना है तो जाओ। भूपेन पस्त हो गया नौशिल के ब्रह्मास्त्र के आगे।

असल बात अभी बाक़ी है। जिस समय दोनों के बीच तर्क-वितर्क चल रहा था, नौशिल ने अपनी समझ से भूपेन को जाल में फँसाने के इरादे से उससे पूछा : 'क्या आप एक समलैंगिक के रूप में याद किये जाना चाहेंगे जो कलाकार भी था, या एक कलाकार के रूप में जो समलैंगिक था?' इस क़िस्से के अपने विवरण को यहाँ रोक कर नौशिल ने मुझसे पूछा : 'तुम क्या सोचते हो, भूपेन ने क्या जवाब दिया?' मैं तो, जब नौशिल बोल रहा था उसी वक़्त समझ रहा था कि भूपेन का क्या जवाब रहा होगा, सो उसके पूछते ही मैंने बेसाख़्ता कह दिया : 'कलाकार जो समलैंगिक था।'

भूपेन का जवाब था : 'मैं नहीं जानता।'

शुरू से मैं इस किताब में लिख रहा हूँ कि समलैंगिकता अकेला एक विषय था, जिस को लेकर भूपेन बड़ी आसानी से उत्तेजित हो जाता था। फिर भी मैं समझता रहा था कि उसका सर्वोच्च समर्पण कला के लिए था। भूपेन के 'मैं नहीं जानता' ने मुझे झकझोर दिया। अब समझ रहा हूँ कि समलैंगिकता और कला समकक्ष थे उसके जीवन और चिन्तन में।

दोनों ही उसके साँस ले सकने के लिए समान रूप से अनिवार्य। शायद इसी लिए अपने काम की बात करते वक़्त भी वह अक्सर कहा करता था कि हम लोगों को—समलैंगिकों को—तुम लोगों से कहीं ज़्यादा ज़रूरत है सिद्ध करने की कि हम किसी से कम नहीं हैं।

अगर ऐसे गहरे विश्वास के बाद भी भूपेन समलैंगिकता का आन्दोलनकारी नहीं बना तो उसके लिए नौशिल जैसे मित्रों के दबाव से कहीं ज़्यादा उसका अपना स्वभाव, उसका व्यक्तित्व, ज़िम्मेदार था। वह बना ही नहीं था सड़क पर उतरने या मीडिया में बड़े-बड़े बयान देने के लिए। और कहीं उसे विश्वास था कि वह अपनी ज़िम्मेदारी से मुँह नहीं मोड़ रहा। कि अपने स्वभाव और अपनी सामर्थ्य को पहचानते हुए बख़ूबी निभा रहा है उस ज़िम्मेदारी को अपने काम की मार्फ़त। भूपेन के इस पहलू को बड़ी संवेदना से टी. रिचर्ड ब्लर्टन ने समझा है। स्वयं समलैंगिक ब्लर्टन बड़ी आसानी से आन्दोलन में न उतरने के लिए भूपेन की भर्त्सना कर सकते थे। उन्होंने कहा : 'बावजूद अपने आप के वह आन्दोलनकारी था।'

पाण्डु

मैंने पहले अध्याय में कहा था कि भूपेन के विदेश जाने पर उसका घर पूरी तरह से हमारा हो जाता था। पर सच यह है कि उसका घर पूरी तरह से उसका भी नहीं था। वह पाण्डु का भी घर था। बकुल टेलर की मानें तो घर पाण्डु का था, भूपेन उस में मेहमान भर था। हमारी रोज़मर्रा की भाषा में पाण्डु के लिए एक ही शब्द दिमाग़ में आयेगा—नौकर—और वह निहायत ग़लत होगा। शायद अँग्रेज़ी का 'केयरटेकर' कुछ बेहतर बयान कर सकेगा उस घर में पाण्डु की जगह को। पर पूरी तरह से नहीं। परिभाषा के परे है वह जगह। वर्णन ज़रूर किया जा सकता है कुछ उसका।

पाण्डु छुटपन में ही, जब भूपेन की माँ जीवित थीं और सारा परिवार बम्बई में रहता था, भूपेन के यहाँ आ गये थे। जब भूपेन ने अपना घर बड़ोदा में जमा लिया तो पाण्डु को वहाँ भेज दिया गया। घर में एक कमरा दे दिया गया उन्हें। फिर पूरा एक सैट बनवा दिया गया घर के ही अहाते में उनके लिए। कुछ साल बाद भूपेन ने पाण्डु की शादी करवा दी। पाण्डु के बच्चे होने शुरू हुए और उनकी संख्या चार पर जा कर तब रुकी जब तीन बेटियों—गीता, माया, रूपा—के बाद उन्हें पुत्र-रत्न—दीपक—की प्राप्ति हो गयी।

इसी बीच भूपेन ने पाण्डु के गाँव में एक घर बनवा दिया। घर बनवाते वक़्त ख़ास ख़याल रखा गया कि घर में पाण्डु की तीनों बेटियों के लिए अलग-अलग कमरे हों।

बड़ोदा में पाण्डु परिवार की स्वतन्त्र और समुचित व्यवस्था के बावजूद

बच्चे प्रायः भूपेन—'दादा'—के ड्रॉइंग रूम में बैठकर ही टी. वी. देखते थे। वहीं दादा उनको पढ़ाते और उनका 'होम वर्क' करवाते थे। बड़ोदा के बाहर जाना हो जाय तो दादा फ़ोन कर के पता करते कि सब का होम-वर्क पूरा हो गया या नहीं। पाण्डु की तीसरी बेटी, रूपा की दिलचस्पी, दादा के देखा-देखी, कला में हो गयी तो दादा उसे अलग से पेंटिंग सिखाने लगे। हफ़्ते में दो दिन तय थे, जब बच्चों के लिए बाहर से चायनीज़ भोजन मँगाया जाता था। बच्चों का स्कूल जाना-आना भूपेन की गाड़ी में होता था। बच्चों को घूमने जाना हो तो भी उसी गाड़ी में जाते थे। कभी-कभार उनकी लम्बी 'जॉय राइड' का इन्तज़ाम भी होता। भूपेन को अहमदाबाद छोड़ने गाड़ी जा रही है और बच्चों की छुट्टी है तो उनको बैठा लिया जाता गाड़ी में। भूपेन को छोड़ कर जब गाड़ी लौटती तो ड्राइवर—ईश्वर या भगवान—को हिदायत दी जाती कि बच्चों को नडियाद में फलाँ जगह खिला-पिला के ही आगे बढ़ें। शहर में सर्कस आये तो बच्चों के लिए सबसे आगे के टिकट मँगाये जाते और हर बच्चे को अलग से खाने-पीने के लिए पैसा दिया जाता।

वैसे तो चारों ही बच्चे भूपेन के लाड़ले थे, पर छुटके इकलौते बेटे की जगह अलग ही थी। बहनें जानती थीं 'दादा' की कमज़ोरी और भरपूर फ़ायदा उठाती थीं उसका। निर्धारित दिन से पहले ही जी मचलने लगे चायनीज़ खाने को, तो सिखा-पढ़ा कर भेज देतीं भाई को दादा के पास। वह शर्माता-सा जाता और निहोरे करता कि सही दिन तो नहीं है आज, लेकिन मन बहुत कर रहा है, सो आज ही मँगवा दो न, दादा, अगली बार का चायनीज़। कभी दादा को ना करते नहीं देखा मैं ने। अमित अम्बालाल बताते हैं कि एक बार जब किसी आर्टिस्ट कैम्प में भूपेन दुबई गया तो उसने पाण्डु और बच्चों के लिए ख़ूब शॉपिंग की। दुबई ही नहीं, जब भी विदेश जाना होता तो भूपेन बच्चों से लिस्ट बनवा के ले जाता कि किस को क्या चाहिए। लौट कर आता तो बच्चों की ख़ुशी का ठिकाना न रहता। दादा बच्चों को पुकारते और उन्हें सामने बिठा अपना सूटकेस खोलते और बारी-बारी से हर बच्चे को उसकी मुँह-माँगी चीज़ें पकड़ा देते।

जो बात बच्चों को पता न लगती—बड़ों के लिए भी यही किया जाता—वह यह थी कि अक्सर भूपेन इतना सामान विदेश से लाद कर न लाता। बम्बई पहुँच कर श्रद्धा—नौशिल की पत्नी—के साथ जा कर सारा ज़रूरत

का 'इम्पोर्टेड' माल अल्फ़ा स्टोर से ख़रीद लेता।

पाण्डु के आराम का भी पूरा ख़याल रखा जाता। दोपहर के भोजन का समय तय था। उसके बाद पाण्डु आराम—या जो चाहें—करने चले जाते। तीसरे पहर निर्धारित समय पर चाय दे देते। कहना कुछ नहीं पड़ता, सिवाय तब जब कोई बैठा हो भूपेन के साथ और मना कर चुका हो चाय के लिए। वरना जितने लोग बैठे हों उतनी चाय पाण्डु बग़ैर कुछ बोले रख देते थे। कोई दावत न हो तो दोनों वक़्त का भोजन दिन में ही बन जाता था। जिस का मतलब था कि जो दिन में बन रहा है वही इतना बने कि रात में भी खा लिया जाय। बस गरम कर के पाण्डु परोस देते वही। अगर पीने-पिलाने में ज़्यादा देर हो जाये तो पाण्डु ख़ुद खा कर चले जाते। भूपेन और दोस्त-मेहमान मिल कर खाना लगा लेते।

पाण्डु और बच्चों के लिए फ़िक्स्ड डिपॉज़िट की भी व्यवस्था थी।

कई बार काफ़ी संकट भी रहा पाण्डु और उनकी पत्नी के कारण। कभी उनकी बीमारी के कारण, कभी पति-पत्नी की आपसी अनबन के कारण, कभी उन दोनों की नशाखोरी के कारण। एक और बड़ा कारण था जो भूपेन को परेशान कर सकता था, हो सकता है करता भी हो, पर उसने कभी ज़ाहिर नहीं होने दिया। शुरू में उतना नहीं, पर बाद में ऐसा लगता था मानो पाण्डु को गन्दगी दिखायी ही नहीं देती थी। भूपेन देखता भी हो तो अनदेखा कर देता था। मैं स्वभाव से लिहाज़ी, देख भी लूँ तो चुप्पी साधे रहता। गीतांजलि की आँख से गन्दगी बच नहीं सकती थी। सो, जब भूपेन के यहाँ खाने बैठती, तो ऐसे कि दिखायी न पड़े, अपनी थाली, कटोरियाँ और चम्मच अपने रुमाल से साफ़ कर लेती, और मुझसे भी करवा लेती, हालाँकि मेरे लिए आँख बचा के सफ़ाई कर पाना आसान न होता। लेकिन नौशिल का अन्दाज़ बिलकुल जुदा होता। ऐसा कि भूपेन को देखना ही पड़े, वह अपने बर्तन नये सिरे से धोता और फिर ज़बरदस्ती भूपेन के बर्तनों को भी उसी तरह से चमकाता। तब शुरू होता खाना।

उन सारी परेशानियों का भूपेन बड़े धीरज से सामना करता। पाण्डु और उनकी पत्नी की दवा-दारू का भी प्रबन्ध करता। कभी कोई झुँझलाहट नहीं दिखायी उसने, कभी सोचा भी नहीं कि कोई और इन्तज़ाम कर ले। पाण्डु भी, अपनी ख़ामियों के बावजूद, अन्त तक भूपेन के प्रति हर पल पूरी तरह समर्पित रहे।

महेन्द्र देसाई की किताब में एक रोचक प्रसंग आता है। पूछे जाने पर कि क्या वह शादी करने की कभी नहीं सोचता, भूपेन का जवाब होता : 'मेरी ज़िन्दगी तो दूर, मैं नहीं चाहता कि कोई आदमी या औरत—दोस्त भी नहीं—मेरे घर में अपना अलग कोना बना ले।' वही भूपेन पाण्डु और उनकी पत्नी की वजह से बार-बार होने वाली सारी परेशानियाँ चुपचाप सहता रहा। पर सम्बन्ध विच्छेद का ख़याल तक न आया उसके मन में। आया हो तो ज़बान पर नहीं लाया कभी।

पाण्डु की बात हो तो उनकी जादुई रोटियाँ याद आयेंगी ही। पहली बार जब अपनी थाली में पाण्डु की रोटी देखी तो विश्वास ही न हुआ कि बन कैसे गयी यह। ख़ासे बड़े व्यास की पूर्ण गोलाकार अत्यन्त पतली रोटी जिस क़ी दोनों परतों को निहायत नफ़ासत से अलग-अलग कर दिया गया था। दोनों परतें चुपड़ी हुई थीं। गुजरात में इन्हें 'बेपडी रोटली' कहते हैं और शौक़ीन लोग इन्हें आम के मौसम में खाते हैं। भूपेन के यहाँ सारी साल यही बनती थीं।

पाण्डु के हाथ में बड़ा स्वाद था। जो भी बना देते लज़ीज़ होता। पर उनकी बनायी सूरन की सब्ज़ी की बात ही और थी। बस एक शब्द है उसके लिए : दिव्य। सूरन का मौसम हो और मुझे भोजन के लिए पहुँचना हो तो भूपेन केवल बता भर देता कि सुधीरभाई आयेंगे खाने पर, और मेरा प्रिय सूरन बन जाता। भूपेन के साथ रहते हुए और वैसे भी अनगिनत बार भोजन किया होगा उसके यहाँ तेईस सालों के दौरान। और ना जाने कितनी बार पाण्डु के व्यंजनों की मुक्त कण्ठ से प्रशंसा की होगी। परन्तु, पाण्डु एक बार भी कुछ न बोले। हाँ, हर बार उनके पान रचे होठों पर सदा विराजती मुस्कान किंचित् बढ़-सी गयी, मुझे आश्वस्त करने को कि मेरी प्रशंसा स्वीकार कर ली गयी है।

भूपेन के लिए पाण्डु की लगन कभी-कभी बड़ी मज़ेदार परिस्थितियाँ पैदा कर देती थी। इस की वजह से कुछ दिनों तक हर शाम दोनों के बीच एक रस्साकशी चलती रही। इस रस्साकशी की वजह थी गुजरात की नशा-बन्दी। गांधी को और हर तरह से भले ही, बाक़ी देश की तरह, गुजरात ने भुला दिया हो, नशा-बन्दी का क़ानून वहाँ की हर सरकार बनाये रखती है। कभी नशा-बन्दी के उत्साह के पीछे गांधीवादी सिद्धान्त ज़रूर रहे होंगे। पर अब यह कुछ निहित स्वार्थों भर के लिए है। तस्करों

और शासक वर्ग के निजी स्वार्थ। बहरहाल, शाम को जब यार लोग बैठते तो लगता मानो नशा–बन्दी जैसा कोई झमेला है ही नहीं गुजरात में। सामने का दरवाज़ा तक बन्द न किया जाता। जो चाहे सो देख ले आराम से कि अन्दर क्या चल रहा है। न भूपेन चिन्ता करता न कोई मित्र, पर पाण्डु परेशान हो जाते। चुपचाप रसोईघर से निकलते और तेज़ी से दरवाज़ा और खिड़कियाँ बन्द कर देते। पाण्डु के पलटते ही भूपेन उतने ही चुपचाप उठता और पुनः खोल देता उन्हें। न पाण्डु उससे कुछ कहते, न वह पाण्डु से। आदर्श सहअस्तित्व का निर्वाह होता दोनों ओर से। याद नहीं कितने दिन चला ये सिलसिला। फिर पाण्डु ने भूपेन और उसके दोस्तों को उनके भाग्य पर छोड़ दिया। पता नहीं हार कर, या मान कर कि भूपेन इतना बड़ा आदमी हो गया है कि 'ड्राई' गुजरात में और जिसे भी धर पकड़े पुलिस, भूपेन को नहीं छुएगी।

भूपेन–पाण्डु आख्यान से सम्बन्धित एक क़िस्सा *श्री खख्खर प्रसन्न* में आता है। भूपेन दिन भर अपनी पेंटिंग करते वक़्त कितना भी गाता–बतियाता रहे, सुबह पहली मंज़िल के अपने बेड–रूम से उतरते ही उसे आधे घण्टे की पूर्ण शान्ति चाहिए होती थी। नीचे आते ही सीधे अपने कैनवस के सामने खड़े हो जाने के लिए। इस पावन मौन में उसका सारा ध्यान पिछली रात छोड़े गये अधूरे चित्र पर जा टिकता, खोजता उसकी आगे की नियति। इस अनिवार्य अनुष्ठान के बाद ही मंजन और चाय की बारी आती, और रेडियो सीलोन या विविध भारती के गाने लगते।

एक सबेरे जग कर भूपेन नीचे आया तो गुसल–घर में कपड़ों को ज़ोरों से पीट–पीट कर धोये जाने का शोर हो रहा था। शोर को अनसुना कर चित्र पर ध्यान लगाने की कोशिश में लग गया वह। कुछ देर बाद धुले कपड़ों से भरी बाल्टी लिए हमाम (भूपेन का प्रिय साबुन जो अनगिनत बार उसके कथा साहित्य में आता है) की महक फैलाता एक अजनबी निकला और भूपेन को एक मुस्कान देता हुआ बाहर चला गया।

अगले दिन भी वही शोर था। ताज़ा–ताज़ा नहा के निकला वही अजनबी। हमाम की वही ख़ुशबू। धुले कपड़ों की वही बाल्टी। वही मुस्कान।

छह महीने चलता रहा ये सिलसिला। आख़िर में एक शाम तंग आ कर भूपेन ने धीरे से पाण्डु से कहा कि अपने दोस्त या रिश्तेदार—जो भी हों—को समझा दे कि कपड़े कम शोर करके या किसी और वक़्त भी

धोये जा सकते हैं। 'किस का दोस्त? किस का रिश्तेदार?' पाण्डु ने पूछा। 'तुम्हारा, और किसका?' भूपेन बोला। 'मैं समझा वह आप का दोस्त है', पाण्डु ने कहा।

अगले ही दिन दोनों ने पकड़ा उस बदमाश को। पता लगा कि बग़ल में बन रही इमारत के ठेकेदार का कारिन्दा है ये आदमी। मामला गम्भीर था। भूपेन और पाण्डु ने मन्त्रणा की आपस में। कड़ी हिदायत दे दी गयी कारिन्दे को कि कपड़े धोते वक़्त ज़्यादा शोर न किया करे।

ज़िक्र उस परीवश का और फिर बयाँ अपना। कहानी भूपेन के बारे में हो और कहें नाटककार नौशिल मेहता, तो कौन दावा कर सकता है उसकी सौ फ़ीसद सच्चाई का। न ही दरकार होनी चाहिए वैसी सच्चाई की। जिस घटना से जन्मती है कहानी उस घटना के परे का सत्य होता है कहानी का सत्य।

पाण्डु के बग़ैर भूपेन के जीवन की कल्पना नहीं की जा सकती। भूपेन को बड़ा बनाने में पाण्डु का आत्मोत्सर्ग वैसे ही था जैसे, स्त्री स्वातन्त्र्य के इस युग में भी, किसी बड़े आदमी को बनाने में सामान्यतः किसी स्त्री का होता है।

अलावे इसके, भूपेन की कला में बार-बार तरह-तरह से ठेठ आम आदमी की आमद के सन्दर्भ में भी तीस साल से ऊपर चले भूपेन-पाण्डु के अटूट सम्बन्ध का अति विशिष्ट महत्त्व है।

पुनश्च : भूपेन की देखभाल के लिए भेजे गये पाण्डु अन्त तक अपना धर्म निभाते रहे। भूपेन के जाने के बाद 'परमानन्द' से निष्कासित हो मुश्किल से एक साल जिए। दारुण दुःख झेलते सिधार गये परलोक। फिर उनकी पत्नी चल बसीं। 'दादा' के लाड़ले बच्चे अनाथ हो दुर्गति को प्राप्त हुए। केवल पाण्डु की बड़ी बेटी, जिसका पहले ही विवाह हो चुका था, बची रही 'दादा' की मौत के कारण पाण्डु परिवार पर छा गये संकट से। व्यर्थ हो गया वह सब जो भूपेन ने अपने बाद इस परिवार के सुरक्षित भविष्य के लिए कर रखा था।

फक्कड़ क़िस्सागो

अपने विपुल कलाकर्म की तुलना में भूपेन का साहित्यिक लेखन बहुत ही कम है। एक प्रकाशित नाटक, *मोजीला मणिलाल,* और दस कहानियों का एक संग्रह, *मगनभाई नो गुन्दर अने अन्य वारताओ* (सचित्र)। इसके अलावा उसकी छह अप्रकाशित कहानियाँ नौशिल मेहता के पास हैं जिन्हें २०१९ के अन्त तक छपाने का नौशिल का इरादा है। इनमें से तीन कहानियाँ नौशिल ने भूपेन के जीते जी इस कारण से नहीं छपने दी थीं कि उनके छपने से भूपेन परेशानी में पड़ सकता था। आगे जब आप भूपेन की कुछ प्रकाशित कहानियों से परिचित होंगे तो ज़रूर सोचेंगे कि जिस का छपा हुआ ऐसा है उसका वह क्या होगा जो एक हितैषी मित्र ने छपने नहीं दिया। नौशिल के पास भूपेन का 'जसभाई नुं ख़ून' नामक एक अप्रकाशित जासूसी लघु उपन्यास भी है। भूपेन एक और उपन्यास भी लिख रहा था। नौशिल, जिस ने इसके प्रारम्भिक ३०-३५ पृष्ठ पढ़े हैं, का कहना है कि इसमें भूपेन मानव सम्बन्धों की रहस्यमयता को देखने-दिखाने की कोशिश कर रहा था। उधर अतुल डोडिया को हाल ही में पुरानी गुजराती पत्रिकाओं में भूपेन से सम्बन्धित सामग्री खोजने के दौरान उसका एक त्रिअंकी नाटक मिला है। *संज्ञा* के अक्तूबर १९७३ अंक में छपे इस नाटक का शीर्षक है 'वाडीलाल ड्रेसवाला याने कुकर्मोनी कहानी'। बहुत मुमकिन है कि मुकम्मल शोध करने पर भूपेन का लिखा कुछ और भी मिल जाये। फिर भी इतना निश्चित है कि उसके साहित्यिक अवदान में उसके अप्रकाशित पत्रों और डायरियों को भी शामिल कर लिया जाय तो भी उसकी अक्षर-देह छोटी ही रहेगी।

लिखा कितना भी थोड़ा हो भूपेन ने, लिखा ग़ज़ब का। अनूठा, अतुलनीय,

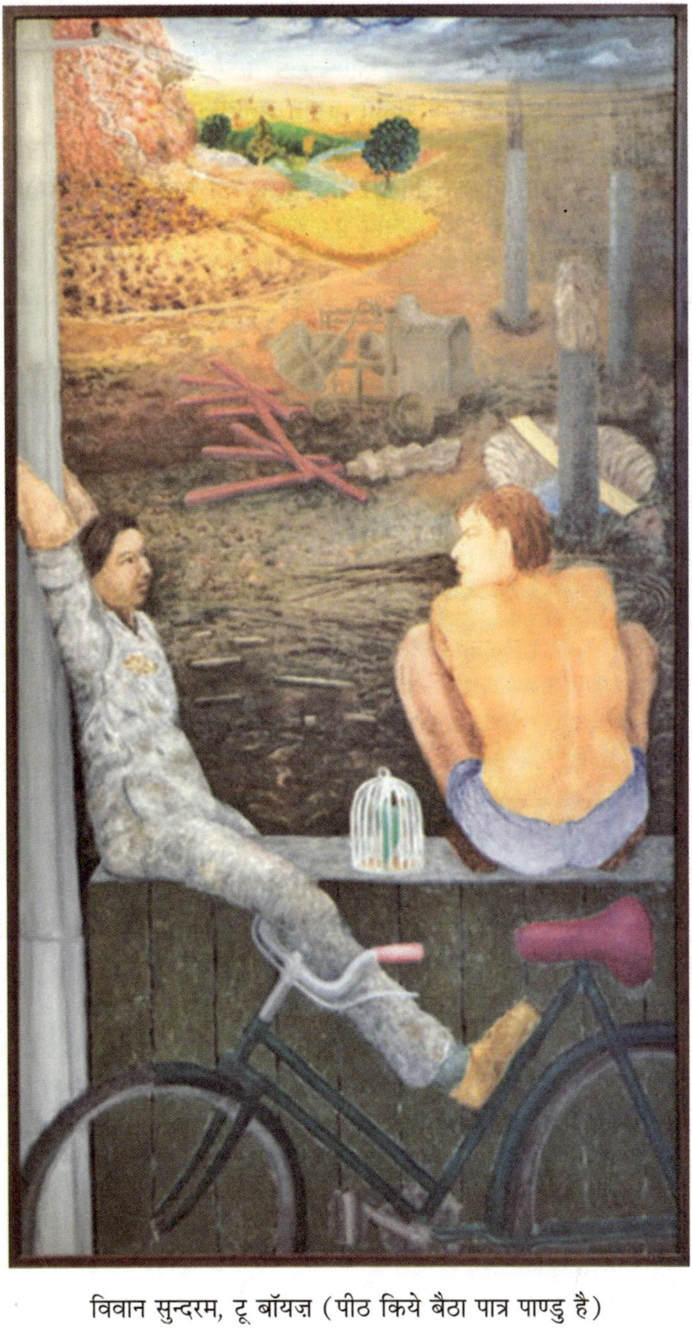

विवान सुन्दरम, टू बॉयज़ (पीठ किये बैठा पात्र पाण्डु है)

मौलिक और फक्कड़।

अपनी कला की ही तरह अपने साहित्य में भी भूपेन ने भाषा, शैली, रूप और विषय-वस्तु की एक भूपेनी ज़मीन बनायी। ऐसी ठेठ और विकट भूपेनी कि कला में तो तमाम आये जिन्होंने बेहिचक *टच्ड बाई भूपेन* जैसे आयोजन में शिरकत कर के भूपेन के असर को माना, किन्तु लेखन में आज तक भूपेन जैसा कोई नहीं है। इसका कारण यह नहीं कि लोग उसके लेखन को हेय मानते हैं। तमाम स्थापित गुजराती लेखकों और प्रबुद्ध बौद्धिकों का कहना है कि न केवल गुजराती बल्कि भारतीय साहित्य में भूपेन जैसा लेखन नहीं हुआ है।

लेखक भूपेन कितना अनोखा है इसका कुछ अन्दाज़ आप ख़ुद लगा सकें और सीधे-सीधे आनन्दित हो सकें—या भड़क उठें कि इसे साहित्य कहते हैं!—इसलिए मैं उसके लेखन में से कुछ लम्बे-लम्बे उद्धरण हिन्दी अनुवाद में प्रस्तुत करना चाहूँगा। इस आवश्यक चेतावनी के साथ कि भूपेन की भाषा का मर्म और उसकी ध्वनि ऐसे अनोखे हैं कि दिग्गज अनुवादक भी उनके साथ पूरा न्याय न कर पायें।

भूपेन के वाहिद कहानी-संग्रह *मगनभाई नो गुन्दर अने अन्य वारताओ* का प्रकाशन उसकी मौत से केवल दो साल पहले बम्बई के विकल्प प्रकाशन ने २००१ में किया था। पुस्तक का आवरण और इसमें संग्रहीत कहानियों के लिए विशेष रूप से तैयार किये गये रेखाचित्र भी भूपेन के हैं। इस संग्रह में प्रकाशित एक बहुचर्चित कहानी, 'फोरेन साबु', का ५० प्रतियों का एक विशिष्ट कलात्मक द्विभाषी संस्करण—*फोरेन सोप ऍन इलस्ट्रेटड स्टोरी इन गुजराती*— पहले ही आ चुका था। (पुस्तक में प्रकाशन का वर्ष नहीं दिया गया है।) इसे स्वयं भूपेन ने छपवाया था। कहानी का अँगरेज़ी अनुवाद गणेश देवी और नौशिल मेहता ने किया है। कहने के लिए यह पुस्तक कहानी की है, इसमें कला किसी भी तरह से गौण नहीं है। *फोरेन सोप* के चित्रों का एक विशेष महत्त्व यह है कि इनमें, भूपेन के सामान्य कलाकर्म से भिन्न, स्त्री-पुरुष सम्बन्ध और स्त्री-पुंरुष रति का भी चित्रण है। ख़ासा उन्मुक्त चित्रण।

संग्रह की पहली कहानी है 'वाडकी'। सामान्य मध्यमवर्गीय परिवार में व्याप्त रोज़मर्रा की चिन्ताओं का रसपूर्ण अब्सर्ड चित्रण करते हुए उस जीवन के गुप्त रहस्यों की ओर इशारा करती है यह कहानी। इशारा चूँकि

गुप्त रहस्यों की ओर करना है, पूरी कहानी जासूसी कथा की तर्ज़ पर चलती है। हमें बताया जाता है जमना और जमनादास के हैरतअंगेज़ वैवाहिक अनुबन्ध के बारे में। देखें इस अनुबन्ध की धारा ११, उपधारा (अ) :

> इस अनुबन्ध पर हस्ताक्षर करने वाले हम दोनों, जमनादास बापालाल और जमना जमनादास, क़बूल करते हैं कि अगर हमारे निजी आपसी सम्बन्ध, सुख-चैन, रतिक्रीड़ा, चुम्बन, बाहुपाश और कोकशास्त्र के पठन के फलस्वरूप बालक के जन्म की इच्छा उत्पन्न होती है तो यत्नपूर्वक उसका दमन कर, शीतल जल में कटिस्नान कर के मन में से उस [इच्छा] का मूलोच्छेद कर देंगे। (*मगनभाई नो गुन्दर अने अन्य वारताओ*, पृष्ठ ११)

कितने गहन और दूरदर्शी परस्पर चिन्तन-मनन के बाद जमनादास और जमना ने यह क़रार तैयार किया है, शुरू में ही इसका अन्दाज़ा कराने के लिए लेखक हमें पति-पत्नी के बीच हुए महत्त्वपूर्ण विचार-विमर्श में से निम्नलिखित अंश सुनवा देता है :

> जमना : तुम को आपत्ति न हो तो धारा १०, उपधारा (ब) में थोड़ा सुधार कर लें?
>
> जमनादास : किस तरह सुधार करना है?
>
> जमना : तुमने शारीरिक सम्बन्ध के लिए बुध और शनि प्रस्तावित किये हैं। मुझे लगता है कि यह 'प्रोग्राम' सप्ताह में तीन बार रखने से इस देह को रतिक्रीड़ा का ज़्यादा आनन्द मिल सकेगा। मुझे गुरु, शनि और रवि जँचते हैं।
>
> जमनादास : जवानी को ध्यान में रखें तो तेरी बात सही है। पर मेरे पिताजी बापालाल ने पचास साल की उमर होने पर बढ़ई को घर बुलाया। मेरी हाजरी में ही डबलबेड बीच से कटवा दिया।
>
> जमना : क्यों?
>
> जमनादास : कारण यह कि मेरी माँ का आकर्षण उनके लिए क्षीण हो गया। शक्ति घट गयी। उस दिन से पिताजी की खाट दीवानखाने में खिड़की के पास और माताजी की अन्दर के 'रूम' में।
>
> जमना : तो हमें क्या करना है?

जमनादास : अगर लम्बे समय तक आनन्द का उपभोग करना है तो हफ़्ते में दो दिन ही रखने पड़ेंगे। वह भी बुध और शनि ही।

जमना : ये ही दिन क्यों?

जमनादास : रविवार को छुट्टी होने से अगर पिछली रात को मनपसन्द प्रवृत्ति में रम जाने के कारण देर से सो कर उठे तो भी कोई चिन्ता नहीं। सोम और मंगल बहुत पास हैं।

जमना : गुरुवार क्यों नहीं? (११-२)

जमनादास : गुरु तो उपवास का दिवस। अशक्त शरीर में कामोद्दीपन मुश्किल होगा।

जमनादास के अकाट्य तर्क के पश्चात धारा १० उपधारा (ब) के द्वारा निश्चित होता है :

इस दस्तावेज़ पर हस्ताक्षर करने वाले हम पतिपत्नी क़बूल करते हैं कि हमारे शारीरिक सम्बन्ध जमनादास बापालाल की उमर पचास साल होने तक हर शनि और बुधवार को होंगे। उसके बाद जमनादास अपनी शक्ति और अपने वीर्यबल को ध्यान में रखते हुए बढ़ई को बुला कर डबलबेड के बीचोबीच आरा चलवा सकेंगे। (१२)

भविष्य में पैदा हो सकने वाली ऐसी स्थिति के मद्देनज़र अनुबन्ध की धारा १० में उपधारा (क) जोड़ दी जाती है। इसके तहत तय होता है कि प्रति बुध और शनि को होने वाले शारीरिक सम्बन्ध की विधिवत् समाप्ति के बाद हर 'पूनम, अमावस, छठ और वर्षगाँठों की रात्रि में दोनों परस्पर 'मंज़ूरी और स्वेच्छा से' सम्भोग का आनन्द ले सकेंगे। (१२)

ऐसे सुविचरित वैवाहिक अनुबन्ध का सुफल यह हुआ कि जमनादास पचास से भी दो साल आगे निकल गये और फिर भी पति-पत्नी का डबलबेड सलामत रहा। उनका बुध-शनि का प्रोग्राम बदस्तूर चलता रहा।

तभी अचानक एक शनिवार को—सप्ताह के उस दिन जिस दिन रात के प्रोग्राम की मोहक प्रतीक्षा में वह सुबह से ही प्रफुल्लित रहती थी—जमना ने खटिया पकड़ ली और गुमसुम सामने की सफ़ेद दीवाल को ताकने लगी।

मैंने ऊपर के वर्णन में कहानी जिस क्रम में शुरू होती है उसे उलट दिया

है। दरअसल, कहानी शुरू ही होती है इस वाक्य से : 'जमना खटिया पर चित्त लेटी खिन्न मन से सफ़ेद दीवार को तके जा रही थी।' उसके बाद ज़िक्र आता है जमना और जमनादास के अनुबन्ध का, मय इस इत्तिला के कि दोनों के ही पास अनुबन्ध की एक-एक प्रति सुरक्षित रखी हुई है। पाठक को परेशानी में डाल देती है यह शुरुआत। क्या सम्बन्ध हो सकता है, ऐसे कभी न सुने वैवाहिक अनुबन्ध और इस पर सहर्ष हस्ताक्षर करने वाली पत्नी पर आ पड़े क्लेश के बीच? कोरी मस्ती में ही तो नहीं कहीं अपनी महारथ दिखाने के लिए इस हँसोड़ लेखक ने ऐसा करामाती शगूफ़ा छोड़ दिया? या मूड बन गया है पाठक से मज़ाक़ करने का?

जैसे-जैसे कहानी बढ़ती है पाठक की हैरानी बढ़ती जाती है। पता चलता है कि जमना के अपार दुःख का कारण उसकी एक कटोरी का खो जाना है। वैसे तो ऐसे क्षुद्र कारण से ऐसा मारक क्लेश होना नहीं चाहिए, पर हो भी गया हो तो जमना और जमनादास के वैवाहिक अनुबन्ध का उससे क्या लेना-देना? पता लगने पर कि पत्नी को क्या खाए जा रहा है, जमनादास, किसी भी समझदार आदमी की तरह, जमना से कहता है कि खो गयी एक कटोरी की जगह वह उससे भी अच्छी कटोरियों का पूरा एक नया सैट ला देगा। पर जमना को तो अपनी खोयी हुई कटोरी ही चाहिए। कटोरी पाने से भी ज़्यादा उसके लिए ज़रूरी है जानना कि कटोरी गयी कहाँ है।

कटोरी चली कहाँ गयी के रहस्य से जुड़ा हुआ है जमना और उसके पड़ोसियों का अन्योन्याश्रित जीवन, उनके राग-द्वेष, उनके सुख-दुःख, उनके वैवाहिक-पारिवारिक जीवन और—सबसे अधिक महत्त्वपूर्ण—उनके बीच चल रहे लफड़े। बड़ा आनन्द आता है किसी पड़ोसी या पड़ोसिन पर बदचलनी का सन्देह कर पाने में, और बड़ा ही सुख मिलता है इस सन्देह की पुष्टि हो जाने पर। कहानी बढ़ती ही है जमना के मन में 'बद्रिकाश्रम' मंज़िल पर रहने वाली पड़ोसिन सविता का ख़याल आने से। सविता, 'जिससे घर जैसा सम्बन्ध है', का ख़याल जमना को इस तरह आता है : 'दो दिन से यह कह कर गयी है कि भाई-भाभी के पास पीहर जा रही हूँ। भगवान जाने कहाँ गयी है। भाभी से तो लट्ठमार वैर है और दो साल पहले इस ने वहाँ कभी न जाने की सौगन्ध ली थी। ये गयी कहाँ है? किस के साथ है? धूल झोंक रही है लोगों की आँखों में?'

सोचने-विचारने पर जमना को विश्वास हो जाता है कि सामने की इमारत में रहने वाले अमीर शान्तिलाल के साथ सविता ने टाँका भिड़ाया हुआ है। वैसे भी उसकी गर्भवती पत्नी आजकल प्रसव के लिए अपने मायके गयी हुई है।

जमना बहुत सोच-विचार करती है, पिछले दिनों किस पड़ोसी के घर से क्या आया और किस के यहाँ क्या भेजा, किन बरतनों में चीज़ें आयी-गयीं, वग़ैरा का पूरा लेखा-जोखा कर के पूरे हफ़्ते के दौरान हुए सारे लेन-देन की विगत एक काग़ज़ पर लिखती है, और मोड़ कर उस काग़ज़ को अपनी साड़ी के पल्लू में बाँध लेती है। पड़ोस के एक शातिर लड़के को पैसे का लालच दे कर उन पाँच घरों में तलाशी लेने के लिए भेजती है जो उसके शक के घेरे में हैं। लड़के को पाँचों घरों के रसोई घरों में जा कर वहाँ की एक-एक कटोरी को देख कर पता करना है कि किसी के यहाँ 'जमनादास बापालाल' का नाम खुदी वाली कटोरी तो नहीं है। ख़ुफ़ियागिरी पूरी कर के लड़का लौटता है और जमना को 'मौत का अशुभ समाचार' देता है : पाँचों में से किसी भी घर में 'जमनादास बापालाल' अंकित कटोरी नहीं है।

बेचैन जमना का सारा सन्देह अब सविता पर आ टिकता है। एक दिन जब सविता अपने घर की चाभी बग़ल की विमला को दे कर शान्तिलाल के यहाँ जाती है तो विमला से मिल कर जमना, सविता के घर में घुस कर ख़ुद तलाशी लेती है। वहाँ भी कुछ न मिलने पर उसे विश्वास हो जाता है कि ज़रूर ही कटोरी सविता की मार्फ़त शान्तिलाल के घर पहुँच गयी है, और वहाँ से तो मिलने से रही।

अन्त में कटोरी मिलती है। विमला लाती है उसे अपने यहाँ से। वही विमला जिसकी मदद से जमना, सविता के घर में चोरी से तलाशी लेने घुसी थी और विमला के यहाँ पहुँची थी शिवलाल के यहाँ से। वही शिवलाल जिसको लेकर विमला को सन्देह था कि जमना उससे फँसी हुई है। तो कटोरी शिवलाल के यहाँ पहुँची कैसे? ख़ुद जमना की मार्फ़त तो नहीं ही पहुँची होगी, वरना इतना बवाल ही न होता।

अच्छा हो कि राज़ को राज़ ही रहने दूँ, ताकि आपकी जिज्ञासा बनी रहे और आप ना सिर्फ़ 'वाडकी' बल्कि *मगनभाई नो गुन्दर* की सारी कहानियाँ

भी पढ़ डालें। देखें कि क्यों, हर बड़े साहित्यकार की तरह, भूपेन की कहानियों के कथन के साथ-साथ उनके कहन को जानना भी अनिवार्य है। पर यह पुस्तक आसानी से उपलब्ध नहीं होती, और गुजराती ना जानने वालों के लिए भाषा की भी बाधा होगी। तो केवल इतना बता दूँ कि शिवलाल के यहाँ कटोरी पहुँची थी जमना के अपने पति जमनादास की मार्फ़त। और पहुँची थी उस रात जब जमना गरबा करने गयी हुई थी। भूपेन के कथा-साहित्य में, उसके जीवन की ही तरह, इस तरह के 'त्रिकोण' और भी हैं।

इसी त्रिकोण से प्रकट होता है जमनादास और जमना के वैवाहिक अनुबन्ध का एक प्रच्छन्न पर आवश्यक प्रयोजन। जमना, और उसी की तरह हम पाठक भी, जमनादास को दूरन्देश समझ रहे थे, जब वह वैवाहिक अनुबन्ध में दो दिन के बजाय तीन दिन प्रति सप्ताह के सम्भोग का विरोध कर रहा था। पर अब समझ में आता है कि तब वह भविष्य की नहीं वर्तमान की सोच रहा था। जमना के साथ प्रति बुध और शनि को आनन्द-प्राप्ति के साथ-साथ उसे शिवलाल के साथ चलने वाले अपने अलग 'प्रोग्राम' का हिसाब भी तो रखना था।

भूपेन के कहन का महत्त्व तो ऊपर दिये उद्धरणों से भी स्पष्ट हो जाता है। फिर भी कहीं ऐसा न लगे कि 'वाडकी' का खिलंदड़ापन कहानी के शुरू में पाठकों को बहलाने भर के लिए है, एक दो उदाहरण और दे दूँ दिखाने को कि पूरी कहानी का अन्दाज़ेबयाँ आख़िर तक मज़ेदार बना रहता है। कि जो कहानी मुख़्तसर मैंने ऊपर बता दी है वह असल में चलती किस चाल है। देखें जमना और उस लड़के की बातचीत, जिसे वह जासूसी के लिए पड़ोस के पाँच घरों में भेजने के लिए पटा रही है :

> जमना : जगला तुझे पिपरमिंट चाहिए?
>
> जगलो : जब काम निकलवाना होता है तभी देती हो तुम पिपरमिंट— (मानो कमर पर टँगे म्यान में से तलवार निकाल कर बोल रहा हो) हमें कुबूल नहीं है, मंज़ूर नहीं है, क्या काम है? [मूल पाठ में हिन्दी में।] सविता की चिट्ठी देने का भाव एक रुपया चल रहा है। पाँच पिपरमिंट से काम निकलवाने वाले दिन गये।
>
> जमना : पच्चीस पैसा।

जगलो : हम भिखारी नहीं हैं। [हिन्दी में] आठ आना से कम बोलना ही नहीं।

जमना : सविता की चिट्ठी किसको देने गया था?

जगलो : नाम बताने का पूरा रुपया। बोलो अपना काम।

जमना : (उठकर अल्मारी खोलते हुए) रुपया देती हूँ, पर तुझे सब बताना पड़ेगा। मेरा काम पूरा हो जायेगा तभी आठ आना मिलेगा।

जगलो : (रुपया अंटी में डालते हुए) हफ़्ता भर पहले सामने के विट्ठलसदन में शान्तिलाल को चिट्ठी देने भेजा था। तुम्हारे सिवाय किसी को नहीं बताया है। अब अपना काम बोलो। (१६)

या खिन्नमना दीवाल तकती जमना से जमना दास की बातचीत :

जमनादास : मैंने कहा मेरे ऊपर ग़ुस्सा क्यों है?

जमना : किसने कहा कि तुम पर ग़ुस्सा है?

जमनादास : तो फिर लौकी आलू का जुल्म क्यों किया? आज के दिन तो दाल ढोकली का नियम है।

जमना : मुझे मालूम है।

जमनादास : तुझे यह भी ख़बर है कि लौकी-आलू की मरीज़ी सब्ज़ी मैं कभी नहीं खाता।

जमना : बरतन चौके में रखे तो देखा कि तूने हाथ भी नहीं लगाया।

जमनादास : तुझे हुआ क्या है?

जमना : पूछो अपने बद्रिकाश्रम के पड़ोसियों से, इन लोगों ने मेरे ऊपर सितम ढाने में कोई कसर बाक़ी छोड़ी है?

जमनादास : हुआ क्या?

जमना : क्या नहीं हुआ ये पूछो!

जमनादास : पूछा।

जमना : तुम्हें मालूम है कि पाँच साल पहले हम धनतेरस के दिन स्टेनलैस स्टील की कटोरियों का सैट लेने गये थे?

जमनादास : कब?

जमना : क्यों? बड़े भैया के यहाँ नीतू का जन्म हुआ था! उसी साल नवरात्रि में तुम्हारे हाथ का फ्रैक्चर हुआ था। उसी दिवाली पर हमने अस्सी रुपये का स्टेनलैस स्टील की कटोरियों का सैट लिया था।

जमनादास : उसका क्या?

जमना : उस में की एक कटोरी नहीं मिल रही।

जमनादास : कोई बात नहीं, नयी ले आयेंगे।

जमना : ऐसा सैट अब नहीं मिलता।

जमनादास : इससे अच्छा मिलता होगा वह ले आयेंगे। पर तू अपना जी मत जला।

जमना : अपनी कटोरी कोई पचा के बैठ जाये और हम हर्षित हो नया सैट ले आयें? मुझे तो यही कटोरी चाहिए, मुझे पता करना है कि किसने दबा रखी है।

जमनादास : तू करती रह ये माथापच्ची। मैं अपना माथा नहीं मारूँगा। जब नया सैट चाहिए मुझे बता देना। (१७)

'वाडकी' की ही भाँति 'मंजरी, रतिलाल अने हुं' भी एक असाधारण कहानी है। जैसा कि भूपेन की कहानियों में हमेशा होता है, इस कहानी में भी बग़ैर किसी भूमिका के बात शुरू हो जाती है : 'मेरा और मंजरी का विवाह फागुन बदी १०, २०१७ के दिन हुआ।... निमन्त्रण-पत्र में ख़ास वाक्य था : 'आप से पहले मिल कर पधारने की विनती न कर पाया होऊँ तो इस निमन्त्रण को आने के तुल्य मानियेगा और पधार कर विवाह की शोभा में वृद्धि करियेगा।' और ख़ूब वृद्धि हुई शोभा में। इसी के साथ बड़े दिलचस्प अन्दाज़ में पाठक को बताया जाता है कि कैसे-कैसे उपहार दिये गये विवाह में। इतना कुछ बताने के बाद कहानी का वर्णनकर्ता 'हुँ'—मैं—पाठकों से मुख़ातिब होता है : 'आप पूछेंगे कि मैंने मंजरी को पसन्द कैसे किया।' (३७)

और यहाँ से शुरू होता है एक ऐसा क़िस्सा जिसे पढ़ते हुए ज़्यादातर पाठकों को 'हुँ' पक्का चुगद लगेगा। चुगद जिस पर हँसा ही जा सकता है, भले ही बीच-बीच में उसके लिए थोड़ी-सी सहानुभूति भी आ जाये कुछ के मन में। 'हुँ' बताता है :

> जब मैं पहले-पहल मंजरी को देखने गया तब मंजरी के पिता ने मेरे हाथ में एक डायरी थमा दी। मुझसे कहा : 'इस डायरी में मंजरी के शिक्षण का चित्र है। हमने इसका शिक्षण वैज्ञानिक ढंग से किया है, यह तुम इस डायरी को इतमीनान से पढ़ कर देख सकोगे। इसे वैज्ञानिक तरीक़े से बड़ा करने में मुझे अपनी पत्नी फूलकोर का भी साथ मिला है।' यह कह कर मंजरी के पिताजी ने गर्व से फूलकोर की ओर देखा। (३७)

'हुँ' पानी पी कर डायरी पढ़ने में लग जाता है। डायरी पाँच छोटे-छोटे खण्डों में बँटी है जिन के शीर्षक हैं : दूधपीती मंजरी; मंजरी की बौद्धिक शक्ति का विकास; मंजरी की कारस्तानी उमर ८ साल तक; मंजरी का शिक्षण उमर १६ साल तक और मंजरी का शिक्षण १८ और २० के बीच। डायरी पढ़ कर अभिभूत हो जाता है 'हुँ'। नमन करता है मन ही मन मंजरी के माता-पिता को, जिन्होंने अपना जीवन खपा दिया अपनी बेटी के वैज्ञानिक शिक्षण में। लड़की को देखे बग़ैर ही उससे शादी के लिए हाँ कर देता है। वह आश्वस्त है कि ऐसी शिक्षा पायी लड़की आदर्श जीवन-संगिनी के अतिरिक्त कुछ और हो ही नहीं सकती।

क्या है २० साल तक चले इस वैज्ञानिक शिक्षण का ब्योरा देने वाली इस डायरी में जो 'हुँ' को अभिभूत कर देता है? 'वाडकी' के वैवाहिक अनुबन्ध जैसे ही अनोखे इस दस्तावेज़ के कुछ अंश प्रस्तुत हैं ताकि आप स्वयं अनुमान लगा सकें। प्रारम्भिक 'दूधपीती मंजरी' खंड से एक बानगी : 'फूलकोर ने आदेश निकाला कि मंजरी का पालन-पोषण अगर वैज्ञानिक ढंग से करना है तो मुझे चुम्बन करना बन्द कर देना चाहिए। मैंने चुम्बन करना बन्द कर दिया।' दूसरा एक उदाहरण 'मंजरी की कारस्तानी उमर ८ साल तक' में से :

> हमारे घर के स्टोर रूम में मंजरी पड़ोस के पंकज के साथ घर-घर खेल रही थी। थोड़ी देर बाद दोनों चड्डी ऊपर कर के एक-दूसरे के गुप्तांग देख रहे थे। मैंने उनको डाँटा नहीं, समझाने का प्रयत्न किया तो दोनों ने मुझसे धोती ऊपर कर के दिखाने को कहा।
>
> मैं कुछ बोला नहीं, पर मैंने फूलकोर से बात की। वैज्ञानिक ढंग से सैक्स का ज्ञान देने के लिए उस [मंजरी] को कबूतर, कुत्ता और गधे के सम्भोग दृश्य दिखाये। एकाध बार भैंस-पाड़े का दृश्य भी दिखाया। मंजरी इन प्रसंगों को बड़े आनन्द से देखती और बार-बार इन्हें देखने का

आग्रह करती। मैं और फूलकोर भी सदा ध्यान रखते कि ऐसे दृश्य मंजरी से चूक न जायें। (३८)

एक अन्तिम उदाहरण 'मंजरी का शिक्षण उमर १६ साल तक' से :

> मंजरी की शिक्षा का हम हर समय ख़याल रखते, पर पास होने वालों में उसका नम्बर हमेशा आख़िरी होता। पढ़ाई की किताब देखते ही उसे जम्हाइयाँ आने लगतीं। फूलकोर की उमर बढ़ने की वजह से मंजरी रसोई का काम करती। पाकशास्त्र में वह होशियार थी। इस की कमज़ोर पढ़ाई के प्रति मैं और फूलकोर सजग थे। अँग्रेज़ी बहुत कमज़ोर और उच्चारण बहुत ख़राब होने के कारण हम ने उसके स्कूल के देसाई सर की ट्यूशन लगा दी। पहले मंजरी ने ट्यूशन का विरोध किया। मैंने और फूलकोर ने उससे शान्तिपूर्वक भविष्य के बारे में विचार करने को कहा तो वह बोली : 'देसाई सर की आँखें कंजी और नाक लाल होने के कारण मैं उन से नहीं पढ़ूँगी।' तब मैंने और फूलकोर ने उसे समझाया कि अँग्रेज़ी का कंजी आँख और लाल नाक से कोई सम्बन्ध नहीं। लाचार हो मंजरी ने 'हाँ' कर दी। शुरू के थोड़े दिन मंजरी देसाई सर के प्रति रूखी बनी रही।... दो-तीन महीने में मंजरी में एक चमत्कार हो गया। वह देसाई सर के अलावा किसी की बात ही नहीं करती थी। पढ़ाई के दौरान मंजरी और देसाई सर एक-दूसरे में ओतप्रोत रहते। उनको खलल न हो इस डर से हम उनके कमरे की ओर फटकते तक नहीं थे। साल के अन्त में मंजरी सब विषयों में नापास हो गयी। (३८-९)

यह था वह चमत्कारी वैज्ञानिक शिक्षण जिससे प्रभावित हो कर 'हुँ' ने बेहिचक हामी भर दी मंजरी से विवाह की। आश्चर्य नहीं अगर पाठक सोचें कि ऐसे शिक्षण और पिता की डायरी में वर्णित उस शिक्षण के परिणामों से कोई चुगद ही प्रभावित हो सकता था। ख़ुद मंजरी के मन में कुछ ऐसा ही भाव आता है। देखें विवाहोपरान्त दोनों के बीच हुआ निम्नलिखित संवाद :

> मंजरी ने मुझसे पूछा : मुझे देखे बग़ैर ही क्यों मुझसे शादी की हाँ कर दी ?
>
> मैंने कहा : तेरे बड़ों ने जितने ध्यानपूर्वक तुझे बड़ा किया, जिस रीत से उन्होंने तेरे सारे जीवन को बारीक़ी और कुशलता से ध्यान में रख कर तुझे वैज्ञानिक शिक्षण दिया उससे मैं अभिभूत हो गया और मैंने तुझ से

विवाह की सम्मति दे दी। मुझे खातरी है कि जो ऐसे वैज्ञानिक ढब से बड़ी की गयी है वह सदा अच्छी ही होगी।

मंजरी हँसते-हँसते बोली : 'यह डायरी तो उन्होंने तुम से पहले आये कई उम्मीदवारों को भी दिखायी थी, पर किसी ने उसे तुम्हारे जैसे उत्साह से नहीं पढ़ा। इतना ही नहीं, उन्होंने उस डायरी को हास्यास्पद मान तिरस्कार की नज़र से देखा। उससे उलट, तुम ने न सिर्फ़ उस डायरी को आनन्दपूर्वक पढ़ा बल्कि इस विश्वास के साथ मुझे अपनाया कि इस पद्धति के अनुसार विकसित व्यक्ति में अच्छाई ही होगी। इसके लिए मैं और मेरे माता-पिता तुम्हारे ऋणी हैं। (३९)

मंजरी के आभार-प्रदर्शन में ज़रा भी ऐसा कोई भाव नहीं है कि एहसान के तले दब कर वह इतने जतन से विकसित किये गये अपने व्यक्तित्व और जीवन-मूल्यों में कोई परिवर्तन करेगी। जीना उसे अपने ही ढंग से है। उसका सौभाग्य है कि डायरी पढ़ने के बाद 'हुँ' के मन में उसके प्रति पैदा हुआ विश्वास विवाहोपरान्त भी अडिग रहता है। अपने वैवाहिक जीवन के बारे में 'हुँ' लिखता है :

कुल मिला कर मेरा वैवाहिक जीवन सुखी कहलायेगा।...मैं ऑफ़िस से आता हूँ तब कभी भी मंजरी घर में नहीं होती। विवाह के तुरन्त बाद के दिनों में यह सोच कर कि उसे अकेलापन महसूस होता होगा और इसलिए वह मित्रों से मिलने चली जाती है, मैं कुछ नहीं बोला। कुछ दिनों बाद मैंने पूछा तो वह हँसने लगी और धीरे से बोली : 'मुझे हिन्दी फ़िल्म देखने का बहुत शौक़ है सो मैं रोज़ शाम को फ़िल्म देखने चली जाती हूँ।' मेरे मन को शान्ति मिली। इस विषय पर फिर मैंने कभी चर्चा नहीं की। (३९-४०)

और आगे :

हमारे संसारचक्र की गाड़ी धीरे-धीरे चल रही थी। मेरी नज़र में हम सुखी थे। दो रूमवाला एक ब्लाक, रेडिओ, सुशिक्षित और समझदार पत्नी। मंजरी स्वादिष्ट रसोई बनाती। थोड़े समय बाद बच्चे का जन्म हुआ। बड़े लाड़ से उसका नाम गौरांग रखा। (४०)

साढ़े तीन पृष्ठों से ज़रा कम में दिया गया यह सारा विवरण तैय्यारी है बाक़ी साढ़े आठ पृष्ठों में 'सुखी जीवन पर कुठाराघात' शीर्षक के अन्तर्गत खुल कर आती असल कहानी की। भूपेन के कहन की एक बानगी के

रूप में देखिये कहानी के इस हिस्से की शुरुआत :

> हमारे बगल के ब्लाक में मणिकाका रहते थे। पाठक की इच्छा हो तो उनके बारे में संक्षेप में थोड़ा [यही] लिखूँ :
>
> मणिकाका की उमर वर्ष पचास। इन की पत्नी की मृत्यु दस साल पहले हो गयी।
>
> मणिकाका का पहरावा...काली टोपी, पीला कोट, धोती। हर सोमवार और गुरुवार को वह धोती बदलते। कोट दो हफ़्ते में धोबी को जाता। पीले कोट के दो जोड़े मणिकाका के पास थे।
>
> मणिकाका के चेहरे के विषय में...मुँह का रंग श्याम, लाल कमानी का चश्मा जो नीचे देखने पर झुक जाता, गाल चिकने लेकिन ढीले, नीचे का होंठ चौड़ा और मोटा, सदा पान खाते रहने की आदत से पीले पड़ गये दाँत। (४०)

ढिला गये गालों, पीले पड़ गये दाँतों, काली टोपी, पीले कोट और लाल कमानी के चश्मे से सुसज्जित धोती-धारी मणिकाका के बारे में आप और कुछ सोचें या न सोचें, यह तो नहीं ही सोचेंगे कि वह रति क्रिया में माहिर हैं और अपने कौशल से स्त्रियों को अपार सुख प्रदान करते हैं। वास्तविकता आप के सोचने के विपरीत है। पर उससे पहले कुछ और ज़रूरी जानकारी मणिकाका के बारे में :

> पत्नी की मृत्यु के बाद दस-पन्द्रह साल से मणिकाका की दिलचस्पी चालीसेक साल की औरतों में गहरी हो गयी। इमारत में रहने वाले परिवारों की हर औरत की चाल-ढाल, कपड़े पहनने के उसके ढंग और उसके पुरुष मित्रों के बारे में उन्हें पूरी जानकारी रहती। मुँह में पान चबाते-चबाते मणिकाका अन्दर दाख़िल होते, रिवाज़ के मुताबिक काली टोपी टेबल पर रखते, कुर्सी या खटिया पास में हो तो पैर पर पैर रख के बैठकर बात शुरू करते। शुरू करते खुसर-पुसर से और हँसने से चौड़ा गये अपने मुँह से बातों का सन्दर्भ तैयार करते। सामने वाले की सम्मति मिलते ही उनकी आवाज़ ऊँची हो जाती। बातों में मज़ा जमने लगने पर उनकी हँसी तीन-तीन ब्लॉकों तक पहुँचती। बात गृहस्थ जीवन पर आ जाती। ब्लॉक में रहने वाले हर व्यक्ति को ख़बर मिल जाती कि मणिकाका किसी के गृहस्थ जीवन की कलई खोल रहे हैं। (४०)

ऐसे मणिकाका पहुँच जाते हैं कहानी के भोले-भाले नायक के घर। दोनों के बीच हुई बातचीत इस तरह है :

मणिकाका : 'अरे, मंजरी कहाँ गयी है?'

मैं : 'मैं नहीं जानता। पर हमारी शादी के बाद से वह नियमपूर्वक हर शाम फ़िल्म देखने जाती है, यह मैं जानता हूँ।'

मणिकाका : 'कभी घर न आये, ऐसा भी होता है?'

मैं : 'हाँ, अगर कभी अपनी दोस्त के यहाँ रहना हो तो।'

मणिकाका : 'तब तुम और गौरांग खाने का क्या करते हो?'

मैं : 'दोनों वक़्त का खाना वह सुबह ही बना देती है।'

फिर मणिकाका ने अपना गला साफ़ किया, अपनी कुर्सी मेरे क़रीब खींची और धीमे स्वर में बोले : 'तू सच्ची बात नहीं जानता।'

'सच ये है कि मंजरी और मेरे ऑफ़िस के अकाउण्ट्स विभाग का मैनेजर रतिलाल दोनों साथ फ़िल्म देखने जाते हैं। मैं भी एक-दो बार गया हूँ उनके साथ।'

मैं : 'तो उससे क्या?'

मणिकाका : 'कल ही रतिलाल मिला था। मेरी जैसी ही उमर है उसकी। पर मन से अभी भी जवान है। मंजरी मजमूदार और धर्मिष्ठा पटवर्धन के साथ बॉम्बे होटल में वह रात बितायेगा परसों। मुझे भी न्योता दिया है।'

मैं : 'मणिकाका, तुम्हारी बात मानने को मैं तैयार नहीं। मंजरी मजमूदार नाम की हज़ार औरतें हो सकती हैं। अलावे, मंजरी का चरित्र वैज्ञानिक ढंग से गठित हुआ है। तुम यह बात न समझ सको तो जा कर उसके पिता की डायरी पढ़ो। वैसे भी रतिलाल जैसे बूढ़े और चरित्रभ्रष्ट आदमी के साथ ऐसा टेढ़ा सम्बन्ध रखने में उसे क्या दिलचस्पी हो सकती है? हम दृढ़तापूर्वक मानते हैं कि गौरांग का चरित्र भी वैज्ञानिक ढंग से ही विकसित करेंगे। इसके लिए हम सतत प्रयत्न कर रहे हैं। मैं यह बात अच्छी तरह जानता हूँ कि मंजरी को बॉम्बे होटल का पता तक नहीं मालूम होगा। इसी लिए तुम से कहता हूँ कि हमारे संसार पर कुठाराघात करने का तुम्हारा प्रयत्न व्यर्थ है।'

थोड़ी देर मणिकाका कुछ बोले नहीं। फिर कुर्सी से उठ खड़े हुए। टोपी पर पड़ी धूल उड़ा मेरे पास आये। मेरे कंधे पर हाथ रख कर बोले : 'मुझे पन्द्रह साल की बालिका से लेकर चालीस वर्ष की स्त्रियों तक में दिलचस्पी है। तुम्हारी मंजरी का शरीर सौष्ठव बड़ा सुन्दर है। अनेक बार बड़े ध्यान और बड़ी बारीक़ी से उसे देखा है मैं ने। तुम्हारे लिए मान और मन में डर होने की वजह से जब रतिलाल ने बॉम्बे होटल का प्रस्ताव दिया तो थोड़ी देर के लिए कमज़ोर पड़ने के बावजूद मैंने ना कर दी। तुम को मेरी बात सच नहीं लगती, पर मंजरी का चरित्र शुद्ध है नहीं। रतिलाल के साथ उसके सम्बन्ध पिछले दो साल से गाढ़े हो गये हैं।'

इतना कह मणिकाका अपने माथे पर तिरछी टोपी सजा चले गये। (४१)

'वाडकी' में बार-बार आते स्वगत दिखाते हैं कि लोगों के—हमारे—मन में होता कुछ है और बोलते हम उसका उलटा हैं। 'मंजरी, रतिलाल अने हुँ' में स्थिति विपरीत है। यहाँ जो मन में है साफ़-साफ़ कह दिया जाता है। वह भी जो तथाकथित शराफ़त का तक़ाज़ा रहता है कि मन में ही दबा रहने दिया जाय। पड़ोस का कौन ऐसा 'शरीफ़' काका होगा जो मणिकाका जैसी निश्छलता से अपने पड़ोसी को बता देगा कि उसकी पत्नी के शरीर सौष्ठव पर मोहित होता रहा है वह? कहाँ से आते हैं इतना साफ़ बोलने वाले चरित्र भूपेन के दिमाग़ में? उनको लाने का प्रयोजन—उनका अर्थ, उनका महत्त्व—क्या है? किस तरह के अन्तर्मानवीय सम्बन्ध, किस तरह की नैतिकता, और कौन से वांछित मानवीय स्वभाव की कल्पना है इस कहानी में? और, उतना ही महत्त्वपूर्ण, हमारी अपनी क्या प्रतिक्रिया होती है यह सब पढ़ते हुए, विशेष रूप से वह जो मणिलाल के जाने के बाद होता है?

मणिकाका की बात पर व्यवस्थित तरीक़े से मनन करने पर 'हुँ' को गौरव का अनुभव होता है कि रतिलाल जैसे प्रौढ़ पुरुष मंजरी की ओर आकर्षित होते हैं। फिर वह सोचता है कि मंजरी पतिव्रता नारी है। रसोई में भी निपुण है। ऐसे कुकर्मों की कल्पना तक उसके मन में न आयी होगी। फिर भी वह मणिलाल के बताये दिन बॉम्बे होटल जा कर अपनी खातरी कर लेने का फ़ैसला करता है। पता कर के कि रतिलाल देसाई ने ४२ नम्बर का कमरा लिया है, वह बग़ल का ४३ नम्बर का कमरा अपने लिए ले लेता है। जैसे कि जासूसी कहानियों में होता है, इस कमरे की

दीवाल में आध इंच का एक छेद है जिससे बग़ल के कमरे में बिछा पलंग और उसके आसपास का कुछ हिस्सा देखा जा सकता है।

'हुँ' देखता है कि रतिलाल के हाथ में तीन गिलास और एक शराब की बोतल है। वह मंजरी से पूछता है : 'मंजरी, तू भी पियेगी न?' 'हुँ' को लगता है कि आज की रात उसे नये-नये खेल देखने पड़ेंगे। सिनेमा की पतिव्रता नारी और गृहलक्ष्मी की तरह मंजरी शराब का गिलास देख कर धक रह जायेगी और आत्महत्या का प्रयत्न करेगी। पर ऐसा कुछ नहीं बोली वह। उसने कहा : 'रतिलाल, आज मुझे शराब के साथ पानी नहीं सोडा देना।' फिर दोनों स्त्रियाँ सिगरेट भी पीने लगीं और ऐसी 'लम्पट और जटिल आँखों से' नशापूर्वक रतिलाल को देखा कि 'सिनेमा के परदे पर दिखने वाली हेलेन और यशोधरा काटजू भी शरमा जायें।' (४४)

इतना कुछ देखते वक़्त भी 'हुँ' पूरी ईमानदारी—तटस्थता—से अपनी मन:स्थिति बयान करते हुए कहता है : 'एक तरफ़ मुझे क्रोध आ रहा था और दूसरी तरफ़ सिनेमा देखने जैसा मज़ा भी।' आगे की घटनाओं का विस्तृत वर्णन करने से पहले वह बताता है कि 'इसके बाद का दृश्य विलासिता और कामुकता से भरपूर था।' उस वर्णन को यहाँ देना ज़रूरी नहीं है। ज़रूरी है बताना कि वह सब बताते वक़्त भी 'हुँ' कोई बेईमानी नहीं करता। मसलन, रतिलाल को दो स्त्रियों के साथ खेलते हुए देखते समय वह यह भी ग़ौर करता है कि 'मंजरी और धर्मिष्ठा दोनों में से किसी के साथ पक्षपात हुआ ऐसा नहीं लगा।' (४५) इसी तरह वह रतिलाल को यह कहते हुए सुनता है : 'मेरे ऑफ़िस के मणिकाका की उमर पचास साल है, पर जब वह किसी स्त्री के साथ सम्भोग करते हैं तब कोई मानेगा नहीं कि उनकी उमर पच्चीस से ज़्यादा है।' ऐसी प्रशंसा सुन काम क्रीड़ा में मगन नग्न मंजरी कहती है : 'तुम हमेशा मणिकाका की बात करते हो पर कभी लाये नहीं उन्हें यहाँ।' 'हुँ' स्वीकार करता है कि रतिलाल की बात और मंजरी की प्रतिक्रिया सुन उसके मन में पहली बार मणिकाका के लिए सम्मान का भाव आया। (४६)

लगभग इसी समय मंजरी की बारी पूरी हो जाती है। अब तक रतिलाल बहुत थक जाता है। 'हुँ' आगे आने वाला खेल न देख, चिन्तन में डूब जाता है। उसको विश्वास हो गया है कि मंजरी के चरित्र में दोष है और अगर उसका व्यवहार इसी तरह का रहा तो उनके बेटे गौरांग का लालन-

पालन वैज्ञानिक ढंग से न हो सकेगा। वह तय करता है कि अगले ही दिन हिम्मत कर के मंजरी को न सिर्फ़ यह बता देगा कि पिछली रात वह बॉम्बे होटल में था, बल्कि यह भी कि रतिलाल के साथ उसके शारीरिक सम्बन्धों का वह चश्मदीद गवाह है। फिर वह सो जाता है। उसके सुबह उठने से पहले ही बग़ल का कमरा ख़ाली हो चुका होता है। अफ़सोस करता हुआ कि पिछली रात नींद आ जाने की वजह से धर्मिष्ठा पटवर्धन और रतिलाल के बीच का दृश्य वह न देख पाया, 'हुँ' होटल का बिल चुका कर वापस घर को चल देता है।

घर पहुँचने पर देखता है कि, मानो रात कुछ हुआ ही न हो, मंजरी गौरांग के साथ घोड़ागाड़ी का खेल खेल रही है। इसके आगे की कहानी वह इस तरह बयान करता है :

हमारा संवाद :

माथा उठा मंजरी बोली : 'मणिकाका कह रहे थे कि हम दोनों की ग़ैरहाज़री में गौरांग बहुत रो रहा था।'

हुँ : 'तुम्हारी ही तरह मैं भी बॉम्बे होटल में तुम्हारे रूम की बाजू में था। तेरे और रतिलाल के सम्बन्ध अपनी आँखों से देखे।'

मंजरी : 'बाजू के रूम में था तो आना चाहिए था न! बेचारी धर्मिष्ठा पटवर्धन का जाना बेकार हो गया। मणिकाका आये नहीं और रतिलाल मेरे साथ सम्भोग कर के तुरन्त सो गया।'

मैं समझ नहीं पाया क्या कहूँ। परेशान हो बोला : 'तेरे चरित्र का गौरांग पर क्या असर पड़ेगा इसका कोई ख़याल है तुझे?'

मंजरी : 'गौरांग तो अभी बच्चा है। उसे सैक्स की जानकारी अभी है नहीं।...'

हुँ : 'तूने अपने इस आकर्षण की बात मुझसे क्यूँ नहीं की मैं नहीं जानता।'

मंजरी : 'रतिलाल ने मुझे यह बात बताने से मना किया था।'

हुँ : 'इसका क्या कारण था?'

मंजरी : 'उसे तुम्हारे और धर्मिष्ठा के बीच सम्बन्ध बढ़ाने में दिलचस्पी थी।'

हुँ : 'उसने इस बाबत ख़ुद कुछ कहा?'

मंजरी (हँसते हुए) : 'तुम रात में आओ यह जाल उसी ने मणिकाका के साथ मिल कर बिछाया था।'

हुँ : 'तुझे ख़बर थी?'

मंजरी : 'तुम्हारे रूम लेते ही मैनेजर ने रतिलाल को फ़ोन कर दिया था।'

...

हुँ : 'तुझे रतिलाल से कितना प्रेम है?'

मंजरी : 'शब्दों में इसका वर्णन असम्भव है।'

हुँ : 'तेरे और रतिलाल के प्रेम के बीच से मैं हट जाना चाहता हूँ।'

मंजरी : 'तुम क्या हमारे लिए अड़चन हो? तुम्हारे सुख की तो वह सतत चिन्ता करता है। इसी लिए तो उसने धर्मिष्ठा पटवर्धन को बुलाया था।'

हुँ : 'मंजरी, मुझे माफ़ कर दे। मुझे लगा था कि रतिलाल स्वार्थी की तरह अपने देहसुख में रमा हुआ है।'

'हुँ' का मन साफ़ होने के बाद पति-पत्नी की बातें ख़ूब प्यार से होने लगती हैं। पति के पूछने पर कि वह आराम से कितनी शराब और सिगरेट पी सकती है, मंजरी कहती है : 'चार सिगरेट के साथ चार ड्रिंक लेने पर तो स्वर्ग मिल जाता है।' पति के परेशान होने पर कि वह तो न शराब पीता है और न ही सिगरेट, मंजरी चुटकी लेती है : 'धर्मिष्ठा पटवर्धन को देखते ही मद्यपान की तीव्र इच्छा जागेगी।' यह भी पता चलता है कि धर्मिष्ठा पटवर्धन पहले से ही 'हुँ' के बालों को देख उस पर फ़िदा है। तय पाया जाता है कि अगले गुरुवार को उन दोनों का परिचय कराया जायेगा। 'हुँ' को अब विश्वास हो जाता है कि 'हमारे संसार की गाड़ी अच्छी तरह चले उसके लिए यह बहुत ज़रूरी है।' और चलने लगता है, अगले गुरुवार धर्मिष्ठा पटवर्धन से मुलाक़ात के बाद, 'हुँ' और मंजरी का संसार चक्र अच्छी तरह से।

'मंजरी, रतिलाल अने हुँ' ने मुझे अपने एक बड़े विवेक-सम्पन्न मित्र की याद दिला दी। बातों ही बातों में, मानो कि कोई बड़ी साधारण बात कह रहा हो, इस मित्र ने एक बार कहा था कि ले दे के दो सदियों में कोई

इकलौता मोनोगेमस—एकव्रती—व्यक्ति पैदा होता है। मित्र बस इतना कह चुप हो गया था। उसकी बात की मीमांसा कुछ इस तरह की जा सकती है कि हर आदमी और हर औरत की इच्छाएँ इतनी विविध और असीम होती हैं कि वे किसी एक से नहीं तरह-तरह के व्यक्तियों से ही पूरी हो सकती हैं। विडम्बना यह है कि ख़ुद कोई नहीं होता एकव्रती और इच्छा-अपेक्षा सब की होती है कि जो उनके साथ है वह एकव्रती हो, उनके प्रति पूर्ण रूपेण तन-मन से समर्पित।

बड़ी असाधारण उपलब्धि है मंजरी जैसे निश्छल स्नेही चरित्र की निर्मिति।

'मंजरी, रतिलाल अने हुं' में इन्हीं इच्छाओं की नैसर्गिकता और अदमनीयता का चित्रण है। और है, बग़ैर सीधे-सीधे कुछ कहे, स्त्री-पुरुष सम्बन्ध को स्वस्थ और स्वाभाविक बनाने का अनोखा आह्वान। चोरी, पाखण्ड, धोखाधड़ी, दुभाँत सरीखे टेढ़े तरीक़ों से जैसे-तैसे काम चलाते रहने के प्रयत्नों की व्यर्थता और उन से मुक्ति की प्रेरणा। केवल पुरुष-स्त्री सम्बन्ध के सीमित सन्दर्भ में ही नहीं, मानवीय इच्छा के व्यापक सन्दर्भ में ययाति का प्रतीक हावी था भूपेन पर।

इस कहानी की यह व्याख्या, बहुत मुमकिन है, आम पाठकों की प्रतिक्रिया से ख़ासी अलग हो। आम समझ में तो 'हुँ' चुगद ही लगेगा, आदर्श नहीं। इस प्रतिक्रिया की एक वजह इस कहानी का कहन है। सारी कहानी एक ऐसे अतिरंजित मसखरे अन्दाज़ में बयान की जाती है कि पढ़ने वाले उसका मज़ा लेने में इतने विभोर हो जाते हैं कि उन्हें गुमान तक नहीं होता कि इस की तह में कोई बड़ी गम्भीर बात कही जा रही है। अच्छे से अच्छे लेखक, अपने सौन्दर्य-बोध से समझौता किये बग़ैर, कुछ न कुछ ऐसा कर देते हैं कि उनके भाव या प्रयोजन का थोड़ा-बहुत आभास पाठक को हो जाये। लेकिन भूपेन भूल से भी कुछ समझाता नहीं। बस अपने खिलन्दड़े अन्दाज़ में बताता चलता है कि कब क्या हुआ। इस होने में ग़ज़ब के कायाकल्प भी हो जाते हैं। पाठक सोचते रहें कि ऐसा हो कैसे गया, पर उनकी मदद करना भूपेन अपनी ज़िम्मेदारी नहीं मानता। वह तो लगता है लिखने बैठता ही है पाठक को चकमा देने की ठान के।

उसे इस की भी परवाह नहीं कि कहानी का आन्तरिक तर्क संगतिपूर्ण है या नहीं। मसलन, अगर बग़ल के कमरे तक 'हुँ' को ले आने का षड्यन्त्र सफल हो गया है, और धर्मिष्ठा पटवर्धन को उसी के साथ सहवास करने

के लिए लाया गया है, तो उसे बुला क्यों नहीं लिया जाता? अगले गुरुवार तक रुकने की क्या ज़रूरत है?

पर भूपेन के लेखन में सामान्य पाठकीय अपेक्षाओं की नितान्त उपेक्षा है। वह सब कुछ अपने कहन की ऐब्सर्डिटी पर और पाठक की उस ऐब्सर्डिटी की समझ पर छोड़ देता है। पाठक चाहें तो उसे वाहियात समझ लें; चाहें तो ठहाके लगा लें; और चाहें तो थोड़ा मनन भी कर लें, सोचें कि जो देख रहे हैं उसके परे भी तो कहीं कुछ और नहीं है यहाँ।

थोड़ा भी आत्म-सन्देह हो जाय पाठक को तो अर्थ खुलने लगते हैं इस कहानी के। मसलन, सोचना पड़ता है कि हम उन कबीर को क्यों चुगद नहीं मानते, सन्त मानते हैं, जिन के बारे में किंवदन्ती है कि प्रेमी से मिलने की तीव्र इच्छा में घुल रही अपनी परकीया पत्नी को वह बड़े प्यार से अपने कन्धों पर बिठा कर मूसलाधार बारिश में उसके प्रेमी के द्वार पर छोड़ आये थे। 'मंजरी, रतिलाल अने हुँ' की माँग है कि उसको पढ़ते समय उस समझ से मुक्त रहा जाय जो—केवल अपने ऐसा मानने के आधार पर—कुछ चीज़ों को स्वाभाविक और कुछ अन्य चीज़ों को अस्वाभाविक माने रहती है। भूपेन के ज़्यादातर कथा लेखन की यही माँग है।

भूपेन याद दिलाता है गांधी की, जिन का वह परम भक्त था। गांधी कहते थे कि हमारी आँख कुछ ऐसी टेढ़ी हो गयी है कि सीधा देखती ही नहीं। वह—हमारी आँख—तो टेढ़े को ही सीधा मानती है। भूपेन जॉर्ज बर्नार्ड शॉ के नाटकों की भी याद दिलाता है जहाँ, तथाकथित यथार्थ को ताक पर रख, कोई गम्भीर प्रश्न उठाया जाता है, एक स्थिति निर्मित होती है, और अन्त में उस प्रश्न का कोई रैडिकल समाधान उभर कर आता है। याद किसी की भी दिलाये, भूपेन का लेखन उसका घोर अपना लेखन है।

भूपेन के अन्तिम वर्षों में जब उसका कैंसर ज़ोर पर था, उसकी कला ने एक भयावह मोड़ लिया। इस की चर्चा अगले अध्याय में करेंगे। अभी केवल इतना ही कि जो कला के उस अन्तिम दौर में हुआ—बग़ैर भूपेनी मसखरी के—वह पहले ही उसके साहित्य में होने लगा था। मानव मन की अतल गहराइयों में गोता लगाती उसकी कहानियाँ हँसते-हँसाते वह बयान करती चलती हैं जो सोचना भी वर्जित है। ऊपर अपने जिस विवेक-सम्पन्न मित्र का ज़िक्र मैंने किया उसके अलावा अपने एक और

दोस्त की भी याद आती है मुझे भूपेन का कथा साहित्य पढ़ते हुए। सीधा–सादा सफल मध्यम–वर्गीय पुरुष था यह मित्र। उसने एक ऐसी बात कही थी जिस को लिखना भी मुश्किल है, और मैं लिख दूँ तो छापने वालों को परेशानी होगी। सो असल शब्द को आपकी कल्पना पर छोड़ कर, हिम्मत करता हूँ बताने की कि क्या कहा आप और मेरे जैसे इस सामान्य पुरुष ने। नफ़रत और ग़ुस्से भरे चेहरे से केवल एक वाक्य बोला था उसने : 'ऐवरी नाइट व्हेन आइ ऐम इन माई बेड आइ मेंटली फ़...माई मदर।' भूपेन खेलता था ज़िन्दगी की ऐसी भयानक सच्चाइयों से ।

फ्रांसीसी भाषा में एक शब्द है आँपाँसे : वह जो नीचे अचेतन में धकेल दिया गया है। भूपेन के कथा साहित्य का ज़्यादा हिस्सा लिखा ही गया है उस अचेतन को सानन्द साकार करने के लिए।

भूपेन की एक कहनी है 'मनोजनो त्याग'। मनोज और मंजरी (भूपेन के कथा साहित्य में बार–बार वही नाम आते रहते हैं, मानो वह बताना चाह रहा है कि आदमी–औरत की जिस सचाई से उसे वास्ता है वहाँ सब एक से ही होते हैं) एक ही कॉलेज में पढ़ते हैं। दोनों ही आदर्शवादी और अपनी महान् आर्य संस्कृति के पुजारी हैं। दोनों ही अपने जीवन को निर्मल और मर्यादित बनाये रखने के लिए विवेकानन्द और गांधीजी जैसे महापुरुषों के सुभाषितों का संचयन करते रहते हैं। स्वाधीनता संग्राम के युग में हुए प्रसिद्ध गुजराती कथाकर रमणलाल के नायक मनोज के आदर्श हैं : सुदृढ़ शरीर, हर दिन अपने हाथ से धोये खादी के वस्त्र, और संगीत में रुचि। गांधी जयन्ती के अवसर पर कॉलेज में हुए रंगारंग कार्यक्रम में मनोज का संगीत लोगों को लुभा लेता है, और मंजरी द्वारा अपने ही ख़ून से बनाया गांधी का हृदयस्पर्शी चित्र प्रथम पुरस्कार पाता है। आश्चर्य नहीं कि एक ही कॉलेज में पढ़ रहे ऐसे विलक्षण दो युवा एक–दूसरे के मित्र बन जाते हैं।

निश्चित प्रारब्ध की भाँति उनकी मित्रता प्रेम में परिणत हो जाती है। कॉलेज के बाद दोनों बाग़ में जा कर बेंच पर बैठे घण्टों पुस्तकों की चर्चा करते रहते हैं। एक बार दोनों ऐसे ही बैठे थे कि अपनी कॉपी में कोई सुभाषित लिखते समय मंजरी की क़लम हाथ से छिटक कर नीचे गिर पड़ी। ज्यों ही क़लम उठाने के लिए मंजरी झुकी तो उसकी साड़ी का

पल्ला खिसक गया और उसकी खुली त्वचा और पुष्ट स्तनों पर मनोज की आँखें अटक गयीं। उसने अपनी उँगलियाँ मंजरी की उँगलियों में फँसा दीं। उस रात मनोज को स्वप्नदोष हुआ।

इसके बाद जब भी मनोज मंजरी से मिलता उसका ध्यान मंजरी के बालों, कपड़ों, साँस लेने से नीचे-ऊपर जाते उसके स्तनों में लग जाता। कहाँ तो पहले मंजरी के साथ धर्म की चर्चा करने से नहीं अघाता था वह, अब उसके स्पर्श के लिए बेचैन रहने लगा। एक दिन चाँदनी रात में समुद्र किनारे दोनों अकेले घूम रहे थे। यहाँ से देखें भूपेन का वर्णन :

> मंजरी ने कहा : 'मनोज, मैं कुछ दिन से तेरे अन्दर फेरफार देख रही हूँ। ऐसा लगता है कि धार्मिक चर्चाओं में तेरी दिलचस्पी ख़त्म हो गयी है। मुझे पता है कि तू सतत मेरी ओर देखता रहता है। क्या यह बात सच है?'
>
> थोड़ी देर चुप रहने के बाद मनोज बोला : 'मुझे कुछ वक़्त से स्वप्नदोष हो रहा है। रात में बार-बार तू मुझे नंगी दिखायी पड़ती है।'
>
> मंजरी हँस पड़ी। मनोज का हाथ अपने स्तन पर रखा और बोली : 'यह तो बहुत ही स्वाभाविक है। दम्पति रहस्य की पुस्तक पढ़ी है तू ने? नहीं पढ़ी है तो मैं राय देती हूँ उसे पढ़ने की।' यह कह वह मनोज की तरफ़ सरकी।
>
> मनोज ने दोनों हाथों से उसके स्तनों को मसला। प्रेम की सिसकारी भरती मंजरी बोली : 'दम्पति रहस्य में वीर्यपात से होने वाले दोष बताये गये हैं। वीर्य की एक बूँद ख़ून की सौ बूँदों के बराबर है। इसलिए वीर्य बचा के रखो, ऐसी सलाह उस में दी गयी है।' (८२)

मनोज और मंजरी का विवाह हो जाता है। आदर्श आर्य नारी मंजरी अपने पति और ससुर, मणिलाल (फिर वही सोची-समझी नामों की कंजूसी), की सेवा में तन-मन से लग जाती है। मनोज मैडिकल रिप्रज़ेंटेटिव है और उसे अक्सर शहर के बाहर जाना होता है। मणिलाल मंजरी का ससुर बनने के पहले से ही उसे बहुत पसन्द करता रहा है, और मंजरी भी तभी से उससे बहुत प्रभावित रही है। ससुर और बहू में ख़ूब पटती है और इसे देख मनोज बड़ा प्रसन्न होता है। कभी-कभी जब मणिलाल तत्वज्ञान के

सत्रों में जाता है तो मंजरी को भी अपने साथ ले जाता है।

बरसात के दिन थे और अमावस की काली रात थी कि मणिलाल की तबियत गड़बड़ हो गयी और उसे ज़बरदस्त खाँसी का दौरा पड़ गया। मंजरी उसके पास बैठ सेवा में लग गयी। देर रात में जा कर मणिलाल की तबियत ठीक हुई। उसने मंजरी से कहा : 'तेरे शरीर को बड़ा कष्ट हुआ है। तू ने मेरी पत्नी जैसी मेरी सेवा की है।' इतना कहते हुए मणिलाल की आँखें भर आयीं। (८४) फिर :

> मंजरी बोली : 'बड़ों की सेवा में अपनी देह को खपा देने वाली आर्य स्त्री हूँ मैं। आप से ज़्यादा मेरे लिए कौन है?'
>
> मणिलाल बोले : 'तू आज यहीं मेरी बग़ल में सो जा।'
>
> मंजरी बोली : 'मुझे अपनी पत्नी ही समझ लो।' यह कह मणिलाल से लिपट गयी।
>
> मणिलाल बोला : 'मंजरी, तेरे शरीर का स्पर्श कैसी गरमाहट देता है!'
>
> मंजरी बोली : 'आज हमारे विवाह का एक वर्ष पूरा हुआ है। मैंने मनोज के साथ तय किया था कि आज की रात सुहागरात की तरह मनायेंगे। हमारे अरमान अधूरे रह गये।'
>
> मणिलाल बोला : 'मंजरी, मैं भरोसा दिलाता हूँ कि तेरी अधूरी इच्छाएँ मैं पूरी करूँगा।'
>
> और उस रात मंजरी ने भी क़बूल किया कि उसकी कोई इच्छा अधूरी नहीं रही। (८४)

हम शुरू में ही देख चुके हैं कि भूपेन को 'इनसेस्ट'—वर्जित रिश्तों—के किसी मामले की भनक भी मिल जाये तो उसके बारे में ज़्यादा से ज़्यादा जानकारी हासिल करने में जुट जाता था। पर उसके लिए बात वहीं पूरी न होती, उसके रचना कर्म में बड़े अप्रत्याशित रूप पा जाती। 'मनोजनुं वैर' में भी बात ससुर-बहू के बीच वर्जित सम्बन्ध पर नहीं रुकती। रुक भी जाती तो भी भूपेन के अन्दाज़-ए-बयाँ के कारण यह कहानी समाज में दिखायी पड़ते रहते वर्जित सम्बन्धों के यथार्थ चित्रण से बहुत अलग कुछ कर जाती।

उदाहरण के लिए, बरसात की उस अमावस्या के बाद मंजरी के भाव जगत् का जो वर्णन है वह वर्जित सम्बन्धों को लेकर होने वाली सामान्य धारणा के विपरीत है। यहाँ न मंजरी के मन में अपने पति को लेकर और न ही मनोज के पिता के मन में अपने पुत्र को लेकर अपराध जैसी कोई भावना आती है। पढ़ें 'नैरेटर' का यह वर्णन और सुनें पति-पत्नी का यह संवाद :

> बहुत बार जब मनोज घर आता तब मंजरी और मणिलाल ग़ैरहाज़िर होते। मनोज की ग़ैरहाज़िरी मंजरी को व्याकुल न करती। ईश्वर के भजन और बड़ों की सेवा में वह अधिक और अधिक डूबती गयी।
>
> मनोज का ध्यान इस बात पर गया। उसने रात में शयनकक्ष में मंजरी से कहा : 'तू आजकल मेरी तरफ़ से उदासीन हो रही है। बापूजी के साथ भागवत कथा, सत्संग और धार्मिक सिनेमा देखने जाती है। संसार का सुख असार लगता है क्या? मीराबाई की तरह क्या ईश्वर की लगन लग गयी है? बापूजी की तो उमर हो गयी है, पर तुझे जवानी में यह वीतराग कहाँ से लग गया?'
>
> मंजरी बोली : 'मैं और बापूजी तुम्हारे लिए पुण्य इकट्ठा कर रहे हैं।...'
>
> मनोज ने मंजरी का हाथ पकड़ अपने पास खींचा और उँगलियों से खेलता हुआ बोला : 'मैं ने तो दसों उँगलियों से पुण्य किये हैं जिसके कारण मुझे तेरी जैसी पवित्र और पतिव्रता नारी मिली है।' यह कह मनोज ने अपना मुँह मंजरी के हाथ में छुपा लिया।
>
> मंजरी बोली : 'मनोज! तेरे पिताजी, मैं और तू सुखी संसार के तीन चक्र हैं। एक आर्य नारी की तरह मेरा धर्म है कि ईश्वर में आस्था रखूँ, बड़ों की सेवा कर उन्हें ईश्वर की तरह पूजूँ। अपने फ़र्ज़ के अलावा मैं और कुछ नहीं कर रही, और हिन्द की नारी के रूप में देश का रक्षण करना मेरा पवित्र फ़र्ज़ है।'

कहानी इससे भी बहुत आगे जाती है। दूसरे दिन मंजरी ने रात में मनोज से हुई सारी बातें मणिलाल को बतायीं। उसने कहा : 'मंजरी, तू बड़ों की सेवा अपना धर्म मानती है। इसलिए यदि तू मुझे पति की तरह अपना ले तो हम शान्तिपूर्वक प्रभु-भक्ति में लीन हो सकते हैं।' मंजरी ने कहा : 'जो तुम्हारी इच्छा सो मेरी इच्छा।' (८५) बिना इन पचड़ों में पड़े कि

मनोज और मंजरी का विवाह वैध रूप से भंग हुआ या नहीं, भूपेन की कहानी मंजरी और मणिलाल की विधिवत् शादी कराती है। शादी में तमाम मित्र और स्नेहीजन शामिल होते हैं। बड़ा भोज होता है। मणिलाल खुल कर पैसा ख़र्च करता है।

और देखें कहानी का अन्त। एक सुबह मंजरी की आँख देर से खुली क्योंकि वह और मणिलाल पिछली रात देर से सोये थे। अलसायी वह अभी बिस्तर में ही लेटी थी कि खाने की मेज़ से आती चीख़ उसे सुनायी पड़ी। भाग कर गयी तो देखा कि मनोज ने सेव काटते-काटते अपनी उँगली काट ली थी और उससे ख़ून बह रहा था। उसने तुरन्त अपनी साड़ी से एक टुकड़ा फाड़ के मनोज की उँगली पर पट्टी बाँध दी। यहाँ से कहानी की अन्तिम पाँच पंक्तियाँ :

> मनोज गद्गद् हो कहने लगा : 'माँ! मेरी माँ मिल गयी मुझे!'
>
> मंजरी बोली : 'बेटा! बरसों से तेरी राह जोह रही थी मैं। मेरे पास आ, अपना मुँह देखने दे मुझे।'
>
> आँसू से छलछलाये मनोज के मुँह को देख मंजरी उससे लिपट गयी।
>
> पुत्र को माँ मिली और माँ को पुत्र मिला।
>
> बण्डी और धोती पहने दरवाज़े पर खड़े मणिलाल सजल नेत्रों से यह दृश्य देख रहे थे। (८७)

उन लोगों के लिए जिन की भूपेन के साहित्य और उसकी कला के अन्तर्सम्बन्ध में विशेष रुचि है, यह तथ्य महत्त्वपूर्ण हो सकता है कि पूरे *मगन भाई नो गुन्दर अने अन्य वारताओ* में 'मनोजनुं वैर' अकेली कहानी है जिसमें भूपेन ने किसी पात्र या स्थिति को दिखाने के लिए कोई चित्र नहीं दिया है। मैं स्वयं इस विषय में ज़्यादा कुछ नहीं कह सकता। भूपेन अक्सर कहता था कि जो वह कला में नहीं कह सकता अपने साहित्य में कहने की कोशिश करता है। यह केवल आंशिक रूप में सच है। पूरा सच होता तो वह अपनी साहित्यिक रचनाओं के लिए ही नहीं बल्कि दूसरों की रचनाओं के लिए भी चित्र न बनाता। उसके लिए अवश्य ही एक ऐसा बड़ा दायरा भी था जहाँ कला और साहित्य एक-दूसरे को समृद्ध करते थे। साथ ही कुछ ऐसा भी था जहाँ, कम से कम उसके लिए, कला असमर्थ हो जाती थी और केवल साहित्य ही अभिव्यक्ति का

साधन बच रहता था। शायद 'इनसेस्ट'—'मनोजनुं वैर' का विषय—उसी कोटि में था उसके लिए।

ऐसा नहीं है कि भूपेन अपने कथा साहित्य में हमेशा ही वर्जित कामेच्छाओं और सम्बन्धों का अतिरंजित चित्रण करता है। अन्दाज़ ज़रूर उसका हमेशा खिलन्दड़ा होता है, पर कई बार वह मानव मन की इच्छाओं का बड़ा बारीक़ विवेचन भी करता है। उदाहरण के लिए, उसकी छोटी-सी कहानी 'मद्रासी होटल अने मोहनभाईनी मुलाक़ात' में—भूल से भी गम्भीर या भावुक हुए बिना—सम्भावित प्रेम से उपजी विकलता का दिल को छू जाने वाला वर्णन है। अचानक बग़ैर कुछ भी समझाये बात को शुरू कर देने वाले परिचित भूपेनी अन्दाज़ में नैरेटर अपनी कहानी बताना इस तरह शुरू करता है :

> 'नाश्ता करने पाँच बजे मद्रासी होटल गया। अन्दर बैठने से पहले थोड़ी देर हिचकिचाया। मद्रासी होटल। दाएँ बैठूँ या बाएँ तय नहीं कर पाया।' (५१)

हिचकिचाहट का कारण था : बायें बैठने के लाभ नीचे कहे अनुसार थे :

> १. खिड़की में से बाहर की दुनिया देखी जा सकती है।
>
> २. पंखा सिर पर नहीं घूमेगा।
>
> दायें बैठने के लाभ ज़्यादा थे :
>
> १. कोने में सनमाइका लगी छोटी मेज़ थी जहाँ से किसी का ध्यान खींचे बिना होटल में बैठे तमाम लोगों को देखा जा सकता था।
>
> २. काउंटर पर रखा रेडिओ, बाजू में प्लास्टर ऑव पेरिस का कुत्ता और लक्ष्मीजी के हाथ में से अदृश्य रूप से निकलते सोने के सिक्कों वाला लक्ष्मीचंद भगाजी का कैलेण्डर। इन सब का निरीक्षण हो सकता था।
>
> ३. खिड़की की जगह लगे पारदर्शी काँच पर पड़ते प्रतिबिम्ब के कारण अन्दर और बाहर की प्रति क्षण बदलती दुनिया की झाँकी मिल सकती थी।
>
> मैं बायें बैठ गया। (५१)

मज़ा लेने-देने का कोई मौक़ा न चूकने वाले भूपेन को ज़रूर ही उम्मीद रही होगी कि दाहिनी ओर बैठने के ज़्यादा फ़ायदों के बावजूद नैरेटर का

बग़ैर कोई स्पष्टीकरण दिये बायीं ओर बैठ जाना पाठकों के चेहरों पर एक मुस्कान तो ला ही देगा। साथ ही, कहानी के ऐन शुरू में ही, इस छोटे-से निरर्थक लगते कृत्य में एक अति बारीक़ इशारा भी है नैरेटर की मनोस्थिति का। कि इस समय वह तात्कालिक फ़ायदे-नुक़सान के परे किसी और बड़ी चीज़ की सोच रहा है। कोई ऐसी चीज़ जो अच्छे-अच्छों को वहमी—अन्धविश्वासी—बना देती है।

नैरेटर बैठता ही है कि सामने वाली कुर्सी पर पीली बुशशर्ट पहने चरबी चढ़े चेहरे का एक आदमी आ कर बैठ जाता है। इधर नैरेटर अपने बैग में से बिजली का बिल, हरिदास का पत्र, टेलीफ़ोन नम्बर लिखी परचियाँ और व्याकरण की किताब निकाल लेता है। चाय का ऑर्डर देता है और फिर उसे बदल कर दोसा मँगवाता है। व्याकरण की किताब में उभयान्वयी अव्यय का अध्ययन करने लगता है : 'दो शब्दों अथवा शब्द समूहों के उपवाक्य को उभयान्वयी अव्यय कहते हैं। इसके निम्नलिखित आठ प्रकार होते हैं : संकेतवाचक...।' (५१)

कौन-सी दूर की कौड़ी नहीं ला सकतीं भूपेन की कहानियाँ!

इस बीच सामने बैठा पीली बुशशर्ट धारी नैरेटर से बात करने की कोशिश करता है। कहता है कि वह अभी तक बहुव्रीहि समास और हेत्वर्य क्रिदन्त नहीं समझ पाता। पर नैरेटर का ध्यान कहीं और है। वह आतुर है जानने को कि उसका दोसा किस स्थिति में आता है। क्योंकि :

(१) दोसा प्लेट के ठीक बीचोंबीच है या नहीं, और

(अ) चम्मच बायीं तरफ़ और काँटा दाहिनी तरफ़ है तो मोहनभाई से मुलाक़ात होगी।

(ब) चम्मच नारियल की चटनी में है और काँटा बायीं तरफ़ है तो मोहनभाई के साथ की मुलाक़ात सफल होगी।

(२) दोसा प्लेट की दाहिनी तरफ़ हुआ और

(अ) चम्मच बायीं तरफ़ और काँटा दायीं तरफ़ हुआ तो मोहनभाई मिलेंगे पर उनका इन्तज़ार करना पड़ेगा।

(ब) चम्मच नारियल की चटनी में हुई और काँटा दाहिनी तरफ़ हुआ तो मोहनभाई के साथ मुलाक़ात के सफल होने में वक़्त लगेगा।

(३) दोसा प्लेट की बायीं तरफ़ ढलता हुआ और

(अ) चम्मच बायीं तरफ़ और काँटा दायीं तरफ़ हुआ तो मुझे दुत्कार के घर के बाहर निकाल देंगे।

(ब) चम्मच नारियल की चटनी में हुई और काँटा दायीं तरफ़ हुआ तो ठण्डी आवभगत होगी।

(४) दोसा दाहिने हाथ में लायेगा या चम्मच और काँटा उपर्युक्त स्थिति में एक ही तरफ़ हुए तो—

(अ) मोहनभाई नामक व्यक्ति से मिलने नहीं जाऊँगा।

(ब) जो आदमी मुझे मिला था उसका नाम मोहनभाई नहीं है।

(क) जो पता मेरे पास है वह मोहनभाई का नहीं है।

दोसा ३(अ) की स्थिति में आया। (५२-३)

आप माहिर शतरंजिये हैं तो कहा नहीं जा सकता, वरना मुश्किल है कि इतनी शर्तें पढ़ कर आप का दिमाग़ भन्ना न गया हो और आप बिलकुल ही न समझ पायें कि ३(अ) वाली स्थिति है क्या और नैरेटर के दिमाग़ में यह किस परिणाम से जुड़ी है। पर आप को पीछे जा कर फिर से पढ़ने की ज़रूरत नहीं पड़ती, चूँकि :

मैंने पीली धारी वाली बुशशर्ट से पूछा : 'तुम्हें दूसरा दोसा खाना है?'

बुशशर्ट : 'मैं तो तीन दोसा ठूँस सकता हूँ। क्या, तुम्हें नहीं खाना?' (५३)

इससे पहले कि दोसा उसकी मेज़ तक आ सके नैरेटर ने वेटर को इशारा करके इस दोसे को बुशशर्ट की ओर पहुँचवा दिया। उसे डर था : 'अगर दोसा मेरी तरफ़ आ जाता और मेज़ के क्षेत्रफल को स्पर्श कर देता तो मुझे ३(अ) की परिस्थिति का सामना करना पड़ता।' (उसे दुत्कार के घर से निकाल दिया जाता।) इस सर्वनाशी परिस्थिति से निजात पा नैरेटर तुरन्त ही अपने लिए दोसे का नया ऑर्डर दे देता है।

इस बार दोसा १(अ) की स्थिति में आया। वह प्रसन्न हो गया। बड़े प्यार से स्वाद ले-लेकर दोसा खाया उसने। उसके पैसे का दोसा खाता मुफ़्तख़ोर भी अब उसे अच्छा लगने लगा। उससे मिलने की इच्छा भी होने लगी।

आख़िर कितने लोग दुनिया में होंगे जिन्हें बहुव्रीहि समास और हेत्वर्थ क्रिदन्त नहीं मालूम, पढ़ना-लिखना तक नहीं जानते। पर अभी इसके लिए समय नहीं है। कहीं और सफलता नैरेटर का इन्तज़ार कर रही है। वहाँ, कहानी के अन्त में :

> मोहनभाई के घर में जब मैं कोच पर बैठा तो उनकी पत्नी ने मधुर स्वर में कहा : 'कब से तुम्हारी राह देख रहे हैं ये। पंचांग देख के तो मिलने का टाइम तय किया था।' शरीर से चिपट गयी गीली धोती पहने मोहनभाई ने बाथरूम में से दीवानखण्ड में प्रवेश किया। (५५)

नये प्रेमी को पाने की बेचैनी दोनों तरफ़ है। विकलता दोनों को ही 'अन्धविश्वासी' बनाये हुए है।

मगनभाईनो गुन्दर अने अन्य वारताओ की सबसे लम्बी कहानी है 'मनोजनुं वैर'। प्रेम, आसक्ति, घृणा, वैर, प्रभुत्व की लालसा और क्षमा पर ठेठ भूपेनी तर्ज़ पर दार्शनिक विमर्श करती हुई गांधी की और गीता में कृष्ण-अर्जुन संवाद की याद दिलाती है यह। मनोज सुन्दरलाल के ऑफ़िस में काम करता है। हर दम कोशिश में लगा रहता है कि अपना काम कुशलता से कर के सुन्दरलाल को ख़ुश रखे। पर बॉस है कि ख़ुश हो के नहीं देता। कारण-अकारण मनोज को डाँटता और अपमानित करता रहता है। एक उदाहरण देखिये। मनोज ने कुछ टाइप कर के सुन्दरलाल के देखने के लिए उसकी मेज़ पर छोड़ दिया है। थोड़ी देर में उसकी पेशी होती है और सुन्दरलाल गरजता है :

> 'कलर की स्पेलिंग क्या है?'
>
> मनोज : 'सी ओ एल ओ यू आर।'
>
> सुन्दरलाल कटाक्ष करता है : 'अभी भी विक्टोरियन ज़माने में जी रहे हो? अब तो अमरीका की सत्ता है। डॉलर का भाव देखो। पाउण्ड गिरा हुआ है। अमरीका का अनुसरण करो। फिर से टाइप करो।' (९०)
>
> पन्द्रह दिन बाद किसी पत्र को टाइप करते हुए मनोज ने अमरीकी रंग का उपयोग किया। फिर पेशी हुई :
>
> सुन्दरलाल : 'कौन-सी डिक्शनरी इस्तेमाल करते हो?'
>
> मनोज : 'ऑक्सफ़ोर्ड।'

सुन्दरलाल : 'कलर की स्पैलिंग क्या है?'

मनोज : 'सी ओ एल ओ आर।'

सुन्दरलाल : 'मुझसे ज़बान लड़ाते हो... ?' (९१)

सुन्दरलाल विवाहित है और उसकी पत्नी का नाम सुशीला है। इनके विवाह की पहली रात का कहानी में दिया गया विवरण इस प्रकार है :

> सुशीला के मेहँदी लगे हाथ अपने हाथ में ले सुन्दरलाल बोला : 'तेरे लिए पहले तय करना ज़रूरी है कि तेरे जीवन की आदर्श नारी कौन होगी। धर्म पुस्तकों में अनेक नारियों के दृष्टान्त हैं, जिनके अनुकरण से तेरी जीवनराह उज्ज्वल हो जायेगी।'
>
> पहली रात्रि को जब नवविवाहित जोड़े एक-दूसरे के बाहुपाश में जकड़े रतिक्रीड़ा का आनन्द लेते हैं, हमारा यह जोड़ा रामायण का पारायण कर रहा था। सुशीला के पास सुन्दरलाल सदा धर्म पुस्तक का वाचन करता। (९१-२)

किन्तु एक रात सुशीला सुन्दरलाल की जाँघ पर हाथ फेरने लगी तो उसे अपनी पत्नी के अन्दर सुलग रही कामाग्नि का और पति के रूप में अपने धर्म का एहसास हुआ। फिर तो हर रात रतिक्रीड़ा का आनन्द लिया जाने लगा। एक रात सुन्दरलाल ने बालक प्राप्ति की इच्छा प्रकट की तो सुशीला बोली : 'कोकऋषि ने प्रजोत्पत्ति पर जो प्रकरण लिखा है वह मैंने पढ़ा नहीं है। लेकिन अब तुम्हारी इच्छा पूरी करने के लिए उसको पढ़ कर सहर्ष अमल में लाऊँगी।' (९४) इसके बाद जब सुशीला रजस्वला हुई तो उसके छठे दिन सुन्दरलाल ने उसके साथ सम्भोग किया जिसके फलस्वरूप बालक के आगमन की तैयारियाँ प्रारम्भ हो गयीं। बालक का नाम निखिल रखा गया।

निखिल के आगमन के बाद सुशीला दुविधा में पड़ गयी। माँ और पत्नी के अलग-अलग धर्म के साथ वह समान न्याय नहीं कर पा रही थी। तभी सुन्दरलाल ने उसे आदेश दिया कि वह जीजाबाई का दृष्टान्त याद कर के अपना समस्त ध्यान निखिल पर केन्द्रित कर दे। आदर्श पत्नी बोली : 'आज ही मैं शिवाजी के लालन-पालन और शिक्षा-दीक्षा की पुस्तक पढ़ कर जीजाबाई के दृष्टान्त को अपने जीवन में अपना लूँगी।' (९५)

सन्तान की इच्छा की बात होते ही कोकऋषि के प्रजोत्पत्ति प्रकरण का आ जाना या बच्चे के लालन-पालन का ज़िक्र होते ही जीजाबाई के दृष्टान्त का आ जाना दिखाते हैं कि भूपेन की कहानियों में सीधे से कुछ नहीं कहा जाता। मामूली से मामूली बात भी अत्यन्त अप्रत्याशित मस्ती और चुलबुलेपन से सामने आती है। इसी तरह, अब जब कि सुशीला का सारा समय निखिल को मिलना है और सुन्दरलाल की देखभाल के लिए सस्ते अनाज की दुकान पर अकस्मात् सुशीला को मिल गये शिवलाल के ज़िम्मे आना है, तो देखें कि इस नये महत्त्वपूर्ण पात्र के बारे में पहली सूचना क्या दी जाती है। बताया जाता है : 'शिवलाल की पत्नी पन्द्रह अगस्त उन्नीस सौ सैंतालीस के दिन मर गयी, जिस कारण शिवलाल भी स्वतन्त्र हो गया।' (९५) यह भी देखें कि सुन्दरलाल अपने घर में शिवलाल को नौकरी देने की बात किस तरह चलाता है : 'सुशीला को जीजाबाई की तरह निखिल को पालना है। मेरी रोज़मर्रा की रीतरस्मों का ध्यान रखने का इसके पास वक़्त नहीं है। हमें तुम्हारी ज़रूरत है।' इसके आगे :

> 'निखिल के आगमन के बाद सुशीला आर्य नारी वाले अपने फ़र्ज़ नहीं निभा सकती। हमें तुम्हारी मदद की ज़रूरत है। शिवलाल, सुबह नाश्ता तैयार करके तुम मुझे चम्मच से पौंआ-बटाका खिलाओगे ? स्नान कर के मैं आऊँ तो तौलिया लेकर खड़े रहोगे ? मेरे सिर में वेसलीन लगा कर मेरे बाल सँवार दोगे ?'(९८)

दूसरी सुबह ही, सुन्दरलाल के कहे अनुसार, ठीक साढ़े सात बजे शिवलाल काम पर पहुँच जाता है। सुशीला उसे सारे काम समझा देती है—यह वर्णन भी बहुत मज़ेदार है पर पूरी कहानी तो यहाँ नहीं दी जा सकती—और ख़ुद निखिल की देखभाल में लग जाती है। शिवलाल बड़ी कुशलता से सारे काम सम्हाल लेता है। सुशीला भाग्य से ही निखिल के कमरे से निकलती है। फिर :

> शुरुआत में शिवलाल सुन्दरलाल से अभिभूत होने के कारण शायद ही उससे बात करता, सुन्दरलाल की सेवा को अपनी जीवनचर्या में सर्वोपरि मानता। रात में जब सुन्दरलाल शयनखण्ड में सोने जाता तो शिवलाल उसके पैर दबाता। दो-तीन महीने बाद एक दिन सुन्दरलाल बोला : 'शिवलाल, पूर्व जन्म का ऋणानुबन्ध है, तू मेरी सेवा करता है और तेरे हाथ के स्पर्श से मेरा रोमरोम झनझना उठता है।' शिवलाल कुछ नहीं बोला।

थोड़े दिन बाद शिवलाल बोला : 'सुन्दरलाल, तुम ने ऋणानुबन्ध की बात की सो वह उभयपक्षी हो सकता है। प्रेम की पतंग का काग़ज़ बहुत नाज़ुक होता है। थोड़े वक़्त आकाश और स्वर्ग की सैर कराने के बाद काटता, फाड़ता है, अधर में फेंक देता है। फिर स्वर्ग का सुखद अनुभव मात्र स्वप्न।'

सुन्दरलाल ने शिवलाल को अपनी तरफ़ खींचा, उसके बालों में उँगलियाँ फेरीं और अपनी बगल में सोने के लिए कहा। शिवलाल ने कोई आनाकानी नहीं की। (९९)

सुन्दरलाल और शिवलाल—भूपेन का प्रिय शब्द—गलाडूब प्रेम में पड़ जाते हैं। साथ-साथ सोते हैं तो उन्हें लगता है कि 'अब दो शरीरों को एक ही आत्मा जोड़े हुए है।' (९९) तीन बरस इन का प्रेम ख़ूब फलता-फूलता है और तब एक दिन अचानक सुशीला सब भग्न कर देती है :

रात के समय जब शिवलाल और सुन्दरलाल हाथ में हाथ लिए और आँखों में आँखें डाले बातें कर रहे थे सुशीला ने प्रवेश किया। उसने सुन्दरलाल से कहा : 'अब तुम्हारे जीवन में शिवलाल की ज़रूरत नहीं है। निखिल बड़ा हो गया है। पहले की तरह अपने सारे फ़र्ज़ निभाने को मैं आतुर हूँ।'

दोनों मित्रों पर वज्रपात हो गया। दोनों के हाथ छिटक गये।

सुशीला : 'पिछले काफ़ी वक़्त से मुझे लगता रहा है कि शिवलाल मेरा स्थान लेने को आतुर है और उसकी तरफ़ तुम्हारा आकर्षण बढ़ता जा रहा है।'

विक्षिप्त-सा शिवलाल कहता है कि सुशीला ने उसका दिल तोड़ दिया है, कि उसके प्रेम की अग्नि भभक उठी है, कि वह तड़पता रहेगा सुन्दरलाल के स्पर्श के लिए। सुशीला पलट के शिवलाल से पूछती है : 'आर्य नारी को पदभ्रष्ट करना चाहते हो?' सुन्दरलाल अपने को सम्हाल चुका है। शिवलाल से कहता है : 'हमार लेनदेन अब पूरा हो गया।' धमकाता हुआ कि 'हिसाब होना अभी बाक़ी है', शिवलाल घर के ज़ीने से उतर जाता है। (१०१)

प्रेम की अग्नि की जगह अब शिवलाल के अन्दर वैर की अग्नि भभकने लगती है। उधर मनोज भी सुन्दरलाल से अपने सारे अपमानों का बदला लेने के लिए पागल हो रहा है। 'विधि के खेल के भी कैसे संकेत होते

हैं!' सुन्दरलाल के दोनों वैरी केवड़ा बाग़ की एक ही बेंच पर आ बैठते हैं। मनोज बड़बड़ाता हुआ अपने अपमानों को याद करता है और कहता है : 'सुन्दरलाल, तेरा काल नज़दीक आ गया है। अब बस गिनती के दिनों में मेरे हाथों तेरी मृत्यु होगी।' शिवलाल के कान खड़े हो जाते हैं। मन ही मन सोचता हुआ कि यह सुन्दरलाल कहीं उसका अपना वैरी ही तो नहीं, वह बग़ल में बैठे मनोज से पूछता है : 'कौन सुन्दरलाल? किस के लिए पागल बने तुम यह बड़बड़ कर रहे हो? इस सार्वजनिक जगह में ख़ून की धमकी दे रहे हो तो...।' (१०२)

यह है पृष्ठभूमि उस होने की जो गांधी की और कृष्ण-अर्जुन संवाद की याद दिलाता है। पर उस होने में अभी एक कसर बाक़ी है। अकस्मात् मिल गये सुन्दरलाल के इन वैरियों को उसकी हत्या की पूरी योजना बनानी है और उसे किसी तरह से हत्या के लिए निश्चित किये गये उपयुक्त और सुरक्षित स्थान तक ले जाना है। मनोज और शिवलाल के अकस्मात् एक पार्क की एक ही बेंच पर मिल जाने, और मनोज के एक सार्वजनिक स्थान में अपने अपमानों का इतिहास और अपने ख़तरनाक इरादों को बड़बड़ा के बताने से लेकर दोनों हत्यारों द्वारा मारे जाने वाले को हत्या स्थल पर ले आने तक की सारी कहानी निहायत ही घटिया अविश्वसनीय जासूसी अन्दाज़ में बड़े धड़ल्ले से आगे बढ़ायी जाती है। उस मज़ेदार प्रसंग को पूरा का पूरा लाँघते हुए मैं आप को वहाँ ले जाता हूँ जहाँ मनोज और शिवलाल अपने वैरी सुन्दरलाल को पकड़ के ले आये हैं। यहाँ ला कर वे सुन्दरलाल को इतनी रात गये इस निर्जन स्थान में लाये जाने का सबब बताते हैं। पता लगने पर कि उसकी हत्या होने वाली है, सुन्दरलाल कहता है :

> 'मनोज, मेरी मृत्यु समीप आ गयी है। इसके लिए तेरी तैयारियाँ भी पूरी हो चुकी हैं। बस इस बाबत अफ़सोस यह है कि मैं ख़ुद तैयारी करके नहीं आया हूँ। मैं नंगी छोकरियों की तस्वीरें देखने में मगन था। सुशीले के रहते ये तस्वीरें नहीं देख सकता क्योंकि उसे ईर्ष्या होती है। आज मैंने सोचा था कि शान्ति से देखूँगा ये तस्वीरें। मुझे केवल छह दिन की मोहलत चाहिए। छह दिन में मैं अपना संसार समेट लूँगा। दो दिन चार्टर्ड अकाउण्टेंट की कॉन्फ्रेंस में जाना है। और बाक़ी चार दिन सुशीला और निखिल के संग बिताने हैं। आख़िरी दिन भजन का प्रोग्राम रखूँगा।'

ग़ौर करें कि सुन्दरलाल मोहलत छह दिन की माँग रहा है और प्रोग्राम सात दिन का बता रहा है। और पेशेवर हिसाब-नवीस उस पर टिप्पणी भी नहीं कर रहे। कहानीकार को सूझ गया है एक और तरीक़ा मस्ती का। सतर्क पाठक भी ले लें इसका मज़ा। कहानी में न मनोज सतर्क और न ही शिवलाल। सो आगे पढ़ें :

मनोज : 'ऑफ़िस में भी ऐसी नरमाई से बात करता तो कैसा होता?'

सुन्दरलाल : 'जिसके सामने साक्षात् यम खड़े हों वह कैसे कड़क हो के बात कर सकता है?'

मनोज : 'तुम किस शस्त्र से मारे जाना चाहते हो ये तुम्हारी पसन्द का सवाल है।'

सुन्दरलाल : 'मुझे हण्टर की मार बहुत पसन्द है। इसमें होने वाली पीड़ा दोनों ही पक्षों को अच्छी तरह से आनन्द दे सकती है।'

मनोज : 'अब पालेज स्टेशन आ गया है। अगले शनिवार को रात के लगभग नौ बजे घर के आगे जीप लेकर हम खड़े होंगे। वचन भंग मत करना।'

सुन्दरलाल : 'रघुकुल रीत सदा चलि आई प्राण जाय पर वचन न जाई।' (१०७-०८)

हण्टर की मार से मरने के सुन्दरलाल के चुनाव और इस मार से उत्पन्न होने वाले दुतरफ़ा आनन्द पर उसकी टिप्पणी के सहारे मज़ाक़-मज़ाक़ में, बग़ैर किसी मनिवैज्ञानिक शास्त्रीय विवेचन के, यहाँ कितना कुछ कह दिया जाता है साडो-मैसोकिज़्म—स्व-पर-पीड़ा-आनन्द—के बारे में।

अगले शनिवार की रात को सुन्दरलाल एक निर्जन स्थान पर ले जाया जाता है। प्रतिशोध की चरम परिणति के इस क्षण में मनोज, सुन्दरलाल और शिवलाल का लम्बा संवाद होता है। देखें इसके कुछ हिस्से :

मनोज : 'आज तुम्हारी सत्तावादी क्रूर ठण्डी आवाज़ ढीली पड़ गयी है। तीन वर्ष तक मैं उससे घबराता रहा। उसकी जगह तुम्हारी यह शीतल, स्निग्ध और प्रेममयी आवाज़ सुन कर अचरज हो रहा है। कैबिन के कालीन पर मेरे प्रेम की उपेक्षा की, काग़ज़ कबूतर की भाँति फड़फड़ाते पड़े रहते। इसका क्या जवाब है तुम्हारे पास? तुम्हारा ख़ून करने की

प्रेरणा क्या तुम्हीं ने नहीं दी मुझे?'

...

सुन्दरलाल : 'मनोज, दु:ख और सुख तो हर किसी को जन्म से ही मिलते हैं। जो दुखी होने के ही लिए पैदा हुआ है उसे दुनिया की कोई भी वस्तु सुख नहीं दे सकती। मेरे मरने के बाद क्या तुझे सुख मिलेगा? तू वैर की आग में अपना होश गँवा बैठा है। तुझे कोई भी सुख नहीं मिलेगा। तेरी छटपटाहट, तेरे प्रयत्न सब अर्थहीन हैं।'

... ...

मनोज : 'मेरे मन में चलता यह विचार-चक्र और इससे निकला विषाद मुझे हर क्षण घेरे रहते हैं। विचारों की इस धारा में दुश्मन के रूप में तेरी मूर्ति सतत दिखायी पड़ती है। सारे विषाद, उससे निकली शोक की भावना, सब के लिए तुम ही जवाबदार हो।'

... ...

सुन्दरलाल : 'तुम्हारे जैसे निस्तेज और कंगाल टाइपिस्ट को हैरान करने की वृत्ति मैं दबा ही नहीं सकता था। सबके सामने तेरा तेजोवध हो, यह मुझे अच्छा लगता था। सोचा एकाध बार तू ग़ुस्सा करेगा, एकाध बार सब की हाज़री में मेज़ पर फ़ाइल फेंक कर कैबिन में से निकल जायेगा, पर तू और सहिष्णु होता गया और मेरी आवाज़ और अधिक उपेक्षा से भरती चली गयी। कई बार तू मेरे सामने प्रेम की भिक्षा माँगता खड़ा रहा, पर मुझे तेरे हृदय में से उठते इस प्रेम को कुचल देना था। मेरी हाज़री में तू इस प्रेम से सतत पीड़ित रहता था। मेरा तेरे सामने होना ही तेरे प्रेम को पोषित करता था। सिर्फ़ मेरा दस मिनट के लिए होना, उपेक्षाभरे दो ठण्डे शब्द तेरे सारे दिन के लिए काफ़ी होते थे। जितना मैंने तुझे इस प्रेम के लिए तड़पाया उतना ही तुझ ने मुझसे प्रेम किया। तू मुझसे ऊष्मा भरे शब्दों की अपेक्षा रखता। ऐसे एकाध शब्द फेंक तुझे कुत्ते की तरह पूँछ हिलाते देखने में मुझे मज़ा आता था।'(१११-१२)

... ...

मनोज : 'आज मैंने अपने जीवन का एक लक्ष्य सिद्ध कर लिया है। प्रेम और धिक्कार के बीच मैं धिक्कार को चुनूँगा क्योंकि यह विष की तरह पल भर में मनुष्य की रग-रग में फैल जाता है। धिक्कार की कैफ़ियत

ही दूसरी है। इसका सोता तो नस-नस में फैल जाता है। धिक्कार मनुष्य को भूगर्भ में धकेल देता है, जहाँ गलीच आदमी बेफ़िक्री से जीवन जी सकता है। वहाँ तुम्हें किसी की भावना को पोसने की ज़रूरत नहीं। तुम्हारे जैसा नीच और कोई नहीं, कैसी गरमाहट देता है यह यक़ीन।'

सुन्दरलाल : 'खलनायक की भूमिका में तू अभी कच्चा है। तेरे धिक्कार में भी स्नेह और मेल का ताना-बाना बुना है। इसीलिए तो आज जब वह दिन आ गया है जिस का तुझे तीन साल से इन्तज़ार था, तू मुझसे बात करना चाह रहा है। धिक्कार को जुगुप्सा और घृणा से अलग कर पाने में तू अभी असमर्थ है।'

बाएँ हाथ की उँगली होंठ पर फेरते हुए शिवलाल : 'मनोज, आत्मीय सम्बन्धों का दुःख वक़्त के साथ ग्लानिमय सुख में बदल जाता है। केवड़ा बाग़ में शाम सूर्यास्त के वक़्त इस ग्लानि का अनुभव मुझे हुआ था। सुन्दरलाल की मृत्यु में फिर आसक्ति का अनुभव होगा। ....'

सुन्दरलाल : 'तेरे लिए मेरे प्रेम का समय पूरा हो गया है। लोभ में हम एक-दूसरे से चिपके रहें तो भी प्रेम ओस की भाँति उड़ जाता है। एक [मनोज] को मैंने उपेक्षा दी और दूसरे [शिवलाल] को प्रेम। सुशीला के साथ धर्म से सहचार किया। अपना स्नेह अपने स्नेहियों में बाँट दिया।' (११२)

मनोज : 'तुम्हारी बातों का अन्त आ गया यहाँ। इसी क्षण अपने धिक्कार को घृणा में बदल कर तुम से अपने वैर का बदला लूँगा। फिर भी जो चार वस्तुएँ मैंने तुम्हें बतायी हैं उन में से मुझे बताओ किस से मरना पसन्द करोगे। मरने से पहले की तुम्हारी अन्तिम इच्छा मैं पूरी करने को तैयार हूँ।'

सुन्दरलाल : 'मरने से पहले मुझे दो गीत गाने हैं। एक अपनी पत्नी सुशीला के लिए जिसमें उसके लिए मेरा प्रेम व्यक्त होगा। मेरा गृहजीवन बड़ी शान्ति से बीता है। सुशीला ने मेरी बड़ी सेवाएँ की हैं। अपने गृहजीवन को अर्ध्य अर्पित करता एक गीत और उसके बाद अपने अन्दर रही देशभक्ति को व्यक्त करता गीत गाना चाहता हूँ।'

मनोज : 'साज़िंदों का इन्तज़ाम नहीं किया है। फिर भी शिवलाल हारमोनियम ले आयेगा।'(११३)

अपने उत्कट प्रेम के तीन सालों में अक्सर सुन्दरलाल का थरथर करती

आवाज़ में गाना और हारमोनियम पर शिवलाल का बेसुरी संगत करना दोनों को विभोर कर देता था। आज फिर वही दृश्य दोहराया जाना है। शिवलाल हारमोनियम लाने चला जाता है। उस बीच सुन्दरलाल अपने मन में चल रहा गीत गुनगुनाने लगता है, और कहता है : 'शिवलाल को जीवन में शुष्क एकान्त झेलना पड़ेगा।' मनोज सुनता है। थोड़ी देर पहले उसकी आँखों में जो वैर की ज्वाला दीख रही थी उसकी जगह आँख के किसी कोने में प्रेम का स्पन्दन महसूस होने लगता है। वह सुन्दरलाल से पूछता है : 'सुशीला और निखिल ने यहाँ आने के लिए रज़ामन्दी कैसे दे दी तुम्हें?'

बड़ा मार्मिक है मनोज का यह पूछना। पर भूपेन के यहाँ इतनी प्रत्यक्ष भावुकता कम ही आती है, आ जाये तो टिकती नहीं। सुन्दरलाल का जवाब आता है :

> सुशीला मेरी पत्नी से ज़्यादा एक आर्य नारी है। उसके संस्कारों का सिंचन सीता के दृष्टान्त के अनुसार हुआ है। रामायण में रघुकुल की रीति ही बतायी गयी है कि प्राण भले चले जाँय वचन नहीं जाना चाहिए। जब मैं घर छोड़ रहा था तब, जैसे किसी योद्धा को विदा कर रही हो, सुशीला ने मुझे कुंकुम का टीका लगाया और अक्षत से पूजा।

सवाल बेटे निखिल के बारे में भी पूछा गया था। उस तक आते-आते फिर थोड़ी भावुकता आ जाती है, पर महज़ नौ वाक्यों के लिए :

> निखिल को जब मैं आख़िरी बार चूम रहा था तो उसने लाड़ से पूछा, 'पप्पाजी, तुम बाहरगाँव से कब लौटोगे? मेरे लिए एक चाभीवाला खिलौना ले आओगे? मेरी आँख में आँसू आ गये। एक पुत्र और पत्नी को उनके भावी भविष्य पर छोड़ मैं चल दिया था। सुशीला सुबह मेरे लिए ब्रश ले के नहीं खड़ी होगी। नाश्ता खिलाने वाली चम्मच हाथ में वैसी की वैसी स्थिर रह जायेगी। सुशीला साड़ी के छोर से आँसू पोंछती हुई बोली थी,'पप्पा तो अभी दूर दूसरे शहर जा रहे हैं। लौट कर नहीं आयेंगे।' जब मैंने दूसरा चुम्बन लिया तो मेरी आँखों में आँसू थे। (११३-१४)

सुन्दरलाल की स्नेहिल मृदु आवाज़ सुन कर मनोज द्रवित होने लगता है। उसके मन में विचारों की एक कड़ी शुरू हो जाती है। पर जल्दी ही वह अपने आप को सम्हाल लेता है। मरण सम्मुख तो कोई भी आदमी मृदु

हो जायेगा। इस बीच हारमोनियम आ जाता है और काँपती आवाज़ में सुन्दरलाल अपना पहला गीत शुरू कर देता है। प्रारम्भिक दौर का उसका एकाकी जीवन, फिर चार्टर्ड एकाउंटेंट की परीक्षा, सुशीला के साथ ब्याह, सुहाग रात से लेकर निखिल के जन्म तक के प्रसंग, लक्ष्मीदेवी की कृपा से घर में रफ़्रिज़रेटर, गैस चूल्हा, लोहे की अलमारी और अनेक प्रकार के खिलौनों का आगमन, और अन्त में शिवलाल का प्रवेश, यह सब याद करता है सुन्दरलाल अपने गीत में।

गीत पूरा हुआ। नीरव शान्ति फैल गयी। फिर भी तीनों के मन में मंगलमय गृहजीवन का संस्कारी गीत गूँज रहा था।

थोड़ी देर बाद फिर कण्ठ साफ़ करके, क़मीज़ की बाँह से आँसू पोंछ सुन्दरलाल बोला : 'मनोज, मेरी इच्छा है कि जब मैं देशभक्ति के गीत की आख़िरी कड़ी गा रहा होऊँ तब तू मेरे शरीर पर विषबुझा चाबुक मारे। अन्तिम साँस तक मेरे मुँह से देशभक्ति के शब्द निकलते रहें तो मैं अपने को धन्य मानूँगा।'

मनोज के मन में चल रही दुविधा किसी भी तरह टलती नहीं थी। उसे बारम्बार भूतकाल की स्मृति को सुलगा कर अपने वैर को प्रज्वलित करना पड़ता।

मनोज ने हाथ में हण्टर लिया।...सुन्दरलाल के कण्ठ से गीत बह रहा था :

'ऐ मेरे प्यारे वतन, ऐ मेरे बिछड़े चमन,

तुझ पै दिल क़ुर्बान,

तू ही मेरी आरज़ू ...तू ही मेरी आरज़ू ...' (११५-१६)

भावुकता की ही तरह गम्भीरता का भी प्रवेश आसानी से नहीं होता भूपेन के कथा-साहित्य में। सारा काम मसखरेपन से चलता रहता है। मृत्यु के क्षण में सुन्दरलाल की ऐब्सर्ड देशभक्ति उस विरल गम्भीरता का कारण बनती है :

> हारमोनियम बजाता शिवलाल फफक-फफक के रोने लगता है।
>
> मनोज द्रवित हो गीत सुनता रहा। उसका हृदय देशभक्ति से भर उठा। मन में अनेक सवाल उठ आये। क्या है मनुष्य का कर्तव्य, अपने सुख का स्वार्पण या देशप्रेम की बजाय वैर का बदला? क्या करूँ? सत्य क्या

है? ऐसे विचार मन में उमड़ने लगे। भूतकाल फिर सामने आ गया। सालों तक दुःख भुलाये नहीं भूलता। बरमे की तरह हृदय को बींधता है। इसमें से निकलने के लिए कैसे-कैसे जतन करने पड़ते थे। ऑफ़िस के दिनों में क्षण भर के लिए भी खुले मन से हँस सकता तो अपने को सौभाग्यशाली मानता। उन दिनों दुनिया की कोई शक्ति उस वेदना को हिला नहीं सकती थी। केवल सुन्दरलाल का विचार, अपने प्रति उसकी घृणा सालते रहते। कुछ भी नहीं, कोरी दीवार जैसी निर्दय शून्यता और उसके बाद विचारों की बौछार होने लगती, ग़ुस्सा, क्रोध, निराशा। पहले के तमाम प्रसंग आँखों के सामने प्रकट हो जाते। इन प्रसंगों से मुक्ति पाने के लिए कैसे छटपटाता पर वे सतत चालू रहते। पेट में जैसे आग लगी हो, ऐसी बेचैनी होती। शरीर का एक-एक अंग थक के लोथ-पोथ हो जाता। [सुन्दरलाल के] कैबिन में से आ कर अपनी कुर्सी पर बैठता तो शरीर में से चेतना उड़ जाती। बाहर की दुनिया के साथ सम्पर्क टूट जाता। किसी निर्जन मरु प्रदेश में जीवन जीने के लिए व्याकुल हो जाता। (११६)

मनोज सुन्दरलाल के शरीर पर चाबुक चलाने ही वाला है कि शिवलाल उसका हाथ पकड़ लेता है। वह कहता है :

'मनोज, तू सुन्दरलाल को नहीं मार सकता। इसके मरने से तू सुखी नहीं रह सकेगा। इसकी मौत तेरे लिए दुःख का नया सरंजाम ले आयेगी। उस में से फिर तू कैसे छूटेगा? मानवीय सम्बन्धों को प्रेम से पाने का प्रयत्न कर। किसी अपेक्षा से किया गया प्रेम सदा दुःख उत्पन्न करता है। प्रेम दैवी चीज़ है। इससे तुझे सीप में पड़े मोती जैसा सुख मिलेगा।'

मनोज : 'अपने आप से छुटकारा पाने का एक यही अवसर है। सुन्दरलाल की मौत। इसे मार कर मैं अपने आप से मुक्त हो जाऊँगा। विचारों के सतत चक्र में फँसे मेरे लिए केवल यही एक उपाय है। शिवलाल, आख़िरी वक़्त इस सुनहरे मौक़े को धूल में न मिलाओ। अपने जीवन के अन्तिम ध्येय तक पहुँचने के लिए मुझे यह पहली सीढ़ी चढ़ने दो।'

शिवलाल : 'प्रेम से ही वैर का शमन हो सकता है। प्रेम एक ऐसी अकसीर दवा है जिसके सेवन से नीच से नीच मनुष्य भी सुख का द्वार खटखटा सकता है। प्रेम में ग़रीब और अमीर के बीच कोई भेद नहीं

होता। तू ने कभी सुशीला और निखिल का विचार किया है? निखिल जीवन भर अपने खिलौने का इन्तज़ार करेगा पर वह खिलौना उसे कभी मिलेगा नहीं। काले वस्त्र पहन सुशीला जीवन के शोक की गहरी छाया में पड़ी रहेगी। इन दोनों का नि:श्वास तेरे हृदय को क्षण भर भी शान्त नहीं रहने देगा।'

सुन्दरलाल :'शिवलाल, इसमें सिर्फ़ मनोज का दोष नहीं है। इस को हत्यारा बनाने का नीच काम मैंने किया है। दिनों तक इसके व्यक्तित्व को कुचलने में मैंने बड़ा आनन्द लिया है। इसके प्रेम की जो मैंने सतत क्रूरताभरी उपेक्षा की ईश्वर आज उसका बदला दे रहा है। ईश्वर के दरबार में मेरा गुनाह कम नहीं है।'

शिवलाल : 'तुम दोनों एक-दूसरे को माफ़ नहीं कर सकते?'

सुन्दरलाल : 'द्वेष और उपेक्षा अदृश्य हो गये हैं मेरे हृदय में से। सात दिन के सतत मनोमंथन के बाद मुझे सत्य प्राप्त हुआ है। प्रेम ही जीवन का सन्देश है।'

शिवलाल : 'मनोज, तू क्यों गूँगा बैठा है?' (११६-१७)

इससे पहले कि अचानक घुस आया हृदय-परिवर्तन का घिसा-पिटा नुस्खा इस मस्त कहानी को टाँय-टाँय फ़िस्स कर दे, मनोज को गूँगा ही छोड़ कर एक कमाल का साहित्यिक दाँव खेल देता है कथाकार। शिवलाल के जवाब में मनोज को चुप छोड़ कर, नैरेटर आप से मुख़ातिब होता है : 'वाचक, कहानी यहाँ एक मोड़ लेती है। उसकी योजना इस तरह है।' (११७)

इस योजना के अनुसार आप को, बहैसियत वाचक, कहानी के चार सम्भव अन्त सुझाये जाते हैं। जिस किसी भी अन्त को चाह रहे हों चुन लीजिये, और कोई दूसरी योजना भी पक रही हो आपके मन में तो उसको भी आज़मा लीजिये। तो यह हैं प्रस्तावित चार अन्त :

१. मनोज हण्टर फेंक देता है। प्रसन्न मन से हँसता हुआ सुन्दरलाल की तरफ़ दौड़ता है और सुन्दरलाल अपनी बाँहें फैला देता है। शिवलाल हारमोनियम बजाता-बजाता गाने लगता है : 'ऐ मेरे प्यारे वतन, ऐ मेरे बिछुड़े चमन, तुझ पे दिल क़ुरबान...'

प्रेम और सन्तोष से सुन्दरलाल कहता है : 'तीन साल में पहली बार तुझे गाते सुना है, शिवलाल।' (१९७-९८)

२. सुन्दरलाल दूसरा गीत गा रहा होता है कि उसके सिर के पीछे एक प्रकाश पुंज प्रकट होता है। मनोज के हाथ से हण्टर छूट जाता है। हृदय में धधकती वैर की अग्नि शान्त हो जाती है और प्रेम का फ़व्वारा फूटने लगता है। गीत गा रहे सुन्दरलाल के चरणकमल में वह अपना शीश नवा देता है और उसकी आँखों से अविरल अश्रु धार बह रही होती है।

३. सुन्दरलाल जब गीत की अन्तिम कड़ी गा रहा है तब हण्टर के स्पर्श से मनोज के हृदय में क्रूरता मचलने लगती है। वह दो-तीन कोड़े लगा देता है। हारमोनियम पर से शिवलाल के दोनों हाथ छूट जाते हैं और उस में से बेसुरी आवाज़ निकलती है। इसी के साथ सुन्दरलाल और शिवलाल के प्राण पखेरू उड़ जाते हैं।

४. मनोज शिवलाल को जवाब देता है : 'शिवलाल, सुन्दरलाल के हृदय में से तो वैर निकल गया। इसके गाने की छटा और कण्ठ से इसके हृदय का पश्चाताप दिखायी देता है। पर इस हण्टर के स्पर्श से कौन जाने क्यों मेरे हृदय में से क्रूरता निकलती ही नहीं। इस को मारने का विचार चक्र फिर शुरू हो गया है। यह चक्र पूरा होगा, सुन्दरलाल चला जायेगा तो उसकी जगह कोई दूसरा व्यक्ति ले लेगा। मैं अपने दु:ख में से, अपनी यातना में से किसी तरह नहीं छूट सकता। सुन्दरलाल तो सिर्फ़ एक निकास द्वार है मेरे मन का। इसमें से भाग गया तो दूसरे किसी चक्कर में फँस जाऊँगा। मेरे जीते जी इसका कोई अन्त नहीं। इस घटनाचक्र के तमाम पहलुओं में से किसी न किसी में फँसता ही रहूँगा। गलीच शब्दों जैसी इस गन्दी सृष्टि से मैं अपने आप को किसी भी तरह उबार नहीं सकता। मेरे लिए कोई दूसरा रास्ता नहीं है।'(११८)

यह कह कर मनोज अपने ही बदन पर हण्टर मारने लगता है। इससे पहले कि शिवलाल उसे रोक सके वह तीनेक चाबुक तो लगा ही लेता है और ज़मीन पर ढेर हो जाता है, मन्द लथड़ते स्वर में गाते-गाते : 'ऐ मेरे प्यारे वतन, ऐ मेरे बिछुड़े चमन...'

यहीं अन्त : 'सन्न सुन्दरलाल और शिवलाल इस दृश्य को देखते रह गये। शोक का कैसा गहरा भाव उस समय उनके हृदय में फैल गया था इसका विचार वाचक पर छोड़ कर कहानी यहीं पूरी करता हूँ।'(११९)

सुन्दरलाल से अपने सारे संचित अपमानों का बदला लेने के लिए उठ चुके मनोज के हाथ को हवा में ही रोक कर उससे बोले गये शिवलाल

के वचन नाटकीय दृष्टि से तो कमाल के हैं ही, बड़े सटीक और विश्वसनीय भी हैं। वैर का अन्त वैर कभी नहीं कर सकता। उसका शमन प्रेम से ही सम्भव है। सैद्धान्तिक और व्यावहारिक दोनों दृष्टियों से अकाट्य सत्य। एक और अकाट्य सत्य भी है। यह विश्वास मुश्किल नहीं है कि वास्तविक जीवन में भी प्रेम एक मात्र विकल्प है; मुश्किल—असम्भव-प्राय—होता है इस विश्वास पर सदा अमल करते रहना। गीता में क्या होता है हम नहीं भूलते। हम भूले रहते हैं कि युद्ध के बाद जब जीवन सामान्य ढर्रे पर चलने लगा तब न सिर्फ़ अर्जुन बल्कि ख़ुद कृष्ण गीता का उपदेश भूल गये।

सुन्दरलाल और शिवलाल पहले सच को पहचानते हैं। कौन जाने जीवनचक्र में पुनः प्रवेश के बाद कब तक टिक पायेगा उनका यह परम विवेक; टिका भी रहा तो अमल कब तक कर पायेंगे उस पर। मनोज दोनों सत्यों को पहचान लेता है, और उस पहचान से उपजी दुविधा को भी। कहानी का अन्तिम वैकल्पिक अन्त—मनोज का अपने आप को मार लेना—उसके इन दोनों सत्यों को पहचान लेने की ही तार्किक परिणति है। मौत से पहले आदमी ग़म से निजात पाये क्यों!

भूपेन का कथा-लेखन कथा-वाचन ज़्यादा है। उसके इस अनोखे लेखन-वाचन के सारे गुण, सारे लक्षण, सारे करतब, और उन सबके संयोग से निकलता चमत्कार, अगर इन को एक ही कृति में देखना है तो वह है *मोजीला मणिलाल*। सामान्य मध्यम-वर्गीय संसार का लीला-वर्णन है यह नटखट द्विअंकी नाटक। नाटक की नटखटता नाटककार के लीला-वर्णन में है, लीला के पात्रों में नहीं। पात्र कैसी भी स्थिति में हों, नाटककार हँसने-हँसाने का मौक़ा ढूँढ़ ही लेता है। और ऐसा करता है पात्रों के प्रति अपार करुणा के साथ; उनके दुःख-दर्द, इच्छाओं-वासनाओं, और सपनों को अपने दुःख-दर्द, इच्छाएँ-वासनाएँ, और सपने समझते हुए।

एक अदृष्ट दार्शनिक दृष्टि भी गहरे पगी है इस नाटक में। ऐसी गहरी कि इस नटखट नाटक में उसकी उपस्थिति का सन्देह तक न हो सके। पर अप्रत्याशितता प्रमुख गुण है इस नाटक का। अप्रत्याशित और अनर्गल की हदबन्दी न मानने वाली अप्रत्याशितता। अप्रत्याशित कार्य-कारण सम्बन्ध—ऐसे अप्रत्याशित कि कार्य-कारण सम्बन्ध की परिभाषा ही बदलनी पड़े—पात्रों का अप्रत्याशित बर्ताव, अप्रत्याशित भाषा व्यवहार,

अप्रत्याशित पहरावा, इत्यादि, इत्यादि। एक छोटी-सी झाँकी : लगभग ४० वर्षीय सविता और लगभग ३६ वर्षीय शर्मिष्ठा—दोनों ही सुखी गृहिणी—लगभग ५५ वर्षीय मणिलाल पर फ़िदा हैं। उसने उनको काश्मीर ले जाने का वादा किया है, और वह भी नयी सफ़ेद अम्बेसडर कार में। काश्मीर, नयी सफ़ेद अम्बेसडर और मणिलाल का साथ अधीर बनाये हुए हैं सविता और शर्मिष्ठा को। पर शर्मिष्ठा अपने पति की सोच-सोच कर बेहद डर रही है। सविता उसे बहुत समझाती है। याद दिलाती है : 'मणिलाल कहता है न कि साँच को आँच क्या।' (*मोजीला मणिलाल,* ४६) तब भी शर्मिष्ठा का डर न दूर होने पर :

सविता : तो आज बंगाली ढब की साड़ी पहनेंगे।

शर्मिष्ठा : उससे क्या होगा?

सविता : हिम्मत बँधेगी। (४६)

अब थोड़ा अन्दाज़ इस मध्यम-वर्गीय त्रिकोण की प्रकृति का :

सविता,

शर्मिष्ठा : क्या बजा है?

[दोनों हँस पड़ती हैं। सविता खिड़की के बाहर देखती है।]

सविता : आ गया! रेडी है न तू?

शर्मिष्ठा : मैं तो कब से रेडी-रेडी हूँ।

सविता : एक... दो... तीन!

[मणिलाल का प्रवेश।]

शर्मिष्ठा : (तरन्नुम में) मारो गुलाब नो गजरो—मोजीला मणिलाल।

सविता : (तरन्नुम में) मारो मोगरा नो मांधाता—मोजीला मणिलाल।

शर्मिष्ठा : (तरन्नुम में) जुग-जुग नी प्यास बुझावनार।

सविता : (तरन्नुम में) काश्मीरनी बीणो खूंदनार। [काश्मीर की वादियों को रौंदने वाला।]

शर्मिष्ठा : (तरन्नुम में) पहेलगामना पहाडोने पामनार। [पहलगाँव के पहाड़ों को पाने वाला।]

सविता,

शर्मिष्ठा : (तरन्नुम में) मोजीला मणिलाल, मोजीला मणिलाल!

... तीनों हाथ में हाथ डाल कर नृत्य करते हैं।

मणिलाल : Baa baa black sheep/ Have you any wool/ Yes sir, yes sir? Three bags full/ One for my master/ One for my dame/ One for my little girl/ Who lives down the lane. (46-7)

आप सोच सकते हैं कि बच्चों के इस अँग्रेज़ी गाने की यहाँ क्या तुक। सीधा जवाब है : वही तुक जो हिम्मत और बंगाली ढब की साड़ी में है। इसी तुक में नाटक की आत्मा है। पर आख़िर है तो नाटक हमारी ही दुनिया और हमारे बारे में। सो लाख न चाहे नाटककार, कुछ दूसरी तुकें, दूसरे तर्क और दूसरे सम्बन्ध भी घुस ही आते हैं नाटक में। जिस कारण एक दूसरा जवाब यह बनता है कि मणिलाल नामक कामदेव के इस आधुनिक गुजराती अवतार के पास अँगरेज़ी नामक एक अमोघ बाण है। भले ही उसका अँगरेज़ी ज्ञान 'बा बा ब्लैक शीप' के आगे न जाता हो, सविता को विभोर करने के लिए काफ़ी है। वह कहती है मणिलाल से : 'अँग्रेज़ी में तेरा वाणी विलास!...प्रेम! अँग्रेज़ी में प्रेम! फिर एक बार! कर ना!'

नाटक में, आग्रह तो दूर, ऐसा कोई इशारा भी नहीं होता, पर आप जाना चाहें तो इस अमोघ बाण की प्राप्ति के ऐतिहासिक स्रोत तक जा सकते हैं और इस की अनन्त अमोघता का रहस्य मध्य-वर्गीय भारतीय मानस के औपनिवेशीकरण में पा सकते हैं।

प्रेम छाया हुआ है नाटक में। देखें इसका मंगलाचरण। अन्धकार में, कुछ पढ़ती, रटती सी, रणछोड़ की आवाज़ आती है : 'कृष्ण ने तो सोलह हज़ार गोपियों से रास रचाई। पाँच पाण्डवों के बीच एक स्त्री थी द्रौपदी। राम ने एकपत्नीव्रत रखा। राम मर्यादापुरुषोत्तम कहलाये। सोलह हज़ार गोपियों के साथ प्रेम सम्बन्ध बाँधने वाले कृष्ण बाल-ब्रह्मचारी रहे। और पाँच पतियों की एक पत्नी द्रौपदी ने सती स्त्री के रूप में ऊँचा स्थान पाया।' पर नाटक केवल प्रेम की ही नहीं हमारे संसार की लीला का है। लीला जहाँ रहस्य हैं, भूलभुलैया हैं, और सबसे बड़ा रहस्य है मानव मन। वही मन वर्णित होता है—बग़ैर किसी व्याख्या या विश्लेषण के—आगे

रणछोड़ की आवाज़ में :

> अब तो भीषण कलियुग आया है। मनुष्यों के मन बदल गये हैं। कलि ने तन्त्र अपने हाथ में ले लिया है। सतयुग के सत्पुरुष अदृश्य हो गये हैं। विलासी जीवन मनुष्यों का लक्ष्य बन गया है। भगवान को भूल लोग भ्रष्ट हो गये हैं। मृत्योपरान्त जीवन की अब किस को पड़ी है। आसक्ति में फँसा जीव शिव को नहीं पहचानता। कलियुग की चाभी क्या है? फ़क़त एक ही बार तन, मन, धन से प्रभु का ध्यान धरो। जाप करो। याद करते-करते प्रभुमय हो जाओ। फ़क़त एक बार। और देखो चमत्कार। साक्षात् विष्णु पुष्पक विमान लेकर हाज़िर होंगे। चरण सेवा कर रही लक्ष्मी से कहेंगे—रहने दो, रहने दो, मेरा भक्त मुझे पुकार रहा है सहायता के लिए। फिर तो प्रभु विमान में बिठा कर स्वर्ग का किवाड़ खटखटायेंगे। भक्त को दिखायेंगे स्वर्ग का वैभव। अप्सराओं का नृत्य, किन्नरियों का गान, मोतियों का चारा चरते राजहंस। लेकिन इसके लिए निर्मल पुष्प जैसा शुभ्र जीवन जिओ। इस की प्रेरणा अपने कुटुम्बीजनों और जातिजनों को दो। उनका ज्ञान बढ़ाओ। स्वच्छन्दी, विलासी, भोगी जीवन को तिलांजलि दो। आओ, शुद्ध चरित्र और उच्च जीवन की कुंजी बनायें। चलो, हम रामराज्य खड़ा करें। (९)

भीषण कलियुग की कुंजी जो भी हो, नाटक की कुंजी अन्धकार से आते रणछोड़ के इस उवाच में है। कुंजी भी कैसी जो किसी भी दिशा में घूम सकती है। कृष्ण की सोलह हज़ार गोपियों के साथ होती रास में, द्रौपदी के पाँच-पाँच पुरुषों के साथ सहवास में, या राम के एकपत्नीत्व और सीता के एकपतित्व में। कुंजी के घूमने की दिशा नाटक के प्रारम्भ में ही निर्धारित हो जाती है। पतिव्रता शर्मिष्ठा अपनी पड़ोसिन और सहेली सविता को सीख देती है परपुरुषों के चक्कर से निकल जाने की। जल्दी ही—भूपेन के साहित्य-लेखन में क्यों और कैसे के लिए स्थान नहीं होता—समझ जाती है कि अब तक वह ख़ुद ही भ्रमित रही थी, कि सही रास्ता वही है जिस पर सविता चलती रही है। मसलन, प्रेम की बात चलने पर शर्मिष्ठा कहती है : 'मेरा तो बस एक प्रेम हुआ और उसने टच्च तक नहीं किया मुझे।' जिस पर सविता कहती है : 'इसमें क्या मज़ा है? मेरे तो हर कक्षा में कम से कम दो प्रेमी रहते थे।' इसी बातचीत में शर्मिष्ठा कहती है : 'शादी के बाद सब बदल जाता है। तब हमें पतिव्रता नारी के रूप में आ

जाना चाहिए।' तिस पर सविता उलाहना देती है कि पति—रणछोड़—के साथ आधी ज़िन्दगी बिता दी पर फिर भी उसकी गोद सूनी ही रही। सखी का दुःख समझते हुए भोली-भाली शर्मिष्ठा सुझाती है कि सविता उसके साथ सिलाई की क्लास में चला करे। जवाब मिलता है : 'तू जब रेशमी डोरे से बटन का काज सिल रही थी, जीगजेग मशीन से एम्ब्रॉइडरी कर रही थी, तब मैं एक अजनबी के साथ प्रणय का पाठ सीख रही थी।' (११)

और जब शर्मिष्ठा परपुरुष से सम्बन्ध की आलोचना करती है तब तो सविता की वाणी पर साक्षात् सरस्वती ही आ विराजती हैं : 'हे वायुमण्डल, देवों के अधिष्ठाता, समझाओ इस नादान पतिव्रता को। इसकी आँखें खोल दो, दिखा दो इसे कि परपुरुष-प्रेम क्या है! समझाओ इसे परपुरुष के प्रति होने वाली परवशता। भूलेश्वर की गालियाँ जिस का विश्व है, पति जिस का परमेश्वर है, ऐसी सिड़बिल्ली का उद्धार करो, उद्धार करो।' (१३-४) देर नहीं लगती सिड़बिल्ली के उद्धार में, और वह मणिलाल को अर्पित कर देती है अपनी वादियाँ और अपने पहाड़।

जब ये तिकोना प्रेम उरूज पर होता है तो एक गड़बड़ हो जाती है। मणिलाल के प्रेम से पहले सविता उमर में अपने से काफ़ी छोटे पड़ोसी जगदीप के चक्कर में थी। सविता की बेवफ़ाई के सदमे में जगदीप आत्महत्या कर लेता है। पर उसका समय अभी आया नहीं है। यमराज उसे बताते हैं कि उसे तो शंकरभाई की बेटी रेखा से शादी करनी है। जगदीप यमराज को बताता है कि रेखा तो लालू के साथ भाग गयी है, और बदले में डाँट खाता है : 'बावले, उसे तो एक हफ़्ते में लौट आना था। तुझ से कहा किस ने था सविता से लफड़ा करने को?'

परेशान कि कैसे इस संकट से निबटें, यमराज के मुँह से अनजाने ही निकल जाता है : 'भगवान, मैं तो उलझन में फँस गया हूँ।' तुरन्त भगवान—'कैलेण्डर में जैसी होती है वैसी पारम्परिक पोशाक में'—आ उपस्थित होते हैं :

> विष्णु : क्यों, क्या हुआ?
>
> यमराज : ये जगदीप! आत्महत्या कर के वक़्त से पहले आ गया यहाँ।
>
> विष्णु : आदमी की जात, हमारे लिए बवाल ही खड़े करता रहता है। धकेल दो इसे नरक में।

यमराज : नरक, प्रेतयोनि—कहीं भी क़सम खाने को भी जगह नहीं है।

विष्णु : तो फेंक दो इसे—भले ही लटकता रहे त्रिशंकु की तरह।

जगदीप : स्वर्ग में जगह नहीं? (५८-९)

जगदीप का फ़ैसला हो पाये उससे पहले ही विष्णु को पाँसे की तलब होती है। वह यमराज से बाजी बिछाने को कहते हैं। 'क्षमा भगवान,' यमराज कहते हैं, 'पृथ्वीलोक की नर्मदा नदी में बाढ़ आयी है। हज़ारों आदमी मर गये हैं। आज तो मुझे बहुत काम है। आइ ऐम वेरी बिज़ी।' बिज़ी यमराज भगवान से अनुमति ले चले जाते हैं। अब जगदीप अकेला भगवान के साथ है। यहाँ से शुरू हो जाता है खुलासा नाटक के मंगलाचरण में आये प्रेम और जीवन के बिगूचन—रहस्य—का। जगदीप भगवान से कहता है कि उसे पासेबाज़ी आती है और वह उनके साथ खेलने को तैयार है :

विष्णु : तू मेरे साथ कैसे खेल सकता है? तुझे तो नरक मिला है और नरक में खेल नहीं होता (नरक माँ रमत न होय)।

जगदीप : मैंने ईश्वर में श्रद्धा रखी नहीं, गीता का अध्ययन, अखो के चाबखे [चाबुक, मर्म वचन], मीरा के भजन गाये नहीं, भूगोल के पेपर में चोरी कर के पास हुआ—इसी लिए मुझे नरक में ढकेलोगे?

विष्णु : मूरख! यहाँ ईश्वर भजन से स्वर्ग नहीं मिलता। कुकृत्य करने वाले नेता, दानचोर, अरे कलाकार भी स्वर्ग सिधारते हैं।

जगदीप : तो कुदरत का न्याय कहाँ?

विष्णु : कहाँ न्याय देखा है कुदरत में? सत्कर्मी के खेत में बरसात पड़े और कुकर्मी के खेत का धान सूख जाय—ऐसा होता है कभी?

जगदीप : तो सच क्या?

विष्णु : यही कि जहाँ जगह हो वहीं मौत पाने वाले को सटा देना।

जगदीप : और अगर पन्द्रह आदमी एक साथ मर जायें तो!

विष्णु : ये पाँसे किसलिए हैं? पाँसा फेंक के तय होता है—स्वर्ग कि नरक!

जगदीप : यानी यहाँ भी सब अनिश्चित है, पृथ्वी पर भी यही स्थिति है

तो फ़र्क़ क्या?

विष्णु : फ़र्क़ यह कि यहाँ पाँसा दिखायी पड़ता है।

इतना काफ़ी है अनुमान लगाने को कि *मोजीला मणिलाल* में भूपेन ने किया क्या है। बस चलते-चलते इसके ऐन अन्त का बहुत ही संक्षिप्त विवरण और। जगदीप को छोड़ने विष्णु अपने विमान में पृथ्वीलोक पधारते हैं। उनका विमान किसी को लिए बग़ैर वापस जा नहीं सकता। वरना लक्ष्मी, विष्णु से नाराज़ हो जायेंगी कि खामखाँ ही उनको अकेला छोड़ कर चले गये विष्णु। रणछोड़ ने सारा जीवन धर्म-कर्म में बिताया है। सो पहले उसी को ले जाने का प्रस्ताव करते हैं विष्णु। गद्‌गद् रणछोड़ तुरन्त तैयार हो जाता है। पर जैसे ही उसे पता लगता है कि स्वर्ग नरक का फ़ैसला पाँसे से होता है, वह स्वर्ग जाने से इनकार कर देता है। फोकट में स्वर्ग पहुँच जाने का मौक़ा देख, मणिलाल चल देता है विष्णु के साथ।

अकल्पनीय विदूषकीय दर्शन का नाटक है *मोजीला मणिलाल*। अकारण ही नहीं नौशिल मेहता इसे आधुनिक भारतीय भाषाओं का सबसे मौलिक नाटक मानते हैं।

[इस नाटक का पहला मंचन १९८९ के पृथ्वी थिएटर नाट्य महोत्सव के 'कर्टेन रेज़र' के रूप में ४ नवम्बर को शाम सात बजे हुआ था। इसका पहला प्रकाशन जनवरी-मार्च १९९२ के *गद्यपर्व* में हुआ। साहचर्य प्रकाशन, मुम्बई, से पुस्तकाकार इसकी दूसरी आवृत्ति २०१२ में आयी है।]

भूपेन की कला–यात्रा

भूमिका में पहले ही आगाह कर चुका हूँ, पर यहाँ भी शुरू में ही कह देना ठीक रहेगा कि जो कुछ भी लिख रहा हूँ एक ऐसे सामान्य दर्शक की नज़र से लिख रहा हूँ जिस ने इस काम का एक बड़ा हिस्सा बनते और इस काम को बनाने वाले को नज़दीक से देखा है। कहते हैं कि मण्डन मिश्र के तोता–मैना भी शास्त्रार्थ किया करते थे। भूपेन के साथ रहना हो और कला की चर्चा न हो ऐसा तो होना नहीं था। इसके अलावा बेल्जियम, हॉलैण्ड, जर्मनी, ऑस्ट्रिया, ब्रिटेन, और सबसे ज़्यादा फ्रांस में रहने–घूमने के दौरान काफ़ी पश्चिमी कला को देखने का मौक़ा मिलता रहता था। स्वाभाविक था कि अपने देखे की बात भूपेन से करूँ। उन बातों में अगर कभी ऐसा हो जाता कि मुझे पसन्द आया कोई कलाकार उसे भी पसन्द होता तो फिर देर तक उसी कलाकार के काम और उसकी ज़िन्दगी के बारे में बताने लगता मुझे। अक्सर अच्छी–अच्छी किताबें भी देता उस कलाकार से सम्बन्धित। तीन कलाकारों के बारे में विशेषतः मुझे भूपेन से ख़ूब जानने को मिला। ये हैं बॉश, ब्रॉइगल और रेम्ब्रान्ट। उसके अपने काम को तो इतना देखा मैं ने, और इतनी बातें की उस काम के और कला के प्रति उसके रवैये के बारे में कि इस बाबत मेरी अपनी अलग समझ भी बनने लगी। आत्मविश्वास–सा भी होने लगा मुझे उसकी कला के बारे में अपने सोच को लेकर। यहाँ तक कि मेरे अन्दर धड़ल्ले से अपनी बात कहने की हिम्मत भी आने लगी, भले ही मेरी कोई बात प्रचलित विचारों से मेल न रखती हो। शास्त्रार्थ करने का साहस—योग्यता का दावा नहीं—कर सकता था मैं। पर विशेषज्ञता का दावा तो दूर, दिखावा भी नहीं है यहाँ।

भूपेन, मैं पहले ही लिख चुका हूँ, बहुत पढ़ने वाला आदमी था। इसके अलावा उसके अन्दर कोई सिफ़त थी अपने चारों ओर के विशाल संसार में फैल रहे विचारों को अनजाने ही सूँघ कर आत्मसात् कर पाने की। किन्तु वह बुद्धिजीवी नहीं था। सचेत चिन्तन और व्यवस्थित विचारों की प्रधानता न उसके जीवन में थी और न ही उसके सोचने में। १९८३ में ब्रिटिश फ़िल्म इन्स्टीट्यूट के लिए बनी फ़िल्म, 'मेसेजज़ फ्रॉम भूपेन खख्खर', में वह कहता है :

> कलाकार को उपदेश नहीं देना चाहिए, दर्शन नहीं बघारना चाहिए और न ही समाज को सुधारने की कोशिश करनी चाहिए, क्योंकि वह तो अतार्किकता, सैन्सुऐलिटी और अश्लीलता में रमा रहता है लगातार।

असल चीज़ अनुभव थी उसके लिए। और उसकी अन्तर्दृष्टि। शायद इसी लिए, जैसा कि हम उसके कथा लेखन के सन्दर्भ में देख चुके हैं, उसे किसी आन्तरिक संगति की ज़रूरत महसूस ही नहीं होती थी। आन्तरिक संगति तर्क में होती है, जीवन में नहीं। जीवन तो व्यापार है विसंगतियों, विडम्बनाओं और विरोधाभासों का। उसी व्यापार में उद्गम था उसकी कला और उसके साहित्य का।

गैलरी ७ ने भूपेन से उसके काम पर बात करने के लिए एक बार अकबर पदमसी और प्रभाकर बर्वे को आमन्त्रित किया। इस निहायत रोचक बातचीत की शुरुआत अकबर करते हैं भूपेन के काम के उस पक्ष का हवाला देते हुए जो उसका नाम लेते ही लोगों के दिमाग़ में आ जाता है। अकबर कहते हैं कि भूपेन मोची और दर्ज़ी जैसे अदना लोगों को 'सुपरस्टार' बना देता है। भूपेन जवाब देता है कि वह सुपरस्टार-वुपरस्टार नहीं जानता, बस यह जानता है कि इस आदमी की भी अपनी ज़िन्दगी है, उसका अपना माहौल है और अपने काम के साथ उसका जुड़ाव है, वैसा ही जैसा कि हमारा—कलाकारों का—अपने रंगों और कैनवस के साथ होता है : पावन जुड़ाव। इस पर अकबर जोड़ते हैं : 'लगता है कि तुम ने इस आदमी को किसी पवित्र वेदी पर स्थापित कर 'स्टार' बना दिया है।' 'ईश्वर की मूर्ति, स्टार नहीं,' भूपेन कहता है।

बर्वे यहाँ बातचीत को विषय-वस्तु से अलग तकनीक की दिशा में मोड़ देते हैं, और भूपेन कहता है कि एक पल आता है जब वह विषय को भूल

जाता है और केवल रंग का महत्त्व बच रहता है। यह सुन अकबर तपाक से कहते हैं : 'तब तो तुम्हारी असल चिन्ता रूप है, विषय-वस्तु नहीं।' भूपेन इस मुद्दे पर रुकता ही नहीं। यह भी नहीं कहता—जो उसके काम में हर समय दिखायी देता है—कि उसके लिए रूप और विषय-वस्तु का भेद बेमानी है।

एक बार—१९९२ में—गुलाम शेख़ से 'ड्रॉइंग' पर बातचीत करते हुए भूपेन ने कहा था : 'मैं तो हर समय वास्तविक जीवन से ही ड्रॉ करता हूँ।' इस बयान से भी यह ग़लतफ़हमी हो सकती है कि विषय-वस्तु ही परम महत्त्व की थी उसके लिए। कलाकार के रूप में उसके अमल के आधार पर मैं कह सकता हूँ कि भले ही ऐसी सैद्धान्तिक बात उसने न की हो, विषय-वस्तु और रूप का द्वैत उसके यहाँ था नहीं।

मुझे याद है कि—विशेष रूप से तैल रंगों से काम करते समय—दिनों तक एक ही चित्र टँगा रहता ईज़ल पर। ईज़ल के सामने अपनी बिना हत्थे की लकड़ी की कुर्सी पर पालथी मार के बैठ या कुर्सी को परे खिसका खड़े-खड़े, लगा रहता एक ही चित्र पर। एक कोटिंग, फिर और-और कोटिंग, हर कोटिंग के दौरान ढेर सारा मिटाते जाना और फिर थोड़ा-थोड़ा रंग लगाते जाना। मैं चश्मदीद गवाह रहा हूँ महेन्द्र देसाई से कही उसकी इस बात का कि 'पेंट करने से ज़्यादा मैं मिटाता हूँ।' (*ए मैन लेबल्ड भूपेन खख्खर*, २६) मिटाने-बनाने का यह सिलसिला उस वक़्त भी चलता रहता जब मुझे लगने लगता कि बस अब तो यह चित्र पूरा होने ही वाला है। बड़ा निर्मम था भूपेन अपने किये की परख में और उसको मिटाने में। कभी किसी जल्दी में न रहता कुछ भी पूरा करने की।

और अचानक एक दिन बोल बैठता : 'हो गयी प्राण-प्रतिष्ठा।' यह होता रूप और विषय-वस्तु के द्वैत की समाप्ति का जादुई क्षण।

भले ही वह उसे दर्शन का नाम न दे, पर था भूपेन का अपना एक दर्शन कला का। पिछले एक अध्याय में, भूपेन के हास्य के सिलसिले में, उसके एक काल्पनिक साक्षात्कार से कुछ उद्धरण आये हैं। इनमें से एक उद्धरण जवाब है इस सवाल का कि अपनी किसी पेंटिंग को साइन करने की उसकी प्रक्रिया क्या होती है। उस जवाब में तो भगवान कृष्ण आ कर उसका काम आसान कर देते हैं। उसके हाथ में नम्बर १ का ब्रश थमा

कर आदेश देते हैं कि कर दे साइन। चुपचाप वह कर देता है साइन। क़िस्सा ख़तम।

असल ज़िन्दगी में भी इससे मिलता-जुलता ही कुछ होता था, इतना मिलता-जुलता कि उस काल्पनिक साक्षात्कार का विशुद्ध हास्य अचानक ही उसके कला-व्यापार से उपजा और गम्भीर दर्शन में पगा दिखायी देने लगता है। भूपेन का मानना था, सिद्धान्ततः, कि कोई भी चित्र पूरा नहीं होना चाहिए। वह कहता था—और करता भी होगा चाहे हम देख पायें या न देख पायें—कि जब उसे लगने लगता है कि कोई काम पूरा होने वाला है तो, पूरा हो पाये उससे ज़रा पहले ही, बन रहे चित्र पर हस्ताक्षर कर के उससे अलग हो लेता है। कला के प्रति असीम नतमस्तकता है यहाँ। और अपनी—मानव की—अकिंचनता का स्वीकार। मैं, एक अदना इन्सान, कौन होता हूँ पूर्णता—परिपूर्णता—का दावा कर सकने वाला। परिपूर्ण तो कहीं और है। हमारे परे। चाहे उसे कला का चरम आदर्श मान लो या भगवान कृष्ण का आदेश कह दो। पूरा सन्तुष्ट होने की लालसा ही नहीं करता था वह। अपूर्णता का एक पूरा दर्शन था उसका।

इसी से जुड़ा है एक सोचा-समझा निर्णायक फ़ैसला जो भूपेन ने अपनी कला यात्रा के प्रारम्भिक दौर में ही कर लिया था। अपनी ज़रूरत के मुताबिक़ वह लेता कहीं से भी रहे, लेकिन कला-कर्म में उसका आदर्श इतालवी पुनर्जागारण के चरम की परम विकसित कला नहीं होगी, उस कला के बिलकुल ही शुरुआती दौर की चौदहवीं शताब्दी की सिऐना की कला होगी। मुझे याद है कि जब १९९२ में हम लोग दो महीने के लिए इटली जा रहे थे तो उसने बड़े उत्साह से हमें सिऐना के सौन्दर्य और वहाँ विकसित कला के बारे में बताया था और बहुत ज़ोर देते हुए कहा था कि हम वहाँ ज़रूर जायें। बहुत नाराज़ हुआ था जब लौटने पर हम ने बताया कि फ़्लॉरेन्स तक पहुँच गये लेकिन सिऐना से सिर्फ़ ३० किलोमीटर दूर रहते हुए भी वहाँ न पहुँच पाये। बड़ा अपनापा उसे महसूस होता था सिऐना और वहाँ पनपी कला से।

उल्ली बाइर के साथ एक साक्षात्कार में भूपेन आधुनिक इतालवी कला के उस प्रारम्भिक दौर को अपना आदर्श बताते हुए लोरेंज़ेत्ती और मार्तीनी को याद करते हुए कहता है कि इन के काम में एक हिचकिचाहट-सी है। वे पहली बार रंगों की एक भाषा विकसित करने की कोशिश में हैं। वे

बार्बर्स शॉप

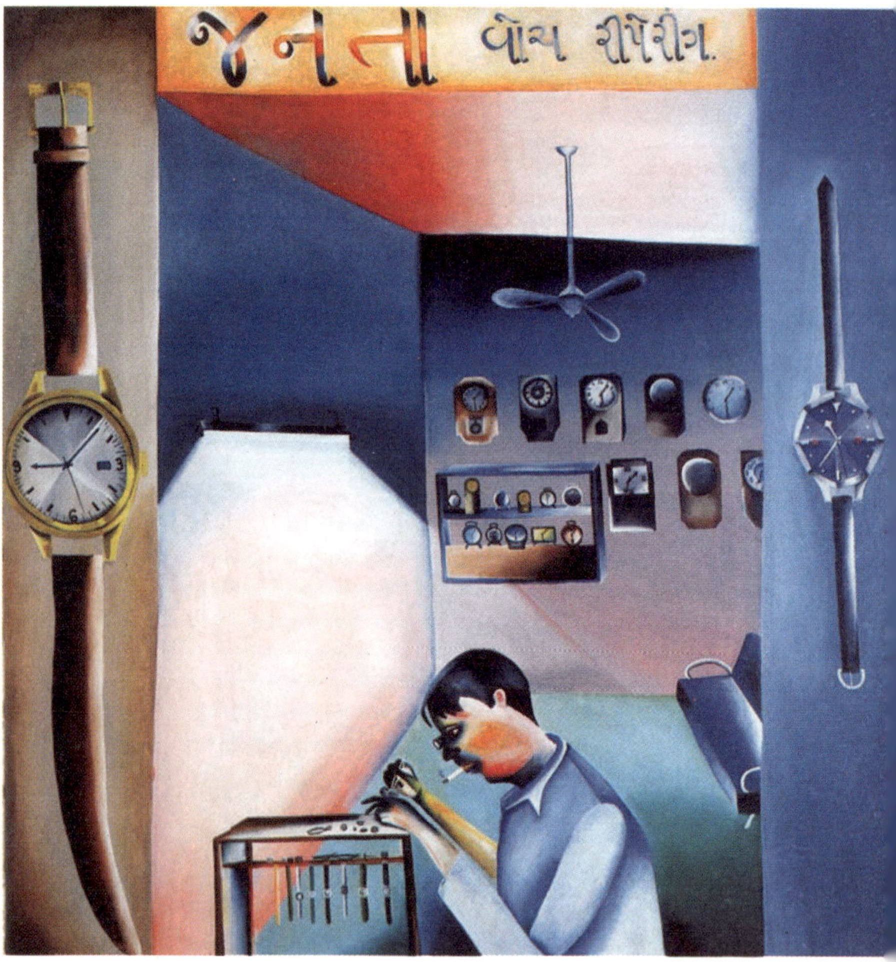

जनता वॉच रिपेयरिंग

मैन इन पब

द गोल्डस्मिथ

द वैदर मैन

ब्लाइंड मैन लुक्स इन द मिरर एण्ड हैज़ रिलेशन्स विद वांटन वुमैन

रति कुंजर

लैंज़केपिंग इन हैड

सन इज़ द फ़ादर ऑव मैन

पिक्चर टेकन ऑन देयर थर्टिएथ ऍनिवर्सरी

रामभक्त हनुमान

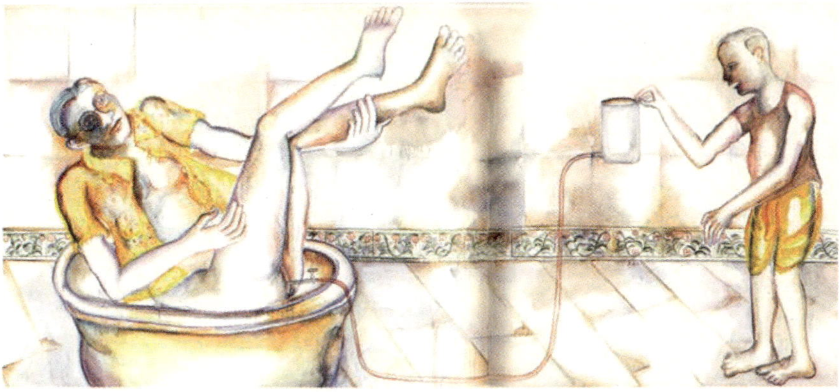

ही टुक ऍनीमा फ़ाइव टाइम्ज़ अ डे

ऍट द एण्ड ऑव द डे आयरन इंगौट्स केम आउट

मैन ईटिंग जलेबी

असिस्टेंट ऍकाउंटेंट—मिस्टर आई.एम. शाह

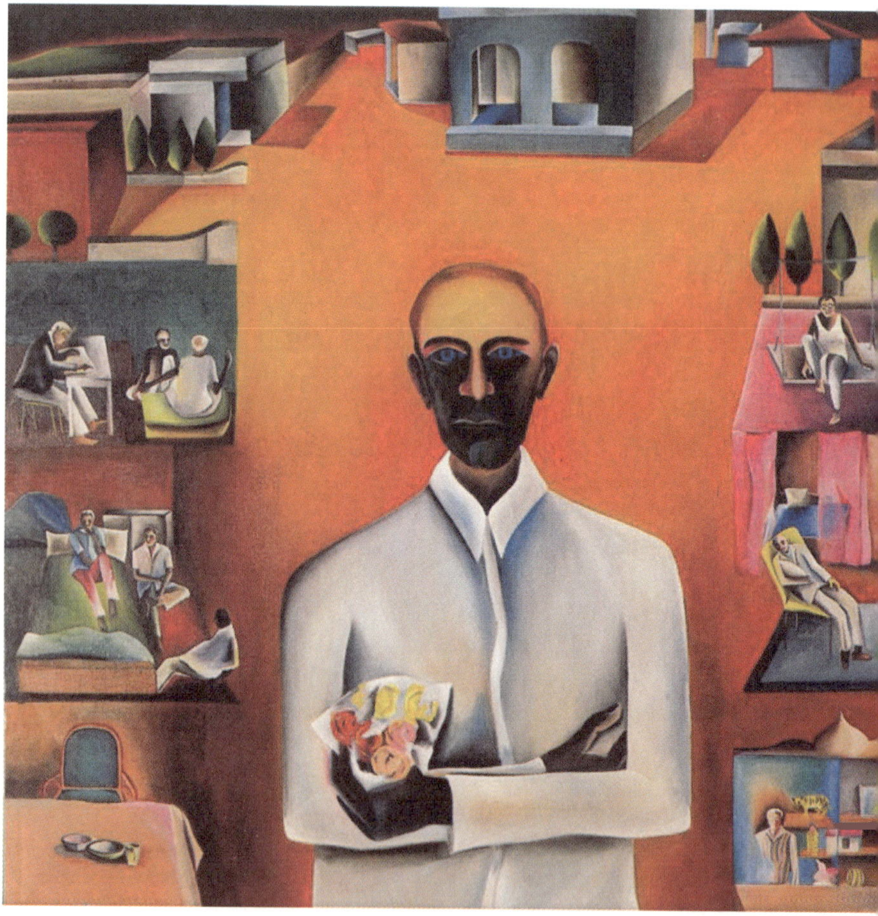

मैन विद बूके ऑव प्लास्टिक फ्लावर्ज़

इन अ बोट

माइ डियर फ्रैंड

फिशरमैन इन गोआ

गोस्ट सिटी नाइट

ग्रीन लैंड्स्केप

रोड बिल्डिंग वर्क इन कालका

व्यू फ्रॉम टी शॉप

जानते नहीं कि वास्तव में वे कर क्या रहे हैं। असफलता से डरते नहीं वे। रंगों के प्रति अपार राग में डूबे रहते हैं। मार्तीनी का विशेष उल्लेख करते हुए भूपेन कहता है कि मार्तीनी अपनी कमज़ोरियों को छिपाता नहीं, और यही चीज़ उसके काम को कमनीय बना देती है। इन इतालवी अग्रणी उस्तादों के आत्मविश्वास, उनकी हिचकिचाहट, उनकी प्रयोगधर्मिता, उनके असफलता के बेहिचक वरण और रंग के प्रति उनके अनुराग में भूपेन को अपने आदर्श दिखायी देते हैं। उनकी 'मोहक फूहड़ता'—'चारमिंग क्लम्ज़ीनेस'—और उनका 'अटपटापन'—'ऑकवर्डनेस'—रीझ लेते हैं उसे। इसके बरक्स, भूपेन कहता है उल्ली से, माइकेलएंजेलो जैसों की 'हाई रेनेसांस' की कला में ऐसा अपार आत्मविश्वास है कि वह बहुत सारी चीज़ों को छोड़ देती है। जिस पर उल्ली जोड़ती हैं : 'मनुष्यों को छोड़ देती है वह।' और भूपेन कहता है : 'हाँ, मानवीय असफलता को।'

गुलाममोहम्मद शेख ने अपने 'भेरू' में भूपेन पर—और ख़ुद अपने पर—पड़े सिऐना के प्रेरक प्रभाव को बड़े प्रेम से याद किया है :

> पूर्व-रेनेसाँ काल, विशेषतः सिऐना गाँव, की चित्रभाषा से सीखने का हमारा साँझा संकल्प उसे बहुत फला। सिऐना की और अपने लघुचित्रों की परम्पराएँ कला की 'प्रमुख' परम्पराओं से अलग दिशा में मुड़ती थीं। जैसे लघुचित्रों में लघुता की शर्म नहीं थी उसी तरह से सिऐना में भावुक नज़र अपने अनुभव को निर्दोष आँखों और हल्के हाथ से चित्रित करती। ...उस नज़र में हृदय की कोमलता—वल्नरेबिलिटी—तो थी ही, उसके अलावा आकृति के लिए भी वैसा ही प्रेमाग्रह भरा था जैसा कि जीवित पात्र के लिए होता है। सबसे ज़्यादा यह कि उस में आकृति के सारे अंग-उपांग प्रेम-भाव से आड़े-टेढ़े भी हो जायें तो भी ऐसी 'भूलों' पर पहले जैसी कोई झेंप नहीं थी। रेनेसाँ का ज्वार आने के बाद 'यथार्थवाद' का फ़ौलादी पंजा चारों ओर ऐसे घूम गया कि सिऐना जैसी जगहों में जो हुआ वह सब बौना, विचित्र, अधकचरा और 'प्रिमिटिव' जैसा माना गया। लघुचित्रों को 'नन्हा', 'स्त्रैण' या सजावटी नमूना मानने की मान्यता के पीछे दूसरे विकल्पों को 'महान्', 'पौरुषेय' या 'मर्दाने' और 'सच्ची-मुच्ची' के साबित करने का प्रपंच भी है।

> भूपेन ने सिऐना के अद्भुत कलाकार अम्ब्रोज़ियो लॉरेंज़ेत्ती और सिमोन मार्तीनी के सक्षम अंशों को 'परिवार में मौत' (१९७८) और 'गुरुजयन्ती' (१९८०) जैसे चित्रों में उतारा। (२४७)

कृति के लगभग अपूर्ण समापन में ही नहीं, पेंटिंग की भूपेन की पूरी प्रक्रिया में विनम्र आत्मसमर्पण का भाव प्रबल रहता था। ईज़ल पर कैनवस रखने से पहले की भूपेन की मन:स्थिति का मुझे कोई ज्ञान नहीं। कभी इस बाबत बात नहीं हुई। इतना जानता हूँ कि कोई बड़ा काम शुरू करने से पहले अलग-अलग आकार के कैनवस तैयार रखे रहते थे। पता नहीं कितनी देर, कितने दिन, सोचता था, पशोपेश में रहता था, कि कौन-सा लगना है ईज़ल पर। अन्त में जो कैनवस आ जाता ईज़ल पर उससे मौन संवाद शुरू होता भूपेन का। कैनवस का शून्य और वह। क्या पता क्या होता था दोनों के बीच। फिर किसी वक़्त भूपेन चारकोल से एक रूपरेखा बनाने लगता कैनवस पर। कोई नियम नहीं था कि कितनी देर या कितने दिन चलेगा चारकोल का यह खेल। बड़े-बड़े, अप्रत्याशित बदलाव आ सकते थे चारकोल से बनी आकृतियों में।

मुझे याद है कि एक बार कैनवस पर हिमाचल में सड़क निर्माण का चित्रण हुआ और बदलते-बदलते अन्त में केरल के समुद्र तट में बदल गया। ख़ासी लम्बी चली थी यह प्रक्रिया। मैं बड़े मनोयोग और विस्मय से देखता रहा था इस ़लीला को। देखता और कोशिश करता अपने इतिहास लेखन से उसका मिलान करने की। अकादमिक दम्भ और आत्मविश्वास भले ही इसके विपरीत हों, सब आत्म-सजग इतिहासकार जानते हैं कि भाषा की अपनी अदृश्य शक्ति होती है, अपना एक प्रवाह, जिसके कमोबेश नियन्त्रण से उनका तथाकथित वस्तुपरक इतिहास लेखन प्रभावित होता ही होता हैं। मुझे लगता कि कला में—कम से कम भूपेन की कला जिस तरह उद्घाटित होती थी उस में—और मेरे लेखन में शायद अन्तर मात्रा का था। शायद मैं भाषा के उतने अधीन नहीं था जितना भूपेन अपने माध्यम के अधीन था। मैं इस अन्तर को, अगर वास्तव में है यह अन्तर, समझने की कोशिश करता। उससे तरह-तरह से घुमा-फिरा कर एक ही सवाल पूछता : 'क्या तुम जान रहे होते हो कि क्या है जो तुम्हें एक आकृति को ख़ारिज कर दूसरे की ओर ले जाता है?' या, जब सारा फेर-बदल हो चुका होता, मैं उससे पूछता : 'अब तो

तुम जानते हो कि कहाँ से चले थे और कहाँ आ कर रुके हो। क्या अब समझ सकते हो कि कोई आतंरिक तर्क था या नहीं इस पूरी प्रक्रिया में?' उसके लिए मेरे प्रश्न महत्त्वपूर्ण थे ही नहीं। सो मैं अपने तईं अटकल लगाने लगता कि भूपेन के चेतन में हो या न हो, बदलाव की इस पूरी प्रक्रिया में निहित कोई तर्क तो होगा ही। कार्य-कारण के तर्क से बाहर निकल पाना आसान नहीं है, हम जैसों के लिए।

जिस चित्र की मैं बात कर रहा हूँ उस में हिमाचल हट गया और उसकी जगह केरल आ गया, पर भूपेन इस मामले में अपने को पूरा स्वच्छन्द रखता था। वह नितान्त भिन्न क्षेत्रों से अलग-अलग तत्व जोड़ कर अपने चित्रों की ज़रूरत के मुताबिक़ उनकी अपनी विशिष्ट पार्श्वभूमि भी तैयार कर सकता था। इस की एक मोहक मिसाल है 'गुरु जयन्ती' जिसमें वह अपने बड़ोदा और तिरुवनन्तपुरम में रहने के अनुभव को मिला कर इस चित्र में दर्शित संसार की रचना करता है।

भूपेन मानता था कि कलाकार को 'वल्नरेबल' होना चाहिए। हमेशा ही, गुजराती या हिन्दी में बोल रहा हो तो भी, अँग्रेज़ी का ही यह शब्द इस्तेमाल करता था वह। कला के प्रति असीम विनय का ही एक पहलू था उसका वल्नरेबिलिटी का यह अनन्त आग्रह।

जिसे कला का बड़ोदा स्कूल कहा जाता है, और जिसमें जल्दी ही भूपेन का नाम सबसे ऊपर लिया जाने लगा, उसका वर्णन आम सहमति से 'फ़िगरेटिव-नैरेटिव' के रूप में किया जाता है। टिमथी हाइमन के द्वारा किया गया यह नामकरण अभी तक चला आ रहा है। भूपेन की कला यात्रा में आये पड़ावों को देखने के लिए यह वर्णन बड़े काम का है। पर उससे पहले, बतौर एक आवश्यक भूमिका के, एक ऐसे तत्व की बात जिसके बग़ैर भूपेन भूपेन न होता और यह किताब लिखी न जा रही होती। वह तत्व है भूपेन का साहस।

इसी साहस के सहारे वह चार्टर्ड ऍकाउंटेंट वाली ज़िन्दगी की आश्वस्त सम्पन्नता तज कलाकार के अनिश्चित भविष्य को वर सका। इसी की बदौलत लोगों के उपहास की चिन्ता न कर—कि इसे तो ड्रॉ करना भी नहीं आता—अपनी अनोखी भूपेनी क़लम विकसित कर अपना अनोखा भूपेनी काम कर सका। वह जिसे ड्रॉ करना नहीं आता था, बाद में—जैसा

कि बकुल टेलर बताते हैं—कह सका : 'मेरा अपना स्ट्रोक बनता है। लम्बे सफ़र के बाद बना है।'

साहस कोई स्थायी गुण नहीं था उसके स्वभाव का, कि जब चाहा, जितना चाहा, कर लिया उपयोग उसका। अपने अन्त से सिर्फ़ सात हफ़्ते पहले, २८ जून, २००३ को, हुए एक साक्षात्कार में भूपेन ने उषा मीरचन्दानी और अमित अम्बालाल से कहा था : 'मैं हमेशा साहस की खोज में लगा रहा हूँ।' अपना १९६० के दशक का काम पीछे छोड़ जब अगले दशक में उसने 'ट्रेड पेंटिंग्स' का सिलसिला शुरू कर अपनी असल पहचान बनायी और स्थायी प्रसिद्धि में पदार्पण किया तब भी उसे एक नये साहस की ज़रूरत पड़ी थी। पर, जैसा कि उसके काम के अगले चरण से ज़ाहिर होता है, जितना साहस वह उस वक़्त जुटा पाया था वह नाकाफ़ी हो गया अगले चरण में जाने के लिए।

इसी साक्षात्कार में वह आगे कहता है कि फिर नया साहस जुटाना पड़ा उसे 'टू मैन इन बनारस' (१९८२) बनाने के लिए। कहने को तो भूपेन सिर्फ़ 'टू मैन इन बनारस' का ज़िक्र करता है, उसका इशारा है बेझिझक समलैंगिकता का उन्मुक्त चित्रण कर पाने के साहस की ओर। 'टू मैन इन बनारस' के बाद जिस धड़ल्ले से वह समलैंगिकता का चित्रण करने लगा उससे लग सकता है कि उसकी साहस की खोज पूरी हो गयी थी। वास्तव में ऐसा नहीं था। एक बार फिर, अपनी जानलेवा बीमारी के दौरान, उसे और साहस बटोरना पड़ा 'ब्लाइंड बाबूभाई', 'बुलेट शॉट इन द स्टमक', और 'ब्यूटी इज़ स्किन डीप' जैसे चित्र बनाने के लिए। सतत साहस की खोज में लगा भूपेन हर दस साल बाद कुछ नया करने का साहस जुटा लेता था।

उसके साहस के प्रारम्भिक दौर का बड़ा ही दिलचस्प वर्णन फ़रवरी, १९७० में दिल्ली की कुनिका आर्ट गैलरी में हुई भूपेन की एकल प्रदर्शिनी के लिए लिखे गये गुलाम शेख के 'संदेश' में मिलता है। इस संदेश को दो तरह से पढ़ने पर ही इसका असल महत्त्व समझ में आयेगा : एक यह याद रखते हुए कि उस वक़्त तक भूपेन की कला जगत् में कोई हैसियत नहीं थी, और दूसरे यह समझते हुए कि गुलाम जैसे देखने वाले कितना कुछ पालने में ही देख चुके थे। अपने संदेश को 'ऍकाउण्टेंट की कला'

का उकसाऊ शीर्षक देते हुए गुलाम लिखते हैं :

> भूपेन को अकाउण्टेंट की हैसियत से जानने वालों को इस प्रदर्शिनी से धक्का लगेगा। चूँकि वह जानते हैं कि जहाँ ऍकाउण्टेंट पैसा बनाते हैं खख्खर चित्र बनाता है। खख्खर (उस वक़्त जब सब कोई सुन्दर आकृतियाँ और लैण्ड्स्केप बना रहे थे) रंगों के इस अजीब धन्धे में घुस देवी-देवताओं के श्रद्धाहीन आपत्तिजनक चित्र बना कर कला-समीक्षकों का ध्यान चुराने की कोशिश कर रहा था, और वह उसके चित्रों को कोलाज बता रहे थे। कुछ मासूम आदमियों और औरतों को फँसा कर उसने अपने चित्र ख़रीदवा भी लिये, और म्यूज़ियम ऑव माडर्न आर्ट के कुछ विदेशियों को भी फुसला लिया अपना एक काम ख़रीदने के लिए। ताज्जुब होता है कि समझदार लोग एक ऍकाउण्टेंट की घसीटनों पर क्यों अपना पैसा बर्बाद करते हैं।
>
> और अब वह एक और प्रदर्शिनी कर रहा है जिसमें मालियों, शतरंज खेलते बूढ़ों, वग़ैरा के चित्र दिखा रहा है। न किसी सुन्दरी का कोई चित्र, न कोई मनोरम लैण्डस्केप और न ही आधुनिक कला। मैं शर्त लगा कर कह सकता हूँ कि अगर यह कला के किसी इब्तदाई इम्तहान में भी बैठे तो शर्तिया नापास होगा। कोई आश्चर्य नहीं कि किसी विदेशी छात्रवृत्ति को पाने में भी यह असफल रहा है (किसी इण्टरव्यू तक के लिए इसे नहीं बुलाया गया है)। समझदार विशेषज्ञ इस की कला सम्बन्धी योग्यताओं के अभाव को तुरन्त देख लेते हैं। व्यर्थ ही यह कॉलेजों में कला के अध्यापक की जगह पाने की कोशिश करता रहा है, और उचित ही वहाँ उसे जगह नहीं मिली है।
>
> मैं इस मौक़े का फ़ायदा उठाते हुए खख्खर से कहना चाहता हूँ कि अपना यह शौक़ छोड़ दे और कलाकारों को शान्ति से रहने दे। कला जगत् को उसकी नामौजूदगी से फ़ायदा होगा, और फ़ुज़ूल वक़्त बर्बाद करने वाले अपने इस कर्मचारी को काम पर वापस पाकर उसके मालिक को ख़ुशी होगी।

कला में ही नहीं साहित्य-लेखन में भी भूपेन का साहस निर्णायक साबित हुआ। भूपेन के साहित्य के अनन्य प्रशंसक और *गद्यपर्व* के लिए माँग-माँग कर उसकी रचनायें छापने वाले भारत नायक मानते हैं कि उसकी भाषा सादा थी और उस में अर्थछाया-वैपुल्य नहीं था। भूपेन स्वयं अपनी

भाषायी सीमाओं को जानता था। बार-बार उन्हीं शब्दों को प्रयोग में लाता था। मसलन, उसके लेखन में स्त्री-स्तन आये नहीं—जो कि कुछ ज़्यादा ही आते रहते हैं—कि उनको वर्णित करने के लिए 'उन्नत' आ ही जाता है। सदा ही उसके स्त्री पात्रों के स्तन विशाल होते हैं, और लगभग सदा ही वह मस्ती से इस इकलौते विशेषण से अपना इच्छित प्रभाव पैदा करता रहता है। पर अपने अन्दर कोई ग्रन्थि नहीं पैदा होने दी उसने, अपनी अनछुपी शाब्दिक भाषायी सीमाओं के कारण। लिखता रहा धड़ल्ले से और छोड़ गया अपनी बेजोड़ साहित्यिक पहचान।

भाषा सामर्थ्य और शब्द सामर्थ्य का भेद जानता था भूपेन।

उसकी पूरी कला-यात्रा के परिप्रेक्ष्य में साफ़ नज़र आता है कि जैसे-जैसे उसका साहस बढ़ता गया तैसे-तैसे उस में अपनी बात कहने की और अपने तरीक़े से कहने की हिम्मत आने लगी; उसकी कला में नये-नये प्रयोग होने लगे; और उसका विषय-विस्तार होने लगा। 'यू कांट प्लीज़ ऑल', 'ययाति' और 'टू मेन इन बनारस' न बने होते—भूपेन हिम्मत न जुटा पाया होता खुल कर सामने आने की—तो उसके उन अविस्मरणीय मौन उदास चेहरों के अन्दर जो अदृश्य दमित है, कितना कुछ अनुद्घाटित रह जाता वह।

भूपेन की कला-यात्रा के पहले दौर को अब शायद ही कोई याद करता है। वह दौर जिसमें उसने भड़कीले रंगों वाले कैलेण्डरों और चमकीले ओलियोग्राफ़ों में से काटे गये देवी-देवताओं को तरह-तरह से चिपका कर और उन पर अपनी भड़काऊ टिप्पणियाँ टिका कर 'कोलाज' बनाये और वासनात्मक ड्रॉइंग्ज़ की रचना की। इन ड्रॉइंग्ज़ के सन्दर्भ में गुलाम शेख ने विशेष उल्लेख उसके काली स्याही से चित्रित सम्भोग करते बिल्ली-बिलौटों का किया है। इन चित्रों का प्रदर्शन १९६३ या १९६४ में बड़ोदा की फ़ाइन आर्ट्स फ़ैकल्टी की कैंटीन में किया गया था। भूपेन ख़ुद अगर कभी भूले-भटके उस ज़माने के काम को याद करता था तो कहता था कि 'वह अब मेरे लिए बेकार है।'

उस दौर का संक्षिप्त ब्योरा देते हुए गुलाम 'भेरु' में लिखते हैं :

> उस समय वातावरण में विद्रोह की भनक थी। अन्तरराष्ट्रीय क्षेत्र में अमेरिकी 'पॉप' कलाकार रॉबर्ट राउशेनबर्ग ने एक विशाल कृति में

> कोलाज के साथ एक सिली हुई भेड़ बिठाई थी। जास्पर जोहन्स ने अमेरिकी ध्वज को तीरंदाज़ के निशाने वाले चक्के पर मढ़ा था। युवा पीढ़ी पुरानी चिपकी हुई चीज़ों को छोड़ कर नये विकल्पों की खोज में घर-बार छोड़ रास्ते पर भटकने लगी थी...। भूपेन ने 'पॉप' कला में समाहित हो जाने वाले चित्र बनाये, उन में सड़क पर बिकने वाले चित्रों को फाड़ कर चिपकाया, कहीं थाली पर कपड़ा डाल कर ऊपर देव-देवियों की आँख, मुँह चित्रित किये, वर्क लगाये और उन पर इनेमल के डिब्बे के लाल-नीले थक्के बना कर मोटे अक्षरों में लिखा कि 'यहाँ मूतना मना है।' (२४९)

भूपेन के ऐसे चित्रों की एक प्रदर्शिनी १९६५ में बम्बई की जहाँगीर आर्ट गैलरी में हुई थी। यह उसकी पहली एकल प्रदर्शिनी थी, और इस ने उसको भारत के पहले 'पॉप' कलाकार के रूप में प्रसिद्ध कर दिया। मनु पारेख ने देखी थी यह प्रदर्शिनी। पचास से ऊपर साल हो गये पर मनु को अच्छी तरह याद है कि इस प्रदर्शिनी के उद्‌घाटन समारोह में भूपेन काली पतलून पर गहरे नीले रंग की क़मीज़ पहने हुए था, और क़मीज़ के बटन गले तक बन्द थे। इससे पहले भूपेन का नाम भी नहीं सुना था मनु ने। पर इस प्रदर्शिनी को देख कर उन्हें लगा कि यह आदमी वाक़ई एक बड़ा कलाकार है। मनु इस बात पर ख़ास ज़ोर देते हैं कि भले ही भूपेन के इस काम को 'पॉप' घोषित किया गया हो, किसी फ़ैशन का अन्धानुकरण नहीं था यह काम। देसी यथार्थ भरा हुआ था इस में। मनु यह भी कहते हैं कि उसी वक़्त उन्हें लगा कि इस आदमी में ईमानदारी और ठसक का वह अनोखा मिश्रण है जो बड़ा कलाकार होने के लिए ज़रूरी होता है।

एक पैटर्न दिखता है भूपेन की कला के निरन्तर विकास में। बाहरी सामाजिक यथार्थ से आन्तरिक मनोजगत् की ओर बढ़ती है यह। अन्त तक आते-आते यह कला भयानक स्याह हो जाती है। मानो कलाकार अपने अन्दर के हिला देने वाले अँधेरों को घसीट के बाहर ला पटके दे रहा है, और देखने वालों को उनके अपने स्याह अँधेरों से रूबरू करा रहा है।

जो चीज़ आज भी भूपेन का नाम सुनते ही दिमाग़ में सबसे पहले कौंधती है—जिस ने उसे एक विशिष्ट पहचान दे दी—वह हैं १९७० के दशक में बने उसके भुलाये न भूलने वाले 'ट्रेड पेंटिंग्स' वाले आम आदमियों के चेहरे। ऐसे ही अविस्मरणीय उसके कुछ और चेहरे भी हैं। भूपेनी

'फ़िगरेटिव' का चरम हैं ये चेहरे। उसके माली, मोची, नाई, दर्जी, हलवाई, घड़ीसाज, सैनिक, वग़ैरा-वग़ैरा। इन चित्रों की आमद के साथ ही भूपेन की कला में कथा-तत्व का प्रवेश होने लगा। उल्ली बाइर के साथ हुए अपने साक्षात्कार में भूपेन कहता है कि इससे पहले के उसके काम में कथा-तत्व था ही नहीं।

मैं सोच-समझ कर 'ट्रेड पेंटिंग्स' को 'फ़िगरेटिव-नैरेटिव' न कह कर सिर्फ़ 'फ़िगरेटिव' बता रहा हूँ। फ़िगरेटिव में नैरेटिव जोड़ने का सीधा अर्थ है कि कुछ ऐसा है जो अकेले फ़िगरेटिव से व्यक्त नहीं हो पाता। उस अतिरिक्त कुछ को व्यक्त करने के लिए नैरेटिव जोड़ा जाता है। फ़िगरेटिव गूँगा नहीं होता। वह भी बोलता है। पर उसके बोलने की सीमा थोड़ी जल्दी आ जाती है। उसके आगे भी कहना हो तो नैरेटिव की ज़रूरत पड़ती है। भूपेन के साहित्य के सन्दर्भ में हम देख चुके हैं कि कथोपकथन में वह 'स्वगत' का उस्ताद था। पर स्वगत की सीमा होती है। प्रगट को अपदस्थ नहीं कर सकता स्वगत। भूपेन के फ़िगरेटिव चित्र कथा-साहित्य के स्वगत की तरह हैं। भूपेन को भूपेन बना देने वाले जो ख्याति-प्राप्त चित्र उसने १९७० के दशक में बनाये उन में से कुछ सिर्फ़ फ़िगरेटिव हैं। उल्लेखनीय है कि इनमें से सात चित्र उसने केवल एक साल—१९७२—में बना दिये : 'बार्बर्स शॉप', 'जनता वॉच रिपेअरिंग', 'असिस्टेंट ऍकाउण्टेंट—मिस्टर आइ एम शाह', 'डीलक्स टेलर', 'बैंक मैनेजर', और 'मुक्तिबाहिनी सोल्जर'।

भूपेन के फ़िगरेटिव और फ़िगरेटिव-नैरेटिव चित्रों का फ़र्क़ केवल कथात्मकता की मात्रा—स्वगत और प्रगट—का नहीं है, इन चित्रों के रूप का भी है। फ़िगरेटिव चित्रों में बहुधा एक अकेला व्यक्ति होता है। फ़िगरेटिव-नैरेटिव चित्रों में प्रमुख पात्र या पात्रों के अलावा, प्रायः हाशियों पर, कुछ और पात्र, घटनायें या स्थान भी रहते हैं जिन के सहारे एक कहानी बनने लगती है। पर कुछ ऐसे चित्र भी हैं जिनका रूप तो फ़िगरेटिव-नैरेटिव है पर कोई ख़ास कहानी बनती नज़र नहीं आती। १९७० के ही दशक में बने भूपेन के कमोबेश फ़िगरेटिव-नैरेटिव की कोटि में आने वाले प्रसिद्ध चित्र हैं : 'पोर्ट्रेट्ज़ ऑव माइ मदर ऍण्ड फ़ादर गोइंग टु यात्रा' (१९७१), 'फ़ैक्टरी स्ट्राइक' (१९७२), 'व्यू फ्रॉम ए टी शॉप' (१९७२), 'मैन विद बूके ऑव प्लास्टिक फ़्लावर्ज़' (१९७६), 'डैथ इन

द फ़ैमिली' (१९७८), 'हठयोगी' (१९७८) और 'मैन इन पब' (१९७९)।

शायद, ऊपर किये गये वर्गीकरण के बावजूद, ज़्यादा सही यह कहना होगा कि भूपेन के कुछ ऐसे चित्र भी हैं जिनको इन दोनों कोटियों में से किसी एक में मुकम्मल रख देना मुश्किल होगा, या देखने वाले की नज़र पर निर्भर करेगा। इसके चार दिलचस्प उदाहरण हैं : 'पोर्ट्रेट्स ऑव माइ मदर ऍण्ड फ़ादर गोइंग टु यात्रा', 'मैन ईटिंग जलेबी', 'द वैदरमैन' और 'रणछोड़भाई रिलैक्सिंग इन बेड' (१९७५)। 'मैन ईटिंग जलेबी' को देखें तो जलेबी खा रहा आदमी चित्र की दाहिनी तरफ़ के एक अपेक्षाकृत छोटे कोने में बैठा हुआ है, और बाक़ी बची बड़ी जगह में और बहुत कुछ दिखाया गया है। पर उस बाक़ी बहुत कुछ से जलेबी खाते आदमी की ज़िन्दगी की कोई कहानी बनती लगती नहीं। इससे थोड़ा अलग, 'द वैदरमैन' (१९७९) के फिगरेटिव होते हुए भी इसमें चित्रित पति-पत्नी की कहानी उससे ज़्यादा पता लग जाती है जितनी कि जलेबी खाते आदमी की फ़िगरेटिव-नैरेटिव 'मैन ईटिंग जलेबी' में पता लगती है।

१९७० के उर्वर दशक में बने भूपेन के प्रमुख चित्रों की ऊपर दी गयी फ़ेहरिस्त में बरबस ही ध्यान इस तथ्य पर जाता है कि इनमें से नौ चित्र अकेले १९७२ में बने थे। लगता है कि उसके अन्दर रचनात्मकता का कोई बाँध था जो अचानक टूट पड़ा और उसने इतना सारा काम कर डाला। रचनात्मकता के इस ज्वार की तीव्रता का कुछ अन्दाज़ इससे लग सकता है कि 'गुरु जयन्ती' ने अकेले ही भूपेन के आठ महीने ले लिए थे। १९७२ का ज्वार इस कारण और चकित करता है कि उसी साल भूपेन की पहली बड़ी प्रदर्शनी गैलरी केमोल्ड में हुई थी और इसके लिए उसने ख़ुद ही जो लम्बा कैटलॉग लिखा था उसने भी ख़ासा समय लिया होगा। इतना ही नहीं, १९७२ में ही उसने भारत के दूसरे ट्रिएनाल और तीन अन्य सामूहिक प्रदर्शिनियों में भी भाग लिया था। उसी ट्रिएनाल में हॉवर्ड हौजकिन ने भूपेन का काम देखा था और उसे सर्वोत्तम पाया था।

भूपेन द्वारा चित्रित अमर हो गये चेहरों पर अलग-अलग प्रतिक्रियाएँ आती रही हैं। कुछ लोगों को—जिन में टिमथी हाइमन जैसे भूपेन के काम को सराहने वाले जानकार भी हैं—ये चेहरे भाव-शून्य लगते हैं। दूसरों ने इन्हीं चेहरों में तरह-तरह के भाव देखे हैं, और कुछ लोगों ने तो पूरी की पूरी कहानियाँ देख लीं हैं इनमें। मिसाल के तौर पर, किसी को

'मैन ईटिंग जलेबी' में पूरी कहानी दिखायी दी है सम्पन्नों और अभाव-ग्रस्तों के खाने के बुनियादी फ़र्क़ की, हमारे समाज की एक बड़ी कहानी बयान करता फ़र्क़।

इन चेहरों का इतने अलग-अलग तरीक़ों से देखा जाना ही भूपेन के कलात्मक कौशल का प्रमाण है। इस सन्दर्भ में याद रखने की बात है कि भूपेन कभी अपने किसी चित्र के किसी भी तरह देखे जाने का प्रतिवाद नहीं करता था। बग़ैर किसी बड़े आलोचना सिद्धान्त को बीच में लाये, वह मान कर चलता था कि वह निमित्त भर है अपने चित्रों के वजूद में आने का। किसी देखने वाले के देखने को निर्धारित करना तो दूर, वह ख़ुद ही नहीं जानता था पूरी तरह कि जो वजूद में आया है वह दरअसल है क्या।

इस अनिवार्य विभिन्नता के मद्देनज़र, बग़ैर अपनी इस समय की दृष्टि के सही-ग़लत होने का कोई दावा किये, मैं बताना चाहूँगा कि मुझे कैसे दिखते हैं ये चेहरे। दो प्रमुख श्रेणियाँ मुझे दिखायी देती हैं इन चेहरों में। एक—शायद ज़्यादा संख्या इन्हीं की है—जो भाव-शून्य लगते हुए भी कुछ और हैं। वे अन्यमनस्क हैं, उदास हैं। पर अन्यमनस्कता और उदासी तो मुखौटे हैं, अपने पीछे ना जाने क्या-क्या छिपाये हुए मुखौटे। भूपेन के ये मौन मुखौटे चाहते हैं कि आप उनके मौन में व्याप्त आर्तनाद को सुनना चाहें और उनके पीछे छिपे जीवन को जानना। पहुँचना चाहें इस मौन अन्यमनस्कता और उदासी के तल तक। इस इशारे से ज़्यादा वे आप को कुछ नहीं बताने वाले। बता सकते नहीं शायद। न ही ज़रूरी है उसे बताने की असफल कोशिश करना। बताये जाने से कहीं बेहतर आप ख़ुद जानने-सोचने लगेंगे, अगर आप देख सकें उस भाव-शून्य लगते चेहरे के पीछे।

भूपेन की यह भाव-शून्यता एक अनोखी कलात्मक उपलब्धि है। 'दर्द का हद से गुज़रना है दवा हो जाना।' अपने दर्द में कोई हमदर्द न पाना, पाना उदासीनता ही उदासीनता चारों ओर। दर्द की कौन-सी हद होगी इसके आगे?

उदास चेहरों के सिलसिले में एक नितान्त अप्रत्याशित उदासी हम देखते हैं 'मुक्तिबाहिनी सोल्जर' के चेहरे पर। यह चित्रण स्वतन्त्रता सेनानियों

की लोक मानस में व्याप्त छवि के बिलकुल उलट है। प्रफुल्ल, उत्साहित और सहर्ष अपने पवित्र लक्ष्य के लिए अपने जीवन को निछावर करने को तत्पर होते हैं हमारी कल्पना के स्वतन्त्रता सेनानी। 'मुक्तिबाहिनी सोल्जर' जैसी विपरीत छवि की कल्पना एक असामान्य संवेदना ही कर सकती है, और उसका कलात्मक सार्वजनिक प्रदर्शन बिना अपार आत्मविश्वास और साहस के किया नहीं जा सकता। भूपेन ने किया यह।

वही भूपेन जिसके बारे में उसके क़रीबी मित्रों तक का मानना है कि वह कमज़ोर आदमी था, संवेदनशील सार्वजनिक मुद्दों पर खुल कर सामने नहीं आता था। यहाँ मैं भूपेन के व्यक्तित्व को अलग रखना चाहूँगा, चूँकि असल मुद्दा भूपेन का निजी आचार-व्यवहार नहीं है, उसकी कला है। एक पल के लिए—केवल तर्क की ख़ातिर—मान भी लें कि था वह डरपोक, ढुलमुल, तो भी असल सवाल बना ही रहता है : क्या करता था वह अपनी कला में? या, शायद सटीक सवाल होगा : उसकी कला क्या करती है? कला में डर है, ढुलमुलता है, या आक्रोश है, विद्रोह है, देखने वालों की आँख बदलने की उम्मीद है, और है देखने वालों का अन्तर जगाने की आस?

क्या है 'मुक्तिबाहिनी सोल्जर' की उदासी में? उदासी, जो और घनी हो जाती है पृष्ठभूमि में चित्रित टैंक, हवाई जहाज़, मिसाइल, हथियारबन्द सैनिकों और हथियारबन्द नागरिकों की उपस्थिति से। उदासी, जो अग्रभाग में अपनी अनुपात से कहीं ज़्यादा विशाल उपस्थिति से बेमानी कर देती है लड़ाई के पूरे ताम-झाम को।

हमारी रूढ़ मान्यताओं और सामूहिक प्रवंचनाओं को ध्वस्त करता मौन चीत्कार है 'मुक्तिबाहिनी सोल्जर' में। राष्ट्रभक्ति और देशप्रेम के चहुँ दिस रूमानी महिमा-मण्डन के बरक्स उनकी कटु वास्तविकता है यहाँ। मुक्ति सब चाहते हैं। पर मुक्ति के अलग-अलग रूप होते हैं। इस चित्र का विषय है राष्ट्र नाम की एक सामूहिक इकाई की मुक्ति। बड़ी छली होती है ये इकाई। बड़े खेल होते हैं इस की भक्ति और इसके प्रेम के नाम में। राष्ट्र की मुक्ति का संघर्ष हो या मुक्त राष्ट्र को चलाने का उपक्रम, राष्ट्रवासियों की भूमिकाएँ सदा एक जाने-पहचाने ढर्रे पर चलती हैं। संघर्ष के दौरान कुछ अपनी जान दाँव पर लगाते हैं; बहुत सारे दूर सुरक्षित बैठे लोग जान दाँव पर लगाने वालों का गुणगान करते रहते हैं; कुछ

संघर्ष में मौक़े ढूँढ़ लेते हैं अनाप-शनाप मुनाफ़ाखोरी के; और कुछ संघर्ष के सहारे सत्ता हथिया उसका दुरुपयोग करने लगते हैं अन्धाधुन्ध। आम सैनिक—प्यादे—के हिस्से आता है मोहभंग। हमेशा मोहभंग।

'मुक्तिबाहिनी सोल्जर' में प्यादे की उदासी पूरे चित्र में छायी हुई है। पर यह उदासी भूपेन के तमाम और चेहरों की उदासी से बहुत अलग है। उन चेहरों में बेचारगी है। अपनी नियति का उदासीन स्वीकार, कि जो उनका आज है वही उनका कल भी है। मुक्ति के संग्राम में खिंच आया आदर्शवादी युवक बहुत उदास है आज। अपने चारों ओर की असलियत देख। लेकिन चश्मे के पीछे उसकी दूर टिकी आँखें सोच रही हैं आने वाले कल के बारे में। भूपेन के बहुत कम चेहरों में इस सैनिक जैसी साफ़, बोलती पुतलियाँ हैं। बहुतों में तो काले धब्बे भर हैं आँख के नाम पर। इस उदास सैनिक की आँखें आज के परे देख रही हैं। चिन्तन-रत इन आँखों को भूपेन ने ऐन उस पल में पकड़ा है जब इस चेहरे पर उदासी की जगह आक्रोश आने वाला है। शायद संकल्प भी। बदलाव का संकल्प।

'मुक्तिबाहिनी सोल्जर' भूपेन के चित्रों की उस शृंखला का हिस्सा नहीं है जिसमें उसने अलग-अलग पेशों के लोगों को चित्रित किया है। ये चित्र किसी एक विशिष्ट व्यक्ति के नहीं हैं। इनमें चित्रित व्यक्ति प्रतिनिधि हैं—टाइप—अपने ही जैसे दूसरे मामूली हम पेशेवरों के। भूपेन का मुक्तिबाहिनी सैनिक एक व्यक्ति भी है और टाइप भी। अपनी उदासी में पूरी तरह टाइप; लेकिन उस उदासी से जन्मे चिन्तन में कमोबेश टाइप। कमोबेश इसलिए कि बहुत मुमकिन है कि इस सैनिक में आक्रोश और सम्भवतः, संकल्प पैदा करने वाली यही उदासी उसी जैसे औरों में बेचारगी पैदा कर दे। एक ही उदासी, एक ही अनुभव के अनेक परिणाम सम्भव हैं। इतने अप्रत्याशित कि व्यक्ति स्वयं उन्हें न जान पाये।

संकल्प बने या न बने बदलाव का, संकल्प सफल हो या विफल, 'मुक्तिबाहिनी सोल्जर' एक और प्रमाण है भूपेन की कला में रची-बसी रैडिकलिज़्म का। बड़ी असामान्य है भूपेन की रैडिकलिज़्म। सामान्य रैडिकलिज़्म में आमतौर से जोश और उम्मीद की कुछ ज़्यादा ही इफ़रात होती है। लगता है मानो उस अतिरिक्त जोश और उम्मीद के बग़ैर इच्छित बदलाव आ ही नहीं पायेगा। भूपेन दिल से दबे-पिसे के साथ है, उनका कल्याण चाहता है। पर नारेबाज़ी से परहेज़ है उसे।

मुक्तिबाहिनी सोल्जर

रैडिकलिज़्म का एक ऐसा रूढ़ अर्थ बन गया है कि भूपेन के चेहरों के सम्बन्ध में इसका इस्तेमाल ग़लतफ़हमी पैदा कर सकता है। सो यह कहते हुए कि ख़ुद मुझे यही शब्द सही लगता है, मैं इसी बात को दूसरे तरीक़े से कहने की कोशिश करूँगा। और उसके लिए मैं सहारा लूँगा १९७२ की केमोल्ड आर्ट गैलरी में हुई भूपेन की प्रदर्शिनी के कैटलॉग में 'फ़ैक्टरी स्ट्राइक' नामक चित्र पर लिखी गयी उसकी अपनी लम्बी तंज़िया टिप्पणी का। वह लिखता है :

> कुछ मित्रों के असर में आ कर मैं एक चित्र बनाना चाहता था। उनका कहना था कि न सिर्फ़ हमारे अन्दर राजनैतिक चेतना होनी चाहिए, साथ ही हमें क्रान्ति लाने की कोशिश भी करनी चाहिए।
>
> इस चित्र में मैंने समाज के तीन वर्गों को दिखाया है :
>
> (१) मज़दूर जो कि आमतौर से प्रॉलितेरियत के नाम से जाने जाते हैं।
>
> (२) मध्यम वर्ग जो कि आमतौर से बुर्जुआ के रूप में जाने जाते हैं।
>
> (३) अमीर लोग जो कि आमतौर से पूँजीपति के रूप में जाने जाते हैं।
>
> मध्यम वर्ग के आदमी की समाज में अजीब स्थिति होती है। वह ऊपर शिखर पर पहुँचना चाहता है लेकिन उसके लिए वहाँ जगह नहीं होती, या शिखर के लोग उसे स्वीकार नहीं करते। मज़दूरों का वह हो नहीं सकता, क्योंकि वह हमेशा अपने को उन से श्रेष्ठ मानता है। वह दुविधा में फँसा है। यही कारण है कि वह दर्शकों को देख रहा है। वह अकेला पड़ गया है।
>
> मेरे मित्रों ने इस चित्र की आलोचना निम्नलिखित तरीक़े से की :
>
> मज़दूर निष्क्रिय लग रहे हैं। उन में कोई उत्साह नहीं दिखायी देता। वह इतने अलग-थलग लग रहे हैं कि क्रान्ति की मशाल बढ़ाना उनके लिए मुमकिन नहीं है। मैंने ढुलमुल-सा तर्क दिया कि यह हड़ताल का पहला दिन है और अभी वे लोग ज़ोर जुटा रहे हैं। उन्होंने [मित्रों ने] कहा कि अगर ऐसा है तो कम से कम नेताओं में तो कुछ जोश होना चाहिए था।
>
> मेरी दलीलों का उन पर कोई असर नहीं हुआ।

इस जगह भूपेन अपनी टिप्पणी की दिशा बिलकुल बदल देता है। बग़ैर कुछ कहे ही अपने मज़ाक़िया अन्दाज़ के सहारे वह कह देता है कि एक

कलाकार की हैसियत से वह कितना भी क्यों न सोचे क्रान्ति जैसे मसाइल के बारे में, उसके लिए कुछ ऐसे विषय कहीं ज़्यादा महत्त्व के हैं जिन की ओर क्रान्तिकारियों का ध्यान जायेगा ही नहीं। 'रोचक पहलू' जैसे शैतान और चिढ़ाऊ शीर्षक के अन्तर्गत वह बताता है कि, क्रान्तिकारियों के बरक्स, उसके लिए 'फ़ैक्टरी स्ट्राइक' के उल्लेखनीय पहलू क्या हैं :

(१) शीशे की खिड़कियाँ (अ) फ़ैक्टरी (आ) ट्रक (इ) मर्सेडीज़।

(२) ज़मीन पर ट्रक की परछाईं।

(३) आधुनिक फव्वारे का स्थापत्य।

(४) चित्र में कोई पेड़ नहीं।

अपने क्रान्तिकारी मित्रों से प्रेरित हुआ हो या न हुआ हो भूपेन, उसके मन में मज़दूरों के ख़याल ने इतना ज़ोर तो पकड़ा ही कि उनकी हड़ताल का चित्र बनाना ज़रूरी हो गया उसके लिए। बहुत सम्भव है कि जिस ज्योति लिमिटेड में वह हिसाब नवीसी करता था उसी में कोई हड़ताल हुई हो, और उस हड़ताल को उसने बहुत नज़दीक से देखा हो। यह भी कि अमीर-ग़रीब सबसे अपनी दोस्तियों के बावजूद, या उसी की वजह से, वह ख़ुद इस चित्र में दिखाये गये मध्यमवर्गीय आदमी की तरह दर्शक भर बन कर रह गया हो, पर मज़दूरों की मजबूरी विचलित कर गयी हो उसे। हुआ कुछ भी हो, उसने हड़ताल में वह देखा जो उसके क्रान्तिकारी मित्र देख ही नहीं सकते थे। क्रान्तिकारी मित्र ही नहीं, हम सामान्य दर्शक भी नहीं देख पाते। उसने हड़ताल में घट रहे दृश्य के पीछे के अदृश्य को देखा, और उस अदृश्य के प्रकाश में दृश्य को चित्रित किया।

भूपेन चाहता तो हड़ताल के अपने उदास चित्रण की सफ़ाई में कह सकता था कि हड़ताल लम्बी खिंच चुकी है और मज़दूर अब तक बिलकुल टूट चुके हैं। तब उसकी बात पूरी तरह से विश्वसनीय लगती। पर वह तो दृश्य में व्याप्त अदृश्य देख रहा है। जैसे कि उसने 'मुक्तिबाहिनी सोल्जर' में एक बड़ा सत्य देखा था, 'फ़ैक्टरी स्ट्राइक' में हड़ताल के पहले दिन ही—जब ज़रूर ही वह जोश और शोर रहा होगा जो इस चित्र में दर्शित नहीं है—हड़ताली मज़दूरों के सारे जोश और शोर के पीछे छिपी बेबसी भी देख लेता है भूपेन। और, हड़ताल के पहले ही दिन—चित्र में अदर्शित मज़दूरों के उत्साह से बहुत दूर नहीं—हड़ताली मज़दूरों के घर वालों की

फ़ैक्टरी स्ट्राइक

दुखी दशा भी देख लेता है। सर्वोपरि, देख लेता है हड़ताल का त्रासद अनिवार्य अनागत। कितनी भी सफल हो जाये कोई हड़ताल, मज़दूर पिसता ही रहेगा अन्ततोगत्वा।

एक और चेहरा चित्रित किया है भूपेन ने जिस की विशेष चर्चा करना चाहूँगा। विशेष चर्चा न सिर्फ़ इसलिए कि यह चित्र भी पेशे वाली शृंखला से बिलकुल अलग है, बल्कि इसलिए भी कि शुरू के 'मिसेज़ नीलिमा शेख़ लुकिंग ऍट ऑरेंज फ़्लावर' जैसे अपवाद छोड़ कर, भूपेन के लगभग सारे कला-कर्म से भिन्न यह एक स्त्री का चेहरा है : रखमाबाई का चित्र। दो शब्द इस चित्र के बनने के बारे में। १९वीं शताब्दी के उत्तरार्ध में जन्मी रखमाबाई ११ साल की थी जब, जैसा कि उस ज़माने में चलन था, उसकी शादी २२ साल के एक युवक से कर दी गयी। अगले ११ साल तक किसी न किसी बहाने वह अपने मायके में ही रही और एक सुसंस्कृत युवती के रूप में विकसित होती रही, जब कि उसका पति निठल्ला ही बना रहा। नतीजा यह हुआ कि ऐसे पति के पास जाने के विचार से ही उसे दहशत होने लगी। आख़िर में उसके पति ने उसको हासिल करने के लिए बम्बई उच्च न्यायालय में मुक़दमा दायर कर दिया। एक ऐसे समय में जब सत्याग्रह का विचार उभरा तक नहीं था, और जेल जाने की बात कोई पढ़ी-लिखी स्त्री तो क्या पुरुष भी नहीं सोच सकता था, रखमाबाई ने भरी अदालत में घोषणा कर दी कि पति के पास जाने का उच्च न्यायालय का आदेश मानने के बजाय वह आदेशोल्लंघन की सज़ा भुगत लेगी पर उस आदमी के साथ हरगिज़ नहीं रहेगी। अन्त में उसकी जीत हुई। उसके पति ने दो हज़ार रुपये लेकर मामला निबटा दिया। रखमाबाई इंग्लैण्ड चली गयी और वहाँ से डॉक्टर बन कर लौटी।

इस असाधारण महिला के असाधारण मुक़दमे पर मैंने एक किताब लिखी और भूपेन ने उस किताब के कवर के लिए एक चित्र बनाया। उसने मुझसे रखमाबाई की एक तस्वीर माँगी और उसके आधार पर यह चित्र बनाया। इस चित्र में उसने दु:ख के अन्तहीन वर्तमान में घिरी एक उदास युवती को दिखाया जिस की आँखें किसी सुदूर भविष्य में स्थित हैं। इन आँखों में चिन्ता भी है और चिन्तन भी। वर्तमान से उपजी हताशा भी है इन आँखों में, और अनिश्चित सुदूर भविष्य में उस वर्तमान का एक सुन्दर विकल्प ले आने का संकल्प भी है। शायद अनायास नहीं, भूपेन

के इस असाधारण महिला के चित्र में ऐंड्रोजिनी भी झलकती है।

भूपेन के चेहरे तो हैं ही अविस्मरणीय, उसके अनेक चित्रों में आयीं छोटी-छोटी आकृतियाँ भी भुलाये नहीं भूलतीं। उसके काम में १९९० के आसपास तेज़ी से इन आकृतियों का आना शुरू हुआ। आकृति भर। उनकी भाव-भंगिमाएँ दिखाने की कोशिश तो दूर, उनके चेहरे-मोहरे अंग-प्रत्यंग तक को नहीं दिखाना। पूरी एक भीड़ जिसमें एक को दूसरे से पहचानना असम्भव। फिर भी, जैसा कि हर भीड़ में होता है, सब एक भी और अलग-अलग भी। आकृतियाँ हर बार एक सरीखी होती हैं, पर

रखमाबाई

जब भी किसी चित्र में आती हैं तो एक नया ही प्रभाव, एक नया ही वातावरण बनता है। उत्सव से लेकर मातम और आतंक तक।

ऐसा ही एक भुलाये न भूलने वाला जल-चित्र है 'शेष-शायी'। भूपेन ने दो शेष-शायी बनाये थे। मैं १९९४ में गैलरी केमोल्ड में हुई उसकी प्रदर्शिनी में दिखाये गये 'शेष-शायी' की चर्चा कर रहा हूँ। चित्र के ऊपरी भाग में एक कोने से दूसरे कोने तक पसरा हुआ एक दैत्याकार पुरुष शेष-शैया पर लेटा हुआ है। उसका सामान्य से बहुत ज़्यादा लम्बा हाथ—कुछ भी नहीं है उसकी गिरफ़्त के परे—नीचे पानी में गया हुआ है। वहाँ अनेक छोटी-छोटी पुरुष आकृतियाँ—स्त्री नहीं—अकेली या जोड़ों में सम्भोग समेत अपने दैनन्दिन कार्यकलाप में अन्तर्लीन हैं। शेष-शायी कुछ देख नहीं रहा। पता नहीं कि देख भी सकता है या नहीं। उसका नीचे गया हुआ हाथ अपना शिकार ले के ही लौटेगा। कोई नहीं जानता कि कब कौन-सी आकृति फँस जायेगी उसकी गिरफ़्त में। चारों ओर आनन्द से चल रहे रोज़मर्रा के जीवन के साथ-साथ उस अनिवार्य त्रासदी की लगभग अदृश्य उपस्थिति भी है, जो घटित कभी भी हो सकती है और महसूस होती ही नहीं। यही है जीवन अपने-अपने दम्भ और आनन्द में लीन मानव का।

लिखने-सुनने में यह सब भारी लग सकता है, पर भूपेन के काम में—कला और साहित्य दोनों में—कुछ ज़्यादा ही सामान्य तरीक़े से आता है यह। इतना सामान्य, सीधा-सादा कि देर तक ठहर के देखे बग़ैर किसी को इस काम में बारीक़ी, जटिलता, या प्रतीकात्मकता जैसे ख़तरों के हो सकने का भान भी न हो। भूपेन के व्यक्तित्व और रहन-सहन की तरह : सामान्य, सरल, अजटिल दिखता।

फिर वापस १९७० के निर्णायक दशक पर जब कलाकार भूपेन अपने असल रंग में आने लगा था। इस वक़्त का उसका काम भी आँखों के सामने दिखते यथार्थ पर टिका रहा। पर उस यथार्थ को देखने और दिखाने में एक क्रान्ति ला दी उस काम ने। यह क्रान्तिकारी काम कई तरह से हुआ। 'फ़ैक्टरी स्ट्राइक' और 'मुक्तिबाहिनी सोल्जर में' हमारा यथार्थ ऐसे आता है कि वह यथार्थ हमें अपना लगता ही नहीं। जतन करना पड़ता है उसकी सच्चाई को समझने के लिए। पर एक बार समझ में आ जाय तो वह पर्दा हट जाता है, जो हमें देखने ही नहीं देता अपना यथार्थ।

एँन ओल्ड मैन फ्रॉम वासद हू हेड फ़ाइव पैनिसज़ सफ़र्ड फ्रॉम रनी नोज़

कॉफ़ी शॉप

इज़ इट फ्लॉवर

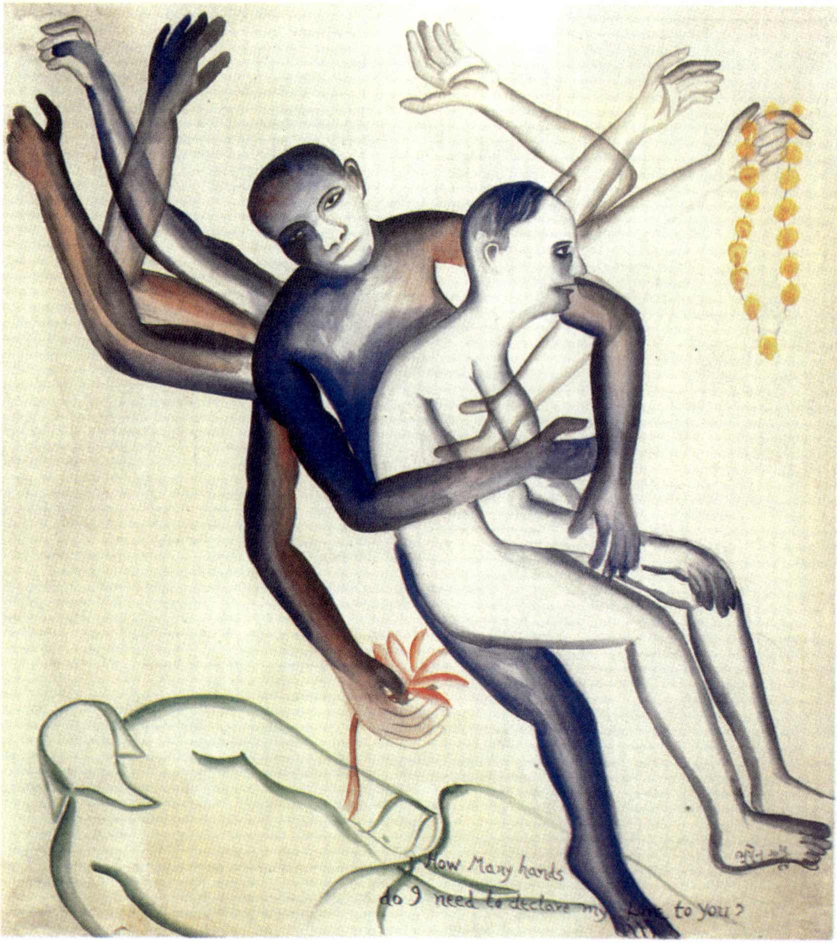

हाउ मैनी हैंड्स डू आई नीड टू डिक्लेअर माई लव टू यू

शेषशायी

डैथ इन द फ़ैमिली

द सैलिब्रेशन ऑव गुरु जयन्ती

'फ़ैक्टरी स्ट्राइक' और 'मुक्तिबाहिनी सोल्जर' हमें हमारे यथार्थ का वह रूप दिखाते हैं जो हम—हम में से ज़्यादातर—देखे ही नहीं होते। इससे अलग, 'डैथ इन द फ़ैमिली' और 'द सैलिब्रेशन ऑव गुरु जयन्ती' जैसे चित्र हमें अपने यथार्थ का वह हिस्सा याद रखने को मजबूर करते हैं जो बार-बार देखते हुए भी हम भुलाये रहते हैं। परिवार में मौत होती है और सब शोक में डूब जाते हैं। पर मुरदनी के उस माहौल में ऐसा भी कुछ चलता रहता है जो शोक से मेल नहीं खाता। शोक होता है, पर जीवन का सामान्य व्यापार भी चलता रहता है। वही रोज़-रोज़ वाली बातें, इस की बुराई उसका गुणगान, स्थानीय से लेकर देश और संसार तक की राजनीति, महँगाई की मार, जुकाम और सरदर्द से लेकर अपनी हर छोटी-बड़ी परेशानी, और ऐसा ही न जाने क्या-क्या। हम देखते हैं वह सब, ख़ुद भी हिस्सा लेते हैं उस में। किन्तु, उस सबसे मौत को और मौत से उस सब को जोड़ते नहीं। बल्कि, एक हद तक सही ही, हम इस व्यवहार की मनोवैज्ञानिक उपयोगिता पर ज़ोर देते हुए मानते हैं कि यह शोक-ग्रस्त परिवार को उसके दुख से बाहर लाने के लिए ज़रूरी है। भक्ति और भक्ति से जुड़े पावन अवसरों को लेकर भी हमारी प्रतिक्रिया कुछ ऐसी ही होती है। आस्था और विश्वास से विभोर हम जाते हैं गुरु को पूजने और सुनने। वहाँ भी, मुरदनी के वक़्त की ही तरह पर मुरदनी के वक़्त वाले मनोवैज्ञानिक औचित्य के बग़ैर, रोज़मर्रा की ज़िन्दगी चिपकी रहती है हमारे साथ। फिर भी ऐसे अवसरों की एक आदर्श छवि बनी रहती है हमारे मन में।

'डैथ इन द फ़ैमिली' और 'गुरु जयन्ती' मुश्किल कर देते हैं मौत और भक्ति के प्रति अपनी भावनाओं को लेकर हमारी आदर्शीकृत आत्म-छवि का बने रहना। 'डैथ इन द फ़ैमिली' में कुछ इशारे हैं जिन को ग़ौर से न देखें तो पता ही नहीं चलेगा कि इस परिवार में ग़मी हुई है। बाक़ी तो परिवार में और बाहर आस-पड़ोस में जीवन वैसे ही चल रहा है जैसे इस मौत से पहले चल रहा था। 'गुरु जयन्ती' में स्थिति का चित्रण ज़्यादा स्पष्ट है। एक तरफ़, लगभग कोने में, माला पहने गुरु विराजमान हैं; उनकी पूजा हो चुकी है, या होने वाली है; दूसरी तरफ़, ऐन सामने, भक्तों की मण्डली अपने-अपने कामों में व्यस्त है; कोई गावतकिये के सहारे निद्रा-मग्न है, कोई आनन्द से सिगरेट का कश खींच रहा है, एक

आदमी प्लास्टर मढ़ी अपनी बायीं बाँह स्लिंग में डाले बैठा है, दो लोग बैठे बतिया रहे हैं, एक चुपचाप सोने वाले के बग़ल में बैठा है, और एक खड़ा हुआ मानो इन लोगों से कुछ कहने जा रहा है। पृष्ठभूमि में आस-पड़ोस की रोज़ीना ज़िन्दगी चल रही है।

किन्तु, और यही भूपेन की उपलब्धि है, किसी की कोई आलोचना नहीं है यहाँ। जीवन को देखने और दिखाने की ज़िद है। भावुकता से मुक्त पैनी नज़र है देखने की; दिखाने का निराला अन्दाज़ है; और देखे जीवन का स्वीकार है। गहरी करुणा के साथ।

दो क़िस्से सुनने को मिले हैं उसके जाने के बाद। बड़ा अदना महसूस करने लगा हूँ इन्हें सुन कर। क्यों नहीं पहचान पाया मैं उसके जीते जी उसे? एक, बकुल टेलर बताते हैं कि एक बार वह और भूपेन 'परमानन्द' के बाहर लगे बादाम के पेड़ के नीचे खड़े थे। इतने में एक बिल्ली तेज़ी से एक गिलहरी पर झपटी। गिलहरी को बचाने के लिए बकुल लपकें उससे पहले ही भूपेन ने उन्हें रोक लिया। कहा : 'ये उनकी ज़िन्दगी है।' दो, नौशिल और भूपेन शहर में कहीं ड्राइव कर रहे थे कि नौशिल ने हठात् पूछ लिया : 'भूपेनभाई, मार्जिनलाइज़्ड के बारे में आप क्या सोचते हैं?' भूपेन बोला : 'पीछे लाल बत्ती पर तुम्हारी गाड़ी रुकी थी और एक बच्ची ने तुम्हारा शीशा खटखटाते हुए अन्दर झाँका था। तुम ने उस बच्ची की आँख का रंग देखा था? वह है मार्जिनलाइज़्ड।'

उसकी खिलंदड़ई भ्रमित न कर दे तो यह है मर्म भूपेन का, उसकी कला का, और उसके साहित्य का।

भूपेन ने एक साक्षात्कार में कहा था : 'अपने चारों ओर के कुछ में ही मेरी दिलचस्पी रहती है।' लगभग १९८० तक के उसके काम का यह सोलहों आने सच्चा वर्णन है। उसका चारों ओर हमारा भी चारों ओर है। फिर भी उसका काम हमें अचरज में डाल देता है। क्या करता है वह चारों तरफ़ के 'कुछ' से, और उस 'कुछ' का? इस अचरज के बाद ही हमें अपने चारों ओर को देखने-समझने की एक नयी नज़र मिलती है।

१९८० के आसपास भूपेन की सतत विकासशील कला अपने बाहर के यथार्थ को त्यागे बग़ैर अपने अन्दर के यथार्थ में प्रवेश करने लगती है। जिस हद तक ऐसे बड़े परिवर्तनों को किसी एक तारीख़ से जोड़ा जा

सकता है, भूपेन की कला में आया यह दूसरा महत्त्वपूर्ण मोड़ उसके प्रसिद्ध घोषणात्मक चित्र 'यू कांट प्लीज़ ऑल' (१९८१) से शुरू होता है। घोषणा है कि कलाकार भूपेन आइंदा आज़ाद रहेगा। इस इरादे का उत्तरोत्तर अमलीकरण होता है उसके आगे के काम में। अब एक के बाद एक 'टू मैन इन बनारस' (१९८२), 'माइ डियर फ्रेंड' (१९८३), 'इन ए बोट' (१९८४), 'रोड बिल्डिंग वर्क इन कालका' (१९८४), 'फिशरमैन इन गोवा' (१९८५), 'सेवा' (१९८५), 'ययाति' (१९८६), और 'टेलर' (१९८७) आयेंगे। दिखायेंगे 'यू कांट प्लीज़ ऑल' में घोषित निर्णय की गम्भीरता और उस में निहित रचनात्मक सम्भावनाएँ।

'यू कांट प्लीज़ ऑल' में पिता, पुत्र और उनके गधे की जगत् प्रसिद्ध प्राचीन कहानी है जिसमें पिता गधे पर सवार है तो लोग आलोचना करते हैं, वह पुत्र को बैठा देता है गधे पर तो आलोचना होती है, फिर पिता-पुत्र दोनों गधे पर सवार हो जाते हैं तो और आलोचना होती है, और जब वे गधे को अपने कंधों पर उठा लेते हैं तो उनकी हँसी होती है, और अन्त में गधा डूब कर मर जाता है। 'यू कांट प्लीज़ ऑल' में यह कथा पूरी की पूरी चित्रित होती है और ऊपर अपनी बाल्कनी से इस सारे तमाशे को देख एक आदमी जान जाता है कि संसार में अगर तुम सब को ख़ुश नहीं कर सकते तो अपने आप को तो कर ही सकते हो। बस लग जाता है वह ख़ुश होने में पूर्ण रूपेण निर्वस्त्र हो कर। निर्वस्त्रीकरण प्रतीक है आज़ादी का। निडर हो कर जीने, काम करने की आज़ादी।

'यू कांट प्लीज़ ऑल' के अगले ही साल आये 'टू मैन इन बनारस' के लगभग दो तिहाई हिस्से में, दाहिनी तरफ़ बनारस का धर्म-सिक्त दैनन्दिन सार्वजनिक जीवन चल रहा है। बाक़ी के एक तिहाई बायें हिस्से में दो नग्न पुरुष परस्पर आलिंगन में खड़े हैं। बायीं ओर वाला पुरुष श्वेत-केशीय वृद्ध और बायीं तरफ़ वाला जवान। दोनों पुरुषों के शिश्न उनकी वय के अनुसार आवेग की अवस्था में हैं। चित्रकारी, भूपेन के शब्दों में, 'सम्भोग की क्रीड़ा बन रही थी।' सम्भोग जो प्रेम की परम प्राप्ति है।

इसके अगले साल तैयार हुए 'माइ डियर फ्रेंड' की गिनती ख़ुद भूपेन अपने सर्वोत्तम चित्रों में करता था। बिस्तर में कमर तक रज़ाई ओढ़े बाक़ी नंगे बदन एक वृद्ध-सा व्यक्ति है और उसके बग़ल में उसी की तरफ़ झुक कर उसे प्यार से निहारता एक अधेड़ पुरुष (ख़ुद भूपेन) है।

नीचे यह प्रेमी युगल है और ऊपर छत से दो पुरुष इन्हे झाँक रहे हैं।

और इसके चार साल बाद आया भूपेन का 'ययाति'। इसकी कुछ चर्चा मैं 'भूपेन की दोस्ती' वाले अध्याय में कर चुका हूँ। यहाँ केवल इतना कहना चाहूँगा कि यह चित्र एक ऐसी चेतना की उपज है जो अपने अन्दर की गहराइयों और पेचीदगियों को पकड़ने के साथ-साथ अपनी सांस्कृतिक परम्परा में पगी हुई है; और उस में पगी हुई होने के कारण उससे जूझती भी है। इस चेतना में ययाति की शाश्वत यौवन की कामना केन्द्र में नहीं है, केन्द्र में है एक पुत्र का अपने पिता को सहर्ष दिया गया यौवन-दान। प्राचीन कथा में ययाति याचक है। भूपेन के ययाति की कोई माँग नहीं है, आकाश से उतरे देवदूत को देने की कोई विवशता नहीं है, पर प्रेम है कि दे कर के ही मानेगा। बड़ी कुशलता से चित्रित हुआ है यह अन्तर 'ययाति' में और यही इसे प्रेम के चमत्कारी आयाम का अविस्मरणीय चित्र बना देता है। देखें कि इस चित्र में होने वाले कायाकल्प का कैसा कोमल, नाटकीय पल भूपेन ने चुना है चित्रण के लिए। वृद्ध और देवदूत के परस्पर स्पर्श का पहला जादुई क्षण, जहाँ अभी सिर्फ़ दोनों के पैर के अँगूठे भर मिले हैं, और मिलन की विद्युत वृद्ध के शरीर में संचरित होने लगी है।

यह भी उल्लेखनीय है कि 'ययाति' जैसा कोमल संवेदना से बना चित्र और 'टू मैन इन बनारस' जब बम्बई में प्रदर्शित हुए तो गैलरी में दरवाज़े बन्द कर के चुने हुए लोगों को ही दिखाये गये।

पर प्रेम देना ही देना नहीं है। पाने की अदमनीय इच्छा भी प्रेम है। न ही प्रेम बँधा हुआ है किसी एक से। न ही कोई बँधा हुआ है केवल प्रेम से। प्रेम अबाध है। वासना भी। अबाध, अदमनीय आदिम वासना। वास्तविक मानव जीवन में प्रेम और वासना प्रायः ऐसे घुलेमिले हो सकते हैं—होते ही हैं अधिकतर—कि उन में भेद करने की कोशिश करना बेमानी हो जाता है। उसी वास्तविक मानव जीवन में बार-बार ऐसी स्थितियाँ होती हैं जहाँ प्रेम और वासना का अन्तर साफ़ नज़र आता है, भले ही सिद्धान्त या विश्लेषण के स्तर पर उन्हें अलग-अलग स्थापित करने में कठिनाई हो। १९९० के दशक से भूपेन के जीवन के अन्त तक की कला में यह अन्तर हावी होने की हद तक उभर आता है। अबाध वासना की अदमनीय अभिव्यक्ति होने लगती है अब। परिप्रेक्ष्य में देखें तो इसका पूर्वाभास 'इन ए बोट' (१९८४)

और 'फिशरमैन इन गोवा' (१९८५) में मिल सकता है।

सुस्पष्ट समलैंगिकता का बड़ा महत्त्व है 'यू कांट प्लीज़ ऑल' के साथ भूपेन की कला में आये निर्णायक मोड़ में। और निर्वस्त्रीकरण का भी। प्रेम हो या वासना—अतिशय प्रेम और अतिशय वासना—दोनों में ही वस्त्र असहनीय हो जाते हैं। फिर भी इस समय के कुछ चित्रों में कपड़े पहले की तरह ही सही-सलामत रहते हैं। ऐसा ही एक चित्र है 'टेलर'। यह १९७० के दशक की उस शृंखला की याद दिलाता है जिसमें अलग-अलग पेशे के लोगों को चुन कर आम आदमियों के दुख-दर्द, उनकी इच्छाओं-कुण्ठाओं को दिखाया गया है। 'टेलर' में उस ज़िन्दगी की झाँकी है जिसे इसमें चित्रित दर्जी जैसे ग़रीब देशों के मामूली कस्बाई दर्जियों के सिले, पर अमीर बहुराष्ट्रीय कम्पनियों के ठप्पों से सम्मानित, 'रेडीमेड' कपड़ों की फ़ैशन समाप्त-प्राय कर चुकी है। 'टेलर' का मुख्य आकर्षण है एक ग्राहक के पाजामे—या पतलून—का नाप लिये जाने की कार्रवाई। दाहिने हाथ से अपनी कमीज़ ऊपर सरकाये ग्राहक नीले धारीदार घुटने में खड़ा है। सामने दर्जी फीते से नाप लेने की पुरानी प्रचलित मुद्रा में बैठा है—बायें पैर को पीछे फेंक घुटना ज़मीन पर टिकाये और दाहिने पैर को मोड़ घुटने पर अपना बायाँ हाथ टिकाये। बगल में दूसरी तरफ़ ग्राहक की कमर से नीचे फीता लटकाये दर्जी का सहायक बैठा है।

यहाँ भूपेन की आँख अपना कमाल दिखाती है। नाप लेने के लिए ऊपर ग्राहक के कमर के पास से फीता लटकाने का काम सहायक का है। पर फीते को सही जगह टिकाने का काम दर्जी का है। इसमें ज़रा-सा भी फ़र्क़ आ गया तो नाप ग़लत हो जायेगा। इसी लिए दर्जी को टेलर मास्टर या सिर्फ़ मास्टर कहा जाता है। यहाँ मास्टर अपना खेल खेलते हैं और भूपेन की शातिर नज़र उन्हें पकड़ लेती है। अचूक सही स्थान पर पहुँचने वाला टेलर मास्टर का कुशल अँगूठा ग्राहक के घुटने के बाहरी हिस्से पर टिक गया है और उनकी चारों उँगलियाँ ग्राहक के घुटने के अन्दर पहुँच गयी हैं। एक क्षणिक स्पर्श का आनन्द पा जाने के लिए।

रोज़मर्रा की निरानन्द ज़िन्दगी में खटे रहने के बावजूद इच्छा की निरन्तरता और क्षणिक सुख की किसी भी सम्भावना को न खोने की ज़िद बचाये रहते हैं 'टेलर' और उस जैसे लोगों को। देखने वाले भी—यह सफलता है भूपेन के चित्रण की—सोचने लगते हैं सहानुभूति के साथ उन लोगों के

ग्रोज़ फ्रॉम आर्स

ग्रे बुद्ध

टैम्प्ल ऑन माउन्टेन

सखीभाव

गोइंग टू सिगिरिया केव्ज़, श्रीलंका

डैम्बुला (श्रीलंका)

वॉटर पिचर

 टेलर

बारे में : बनी क्या कुछ बात टेलर मास्टर और ग्राहक के बीच? या निबट गया सब उसी नाप के साथ?

स्पर्श का जादू जानती है भूपेन की कला। स्थूल से सूक्ष्म तक भाँति-भाँति के स्पर्श उद्घाटित करती है वह। स्थूल और सूक्ष्म के पल-पल बदलते—प्रति स्पर्श को अलग स्पर्श बनाते—अनुपात में।

इस दृष्टि से—सम्भवत: हर दृष्टि से—जितना भी काम भूपेन का मैंने देखा है उस में 'सेवा' मुझे सबसे ज़्यादा प्रिय है। बार-बार देखा है मैंने 'सेवा' को। सुबह-शाम-रात, जागते-सोते-उनींदे, आनन्द में और विषाद में, एक टक भी और उड़ते-उड़ते भी। हर तरह से देखा है मैंने 'सेवा' को। बासी नहीं हुई कभी। हर बार कुछ अलग लगी।

भूपेन को भी बहुत प्रिय थी 'सेवा'। मुझे याद है वह शाम जब उसके घर में दीवार पर टँगी 'सेवा' को मैंने पहली बार देखा था। निहारता रह गया था। अत्यन्त कोमल, मार्मिक, सशक्त और संश्लिष्ट चित्र। बहुत कुछ कहता हुआ, फिर भी कोई रहस्य अपने में समेटे हुए। लम्बी चुप्पी के बाद कुछ बेवक़ूफानी कोशिश की थी उस शाम भूपेन से कहने की कि अपूर्व है यह कृति। उसी बेवक़ूफी में मैंने यह भी कह दिया : 'यार भूपेन, मैं पूछूँगा भी नहीं कि यह पेंटिंग कितने की है, चूँकि मेरे पास पैसा है ही नहीं। लेकिन अगर होता तो मैं इसे ले लेता।' मेरे चुप होते ही भूपेन बोला : 'मैं इसे बेचूँगा नहीं, अपने पास रखूँगा।'

यह अध्याय भूपेन की कला-यात्रा पर है। लेकिन यह किताब, मैं फिर कह दूँ, एक दोस्त का दिली स्मरण है। और फिर बात स्पर्श के जादू की चल रही है। भूपेन की कला में स्पर्श का जादू। उसकी कला में यह जादू होता था इसलिए कि असल ज़िन्दगी में भी वह यह जादू जानता था। छूने का जादू। सो 'सेवा' को लेकर उसकी और मेरी बात और आगे। दस साल के अन्तराल के बाद। जब गीतांजलि और मैं दो साल जापान में रह कर लौटे।

लौटे तो अमीर तो नहीं थे पर पहले जैसे खस्ताहाल नहीं थे। एक शाम हसरत भरी आँखों से दीवार पर टँगी 'सेवा' को देखते हुए मैंने भूपेन से कहा : 'यार, कभी इसे बेचने की सोचो तो हमें ध्यान में रखना। मैं अभी भी नहीं पूछूँगा कि यह कितने की है। पर क़िस्तों में देते रहेंगे।' इस बार

भी वही जवाब था। 'सेवा' बिकेगी नहीं।

थोड़े ही दिन बाद भूपेन का फ़ोन आया कि शाम को फ़ाइन आर्ट्स फ़ैकल्टी में उसकी प्रदर्शिनी का उद्घाटन है। गीतांजलि और मैं पहुँच लिए वहाँ। घूमते-घूमते देखा कि 'सेवा' पर लाल टिकुली लगी हुई है। देखते ही मेरा मन बैठ गया। ग़ुस्सा भी घुमड़ा। थोड़ी देर रुक कर और औपचारिकता के एक-दो वाक्य बोल कर मैंने भूपेन से कहा कि अब हम लोग जाना चाहेंगे। उसने कुछ अचम्भित-से भाव में कहा : 'कहाँ जा रहे हो ? घर नहीं चलोगे ? मैंने बहुत मना किया, पर वह न माना।

घर पर मौक़ा पा कर मैंने आहत भाव से उससे कहा : 'भूपेन, यह तुम ने अच्छा नहीं किया। 'सेवा' बेच दी और हमें बताया भी नहीं।' 'किस ने कहा, मैंने 'सेवा' बेच दी ?' उसने पलट कर पूछा। 'तो फिर रैड डॉट क्यों लगा था उस पर ?' मैं बोला। उसका जवाब था : 'मैं जानता था कि लोग इसे ख़रीदने की बात करेंगे, और मुझे बेचनी नहीं है। इसलिए रैड डॉट लगा दिया।'

दूसरे दिन सुबह-सुबह भूपेन का फ़ोन आया। बोला : 'सुधीर, मैंने तय कर लिया है कि इस ऍग्ज़िबिशन के बाद 'सेवा' तुम्हारे घर जायेगी। लोन पर रहेगी तुम्हारे यहाँ।'

आ गयी 'सेवा' हमारे बड़ोदा के घर में। भूपेन की प्रिय 'सेवा' जो वह अपने घर में टाँगे रखता था। जो उसे बेचनी नहीं थी। 'सेवा' दे दी उसने, लेकिन सोडा देने में उसका हाथ काँपता ही रहा। २००२ तक रही हमारे साथ। वहीं से चली गयी मैड्रिड के रैना सोफ़िया संग्रहालय में होने वाले 'भूपेन खख्खर रिट्रॉस्पैक्टिव' के लिए। अगले ही साल भूपेन चला गया।

हमारे बड़ोदा के घर में एक सैटी हुआ करती थी। भूपेन आता तो सीधा उसी पर जम जाता। जब 'सेवा' आ गयी हमारे यहाँ तो बिला नागा सैटी छोड़ थोड़ी देर के लिए झूले पर जा बैठने लगा। झूले के सामने की दीवाल पर 'सेवा' टँगी होती थी।

'सेवा' की बात भूपेन की कला में स्पर्श के नाना विध चित्रण के सन्दर्भ में आयी थी। सो केवल उसका कुछ आभास कराना चाहूँगा। गूँगे के गाने की तरह।

चित्र के बीचोंबीच दो ढलती उम्र के पुरुष आमने-सामने बैठे हैं। बायीं तरफ़ वाला पुरुष—भक्त—धोती पहने नंगे धड़ ज़मीन पर बैठा है। वह अपलक अपने से ज़रा ऊपर आसन पर विराजे दूसरे पुरुष—गुरु—को निर्वचनीय विस्मय से निहार रहा है। गुरु लगभग निर्वस्त्र हैं। केवल एक छोटी-सी धोती से अपने सामने के थोड़े-से भाग को हल्का-सा ढके हुए, मानो भक्त को भरोसा दिलाते हुए कि जो आच्छादित है—विस्मय का रहस्यमय स्रोत—उसे वह किसी भी पल उद्‌घाटित कर सकते हैं।

मुग्ध भक्त उकड़ूँ बैठने वाली मुद्रा में अपने घुटने मोड़े है, पर बैठा है नितम्बों को ज़मीन पर टिकाये। सामने बैठे गुरु ने अपने लम्बे पाँव भक्त को छूते हुए पसार दिये हैं, और उनके एड़ी-पंजे दर्शक से ओझल हो गये हैं। ऐसे जैसे कि आँखमिचौली खेल रहे हों भक्त के पैरों और नितम्बों के बीच। कभी सटते, कभी हटते उन से। दूसरी तरफ़ भक्त का दाहिना हाथ गुरु की सेवा करता हुआ उनके बायें पैर पर है।

स्पर्श के साथ-साथ चित्रण के सटीक क्षण का पारखी भी है भूपेन। 'सेवा' में भी है वह विशेष क्षण। भक्त के निर्वचनीय विस्मय का क्षण। वह केवल इतना जानता है कि वह विस्मित है। पर ज्ञानी कृपालु गुरु जानते हैं उसका विस्मय क्या है। उनका मन्द-मन्द मुसकाना द्योतक है उनके सब कुछ जानने और भक्त के प्रति उनकी कृपा का। उसी कृपा से भक्त सब कुछ जान जायेगा समय आने पर। इस चित्रित क्षण—वर्तमान—से आगे जा 'सेवा' उस घटित को भी चित्रित करती है जो घटने वाला है।

क्या है वह भविष्य का घटित? 'सेवा' में स्पर्श का चमत्कार इस तरह व्यंजित हो गया है कि जितनी समृद्ध देखने वाले की नज़र है, उतनी ही सम्भावनाएँ भावी घटित की उसे दिखायी पड़ जायेंगी। निपट दैहिक वासना से लेकर चरम प्रेमानुभूति और अवर्णनीय आध्यात्मिक आनन्द—फ़ना—तक की असंख्य सम्भावनाएँ।

उस सब की बात नहीं करूँगा जो समय-समय पर 'सेवा' में देखता रहा हूँ। केवल एक अनुभव बताऊँगा जिसकी याद 'सेवा' मुझे बार-बार कराती रही है। वह अनुभव जिसके अन्त में स्वामी रामकृष्ण परमहंस ने अपने पट्ट शिष्य से कहा था : 'नरेन, अब मैं भिखारी हो गया। मैंने अपना सब कुछ तुम को दे दिया।' परमहंस के लाड़ले 'लरेन'—नरेन्द्रनाथ दत्त—

सेवा

'सेवा' के साथ भूपेन और सुधीर

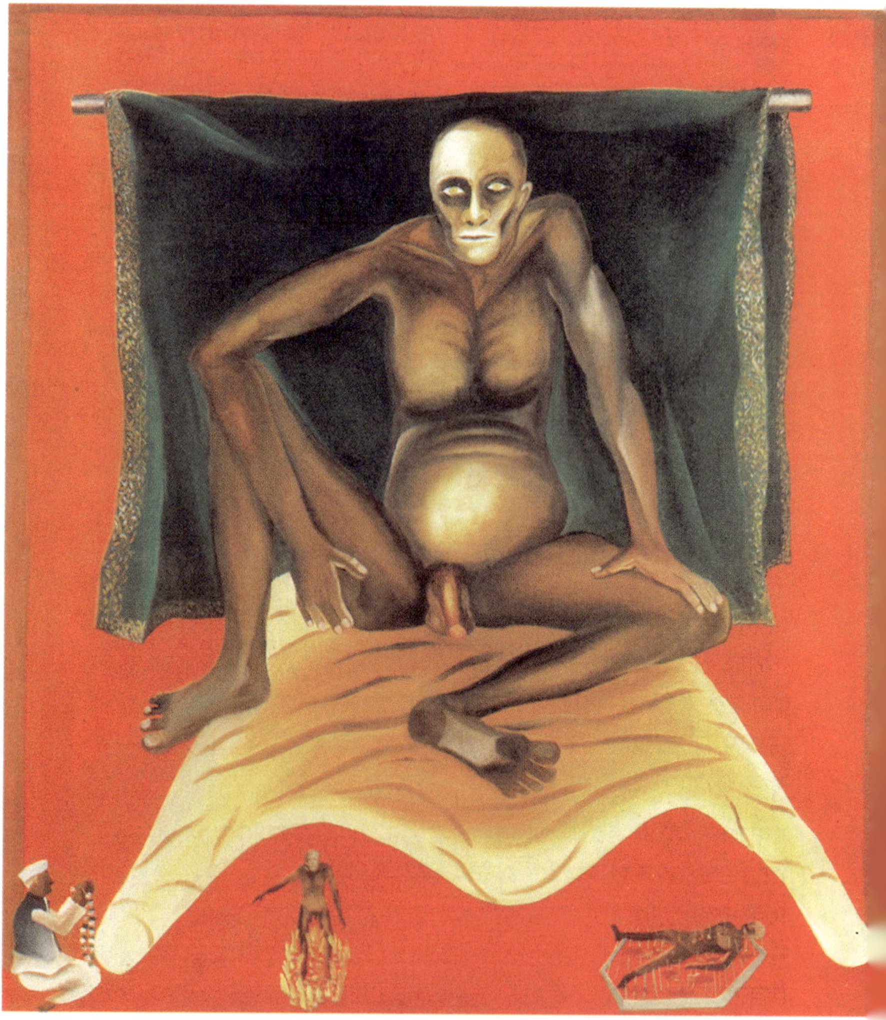

हठयोगी

अभी विवेकानन्द नहीं बने थे। अँग्रेज़ी शिक्षा पा रहे मेधावी नरेन्द्र पश्चिमी तार्किकता और वैयक्तिकता के प्रबल प्रभाव में हो कर भी कहीं कोई अभाव महसूस कर रहे थे। कोई गहरा, अस्पष्ट असन्तोष। यह मन:स्थिति उन्हें रामकृष्ण परमहंस के पास ले गयी। वहाँ भी सन्देह और श्रद्धा की कशमकश चलती रही। एक दिन, अपना अन्त निकट जान, परमहंस ने नरेन को अपने आलिंगन में ले लिया। नरेन्द्र को लगा—ऐसा विवेकानन्द ने बाद में बताया—कि कोई ज्योति उनके अन्दर प्रवेश कर गयी है। इसके बाद ही परमहंस ने कहा : 'नरेन, अब मैं भिखारी हो गया।'

'सेवा' को ऐसे अनुभव के आलोक में देखना कुछ लोगों के लिए मुश्किल होगा। वह भक्त और गुरु के स्पर्श में समलैंगिकता देखना चाहेंगे। पर, देखने वाली नज़र की संभावनाओं के अनुसार सीमित या विस्तृत होने के बावजूद, 'सेवा' उस नज़र का परिष्कार भी करती है, उसे नयी-नयी सम्भावनाएँ दिखाती है। निस्सन्देह यह एक समलैंगिक कलाकृति है। पर एक और धरातल पर यह समलैंगिकता से आगे भी जाती है। 'यू कांट प्लीज ऑल' में समलैंगिकता का आह्लादित निनाद है, और 'सेवा' में उसे नकारे बिना उसके अतिक्रमण का सौम्य आमन्त्रण भी है।

भूपेन अपने साहित्य के बारे में कहा करता था कि वह आत्मकथात्मक है। असल में उसकी कला कम आत्मकथात्मक नहीं है। ख़ासतौर से १९८० के बाद का उसका काम। सिवाय उस काम के जो १९९० के दशक में उसने हिन्दुत्व के आक्रामक उफान से विचलित हो कर किया, उसके आख़िरी २३ सालों का काम—सबसे ज़्यादा बीमारी के दौरान का काम—उसके अपने मनोजगत् की अँधेरी गहराइयों से निकलता है। इस काम को परस्पर विरोधी शब्दों के सहारे ही समझा जा सकता है। भूपेन के जीते-जी ही मैंने एक ऐसा युग्म उसकी एक प्रदर्शिनी के लिए लिखे गये कैटलॉग के शीर्षक के रूप में इस्तेमाल किया था। आज भी मुझे वह युग्म उपयुक्त लगता है। युग्म है 'प्रशान्त झंझावात'। भूपेन खख्खर का प्रशान्त झंझावात।

मनोजगत् की गहराइयों को खँगालती इस कला में चेतन यथार्थ के साथ-साथ—उससे कहीं ज़्यादा—अन्दर दबे नामालूम-से डर, स्वप्न, दुःस्वप्न, दिवास्वप्न, कामनाएँ, बेचैनियाँ और फंतासियाँ छाये हुए हैं। 'इन ए बोट' में दिखी आज़ादी से बहुत आगे बढ़ अब 'हाउ मैनी हैंड्स डू आइ नीड टू डिक्लेयर माइ लव टु यू' (१९९४) और 'ऐन ओल्ड मैन फ़ॉम वासद हू

हैड फाइव पेनिसेज़ सफर्ड फ्रॉम रनी नोज़' (१९९५) जैसे चित्रों में चरम साहस और उत्सवी उच्छृंखलता के साथ दबी-ढकी इच्छाएँ प्रकट होने लगती हैं। ऐसे ही 'इन ए बोट' में जिस सामूहिक मैथुन-आनन्द—'ओर्जी'—की ओर इशारा-सा हुआ था वैसी मस्त रंगरेलियों का अब उन्मुक्त चित्रण होने लगता है। इसके अलावा जहाँ 'इन ए बोट' में एक ट्रांसवेस्टाइट—परलिंगवेशविमोहित—की झलक-भर मिली थी अब परलिंगवेशविमोहितों के झुण्ड के झुण्ड भूपेन के चित्रों में आ कर जश्न मनाने लगते हैं।

साथ ही भूपेन की पहले की अपेक्षाकृत सीधी सरल दुनिया उत्तरोत्तर संश्लिष्ट, द्वन्द्वपूर्ण और सियाह होती जाती है। इन चित्रों का सीधा सम्बन्ध भूपेन की बीमारी, कीमोथेरपी और बीमारी के दौरान अस्पतालों के अनुभव से है। अकेले २००१ में बने 'ब्यूटी इज़ स्किन डीप ओन्ली', 'ब्लाइण्ड बाबूभाई' और 'इंजर्ड हैड ऑव राजू' काफ़ी हैं समझने को कि गोया के अन्तिम 'ब्लैक फ़ेज़' की याद करा देने वाली भूपेन की इस कला में क्या होता है।

सियाह चित्रों के इस दौर में एक बार अस्पताल से वापस आ कर भूपेन ने कृतज्ञता ज्ञापन के लिए अपने डॉक्टरों को खाने पर बुलाया। सपत्नीक। बता भी दिया कि अपने हाल के काम को दिखायेगा भी उन सबों को। देखने लायक़ था डॉक्टरों और उनकी पत्नियों का अपने ख्यातिप्राप्त कलाकार मेज़बान के चित्रों को देखने का उत्साह। ऐन उसके बरक्स था उन वीभत्स चित्रों को देख उनका धक हो जाना। न केवल पत्नियों बल्कि डॉक्टरों के लिए भी भारी हो रहा था इन चित्रों को देख पाना। जैसे-तैसे देखने का दिखावा कर वापस आ बैठे सब। भूपेन से आँख बचाते हुए। देर तक शिष्टाचार के दो बोल भी न निकले किसी के मुँह से।

निस्सन्देह बीमारी के घोर कष्ट और अपने आसन्न अन्त ने ऐसा भयानक सियाह रंग दिया भूपेन की कला को। पर उससे पहले ही १९९० के आसपास से देश में और ख़ासतौर से उसके अपने ही आजू-बाजू गुजरात में हो रहे विनाशकारी और अमानवीय बदलाव ने उसकी कला को परिभाषित करने वाले खिलंदड़ेपन को शिथिल करना शुरू कर दिया था। बिलकुल बाद के तीन-चार सालों में तो बीमारी और देश की दुर्दशा का दुर्योग ही हो गया। २००२ में वढेरा आर्ट गॅलेरी में उसके जीवन में हुई उसकी आख़िरी प्रदर्शिनी के लिए, उसके ही कहने पर, जो कैटलॉग मैंने लिखा था उसे याद करना चाहता हूँ। मैंने कहा कि १९९० के आसपास

भूपेन की कला में निर्वस्त्रता को लेकर एक बड़ा बदलाव आता है। 'यू कांट प्लीज़ ऑल' के निर्वस्त्रीकरण में एक मुक्तिदायी क्षण और निर्णय का उल्लासमय समारोह था। अपने होने में सचमुच का एक युगान्तरकारी क्षण था यह। इलहाम की छाप थी इस पर कि बाहर के आतंक के बरक्स आज़ादी किस क़दर आसान भी हो सकती है। अनावृत्ति की यह आज़ादी ज़रूरी थी। जब हो गयी हासिल तो धीरे-धीरे नग्नता को ढकने की व्यर्थता का इसरार अनावश्यक हो गया।

अब भूपेन की कला एक दूसरी नग्नता की ओर मुड़ी। सामाजिक मनुष्य की नग्नता। नंगई कहें तो इसका सही अर्थ प्रकट होगा। नंगई जो दबी-ढकी रहना चाहती है, और ढके रहने पर ज़्यादा त्रस्त करती है। इस नग्नता का सम्बन्ध, मैंने उस कैटलॉग में कहा, 'आज़ाद होने की नहीं, प्रभुत्व में लेने और नष्ट करने की इच्छाशक्ति से है।'

उसी कैटलॉग में भूपेन की कला में १९९० के इर्द-गिर्द की सालों में हो रहे प्रकृति के चित्रण के बारे में मैंने कहा : 'प्रकृति... अब भी सदा की तरह उतनी ही उदार और सुन्दर है। कलाकार प्रकृति को अब भी उतना ही हरा और मनोहर दिखा सकता है, लेकिन वह जानता है कि उसे जैसी वह है देखना सम्भव नहीं रहा।' और इसी प्रदर्शिनी के एक चित्र, 'कॉफी शॉप', और कुछ अन्य चित्रों के हवाले से मैंने लिखा था : 'इसीलिए कॉफी हाउस में प्रकृति की अतिशयता को काले चश्मे से देखना पड़ता है—कितना काला और मोटा है यह चश्मा—मानते हुए कि जो आदमी चश्मा पहिने बैठा है वह अन्धा नहीं है। शायद यहाँ किसी भी तरह की सुन्दरता को देख पाने की हमारी निरन्तर बढ़ती जा रही अक्षमता निशाने पर है। ख़ुद प्रकृति भी, पेड़ों पर नग्न उन्मुक्त मैथुनरत पुरुषों की मौजूदगी में, मासूम नहीं अनिष्टकारी लगती है।'

समलैंगिकता का चित्रण भी बाद के सालों में थोड़ा बदला। आनन्द और उत्सव के साथ-साथ अब इस चित्रण में वास्तविक जीवन का विषाद भी आ गया। रात के आह्लाद के बाद—उसके फलस्वरूप—अगली सुबह छा गये रीतेपन का चित्रण करने वाला 'नैक्स्ट मॉर्निंग' (१९९९) विचलित कर देता है।

दो शब्द उन चित्रों पर भी जो उसका काम देखने के इच्छुक डॉक्टर और उनकी पत्नियाँ बर्दाश्त नहीं कर पाये थे। बाहरी यथार्थ से चल कर अन्दर

की दमित और वर्जित इच्छाओं का उत्सव मना, भूपेन की कला 'ब्यूटी इज़ स्किन डीप' के साथ, शब्दश:, मानव की त्वचा में प्रवेश कर जाती है। त्वचा के नीचे दबा संत्रास हमें दिखाने के लिए। किसी अपरिभाषित सर्वशक्तिशाली आतंक के सम्मुख नाउम्मीदी से घिरा स्तंभित आँखों और फूले हुए नथुनों वाला यह आदमी जो इस चित्र में अपनी त्वचा के आरपार उघड़ा हुआ है, भूपेन के साथ-साथ उसके किसी पुराने चित्र 'जनता वॉच रिपेअरिंग', 'मैन वेअरिंग रेड स्कार्फ', 'मैन ईटिंग जलेबी' का नायक भी हो सकता है। हम में से कोई भी हो सकता है।

भूपेन के इन चित्रों में जिस पीड़ा और जिस आतंक का सामना हो रहा है वह तत्क्षण निजी भी है और युगीन भी। तभी 'ब्यूटी इज़ स्किन डीप ओन्ली', 'बुलेट शॉट इन स्टमक' और 'मुस्लिम्स ऍराउण्ड द मॉस्क I, II' (२००१) जैसे एक-दूसरे से जुदा नज़र आने वाले चित्र मानवीय यन्त्रणा का पूरा एक सप्तक बनाते हैं। ('मुस्लिम्स ऍराउण्ड द मॉस्क I, II'।)

मैंने भूपेन के बिलकुल बाद के काम में 'प्रशान्त झंझावात' देखा है। पर अभी तक जितनी बात की है वह केवल झंझावात की रही है। अब थोड़ी चर्चा झंझावात के ही साथ रही प्रशान्ति की। पर इस तथ्य पर ज़ोर देते हुए कि अब झंझावात से मुक्ति के क्षणों में भी हँसी ग़ायब रहती है। याद रखें कि सार्वजनिक जीवन के साथ-साथ, उससे कहीं ज़्यादा, निजी जीवन में भी हँसी अब मुश्किल हो रही थी भूपेन के लिए। २००३ में जो सात महीने और सात दिन उसे जीने को मिले उनमें उसकी एक सालगिरह भी पड़ी। उस सालगिरह से एक दिन पहले उसने एक 'अकोर्डियन बुक' पूरी की थी। अकोर्डियन की तरह खुल जाने वाली इस किताब में उसके श्रीलंका की यात्रा के आधार पर बनाये बड़े ही सुन्दर चित्र हैं।

बम्बई की गिल्ड गैलरी द्वारा आयोजित कलाकारों की सात दिनों की यह यात्रा २३ नवम्बर, २००२ को शुरू हुई थी। भूपेन की तबीयत उस समय काफ़ी ख़राब थी और उसे हमेशा कैथीटर की थैली लगाये रखनी पड़ती थी। एक बस का इन्तज़ाम कर दिया गया था जिसमें सारे कलाकार एक जगह से दूसरी जगह जाते थे। गुलाम शेख का 'भेरु' में कहना है कि भूपेन अमित अम्बालाल और अतुल डोडिया के साथ बस में आगे बैठता और उनके साथ मिल कर पीछे बैठे लोगों का मज़ाक़ बनाता। सम्भव है

कि एकाध बार भूपेन ने ऐसा कर दिया हो। पर भूपेन का अपना वर्णन इससे बिलकुल ही उलट है। अपनी सालगिरह से एक दिन पहले इस किताब के पहले पृष्ठ पर अपने हाथ से लिखी एक छोटी-सी प्रस्तावना में भूपेन अपनी थकान और तकलीफ़ की बात करता है, कहता है कि जब सारे कलाकार बस से उतर कर विभिन्न स्थलों को देखने जाते थे तो वह बस में ही बैठा रहता था। वह लिखता है कि अपनी तकलीफ़ और दोस्तों की अपने प्रति बेरुखी पर उसे ग़ुस्सा आता, पर वे उसका मज़ाक़ उड़ाने से बाज़ न आते। प्रस्तावना में भूपेन की चिर-परिचित स्वाभाविक हास्य-प्रियता नदारद है।

प्रस्तावना में उबल रहे ग़ुस्से, खीझ और खिसियाहट के बिलकुल विपरीत इस किताब के लिए बनाये गये सारे के सारे नौ चित्रों में परम शान्ति है। इनमें चित्रित बुद्ध, बौद्ध भिक्षु और श्रीलंका का प्राकृतिक सौन्दर्य अपने शरीर और अपने समय से त्रस्त कलाकार को, और उसके इस काम की मार्फ़त हम को, हताशा से रोकते हैं, भरोसा बनाये रखने को प्रेरित करते हैं। दुख और बुराई की निरन्तर बढ़ती व्याप्ति को नकारे बग़ैर भरोसा एक बेहतर भविष्य में।

'अकोर्डियन बुक' से ज़रा ही पहले २००२ में बड़ौदा की सर्जन आर्ट गैलरी ने भूपेन के उस समय के नये काम की एक प्रदर्शिनी आयोजित की थी। उस में प्रदर्शित 'वॉटर पिचर', 'डमबुला (श्रीलंका)', 'गोइंग टु सिगिरिया केव्ज़ श्रीलंका', 'ग्रे बुद्ध', 'ग्रोज़ फ्रॉम आर्स' और 'टैम्पल ऑन माउंटेन' जैसे चित्रों को वर्णित करने के लिए मेरे मन में कौंधा था 'प्रशान्त झंझावात' का विचार।

वह कौन-सी जिजीविषा या चित्रविषा थी—या दोनों का मेल—कि ऐसे झंझावात के बीच भी परम प्रशान्ति पा सकी? और फिर भी बचा न सकी कुछ बहुत ही विशिष्ट और महत्त्वपूर्ण। बचा न सकी भूपेन का ट्रेडमार्क ह्यूमर, मसखरी और भड़काऊ 'दुष्टता'। जिसे, मिलान कुन्देरा के सटीक शब्दों में, गीता कपूर ने भूपेन का 'होने का हल्कापन' कहा था, जा चुका है अब।

कौन-सी सीमा है पीड़ा की जो भूपेन जैसे खिलंदड़े की भी हँसी छीन लेती है?

मुस्लिम्स ऍराउण्ड द मॉस्क-१

मुस्लिम्स ऍराउण्ड द मॉस्क-२

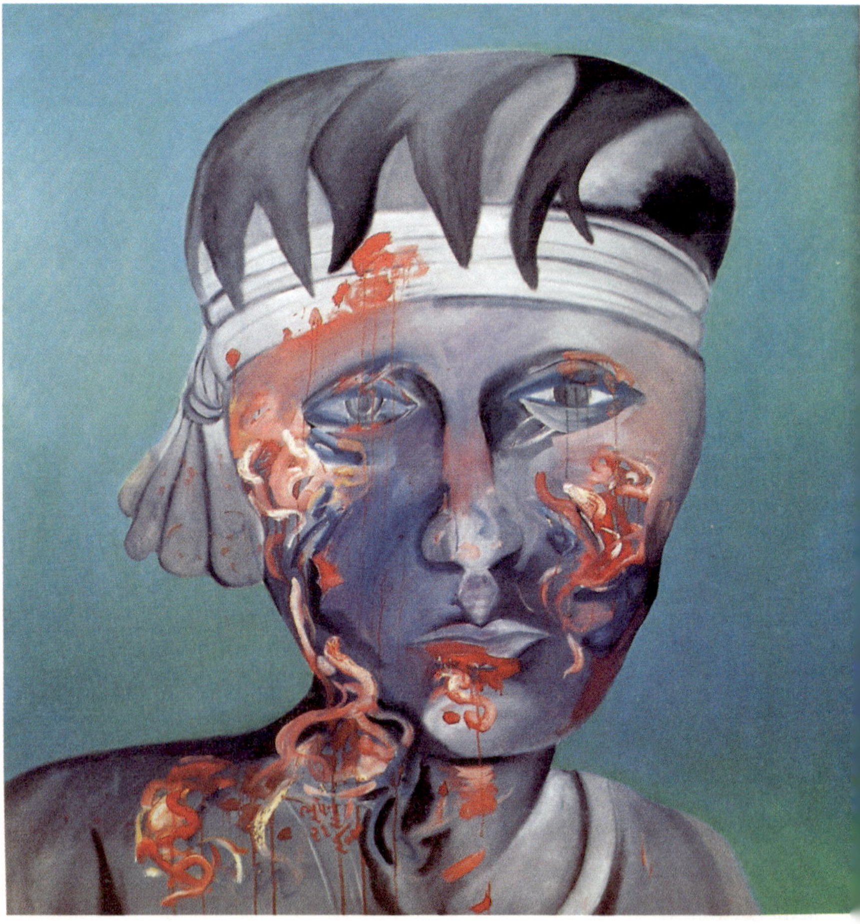

ब्यूटी इज़ स्किन डीप ओन्ली

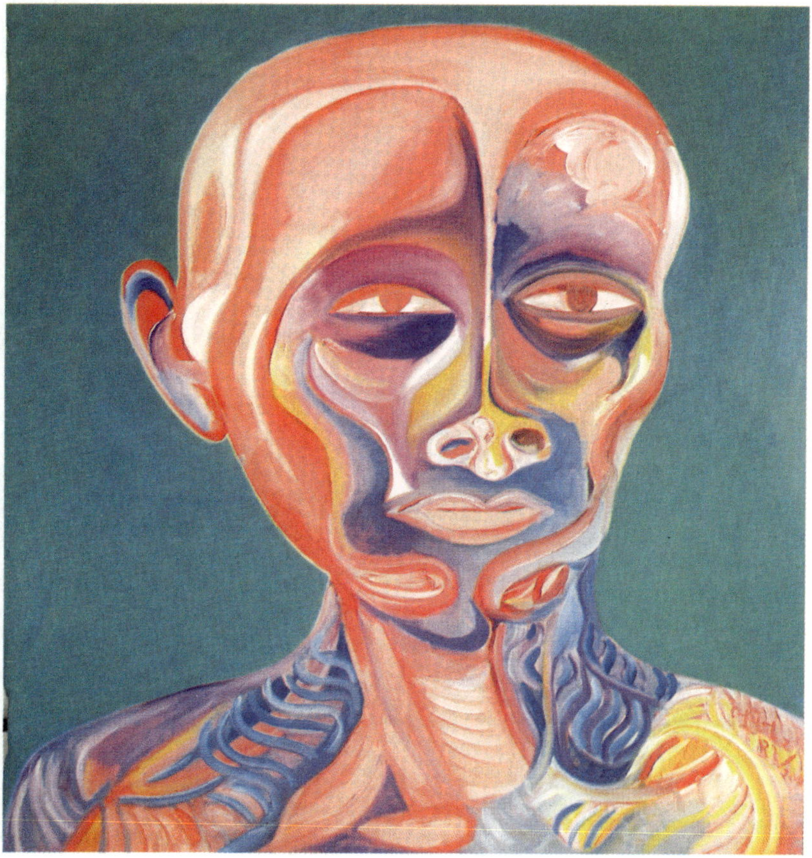

ब्यूटी इज़ स्किन डीप ओन्ली

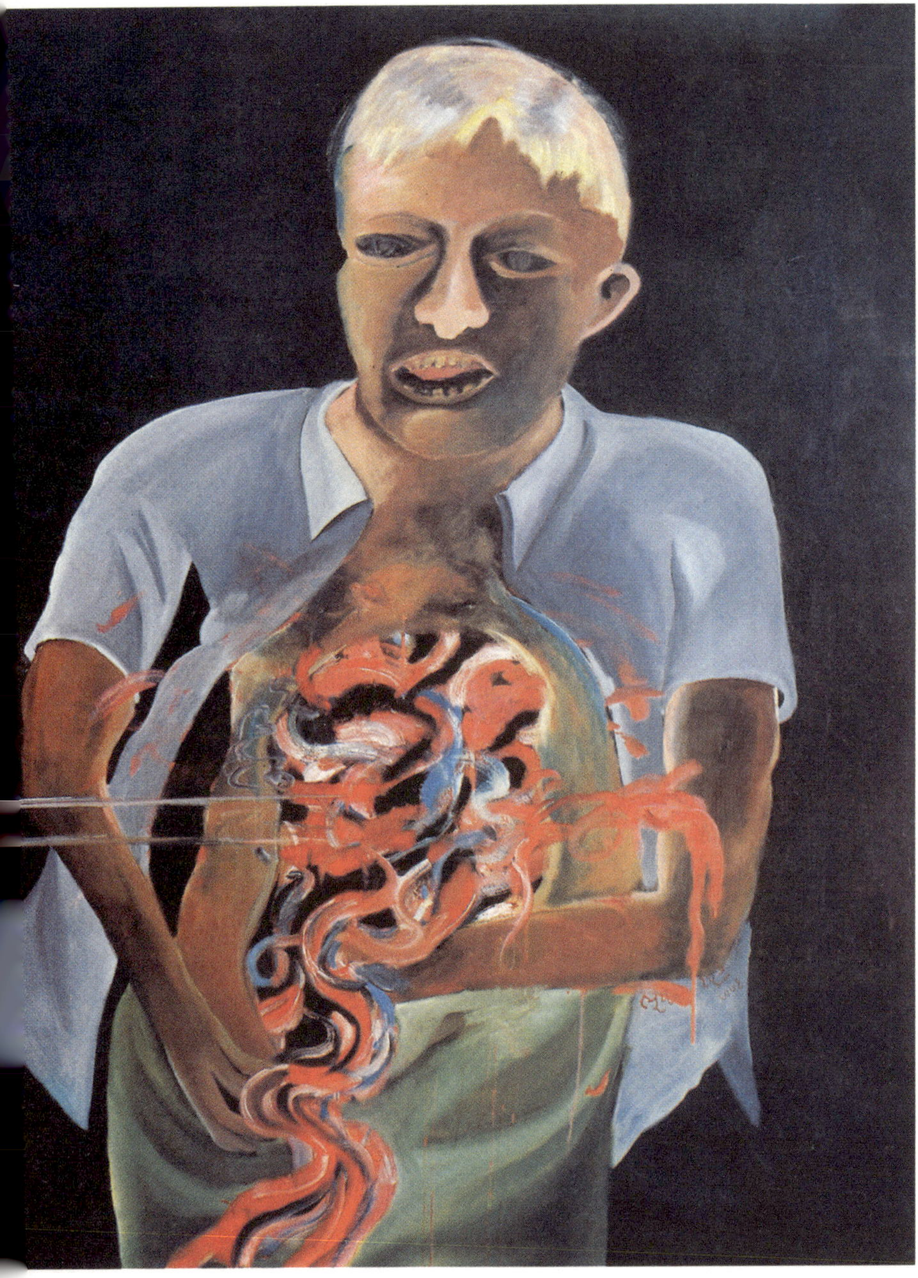

बुलेट शॉट इन स्टमक

बहुत परेशान करने वाला ख़याल है : हँस सकने और बात को हँसी में उड़ा सकने की सम्भावना का हमारे वक़्त में लोप।

अन्त में वह बुनियादी बात जिस का ज़िक्र मैं पहले भी कर चुका हूँ। भूपेन की कला को केवल समलैंगिक कला के रूप में देखना उसको सीमित करना है। उसके साथ अनावश्यक अन्याय करना है। १९९५ के 'सखीभाव' से लेकर 'मैन फ्रॉम थायलैण्ड' (२००२), 'गोल्डेन कर्टेन' (२००३) और 'गोल्डेन बुद्ध' (२००३) तक के जो एंड्रॉजिनस—उभयलिंगी—चेहरे या क्रॉस-ड्रेसर—परलिंगवेशविमोहित—पात्र दिखते हैं वह पुरुष-स्त्री के विलोम के परे दोनों के बीच एक पारस्परिकता का दर्शन कराते हैं। स्त्री-पुरुष विलोम को प्राकृतिक बताने वाली सामाजिकता को नकारते हुए यह चित्र अतिक्रमण करते हैं उस विलोम का। ऐसे पुरुषों से हमें मिलाते हैं जो पुरुष भी हैं और स्त्री भी।

१९९८ में सिडनी के समलैंगिक मार्दी ग्रा में भूपेन को आमन्त्रित किया गया था। प्रदर्शिनी के उसके चित्रों के हिस्से को—उत्सव के ही अनुरूप—नाम दिया गया था 'होमोइरॉटिक लिरिसिज़्म फ्रॉम इण्डिया'। इस बार फिर भूपेन ने मुझसे कहा कैटलॉग लिखने को। विडम्बना देखिये, इसी मौक़े पर मुझे आभास हुआ कि भूपेन ख़ुद जो चाहे कहे या करे, उसकी कला को समलैंगिकता में बाँधना उसके मर्म को न समझना है। भूपेन की कला समलैंगिकता का उत्सव तो मनाती ही है, पर उसी के साथ उससे कहीं बड़ा काम भी करती है। नारी और पुरुष के पारम्परिक और प्राकृतिक मान लिए गये विभेद को मेटती है वह।

इस सिलसिले में यह भी उल्लेखनीय है कि गांधी की उभयलिंगता और सखी सम्प्रदाय के विचार-व्यवहार में भूपेन की गहरी दिलचस्पी थी। उसके अपने व्यक्तित्व में तथाकथित पुरुषोचित और स्त्रियोचित दोनों ही प्रकार के गुणों का मेल था। जन्मजात तो रहा ही होगा वह मेल—जैसा कि, वे जानें या न जानें, सब में होता है—उसने जतन से पल्लवित भी किया होगा उस अमूल्य मेल को।

भूपेन की कला स्त्री-पुरुष के द्वैध को नकारने के भी बहुत आगे जाती है। वह मानव और मानवेतर के द्वैध को भी प्रश्नांकित करती है, जो कि उसकी बॉश और अजन्ता की कला से प्रभावित चेतना और संवेदना के लिए स्वाभाविक ही था। बिलकुल ही अन्त में भूपेन एक अन्तिम द्वैध भी

नकारता लगता है : चर और अचर का द्वैध। वढेरा आर्ट गैलरी में उसकी २००२ में हुई प्रदर्शिनी के एक चित्र में तो होता ही है यह कमाल। इसमें पेड़ों के बीच कुछ झुका-सा चलता एक व्यक्ति है जो नर और नारी के भेद के साथ-साथ मानव और वृक्ष के भेद को भी मिटाये हुए है। एक साथ तीनों के होने का आभास देता है।

यह चित्र हमारे पास है, और इससे जुड़ी है उससे जुड़ीं मेरी अनगिनत यादों में से एक विशिष्ट याद। उन दिनों मैं बड़ोदा में रह रहा था। भूपेन वढेरा वाली अपनी प्रदर्शिनी के लिए जल-चित्र तैयार कर रहा था। कैटलॉग मुझे लिखना था। चलन के मुताबिक़ जब मैं हर शाम उसके यहाँ जाता तो वह दिन में हुआ काम दिखाता। एक शाम यही कल्पनातीत चित्र उसने दिखाया। देखते ही मैंने कहा कि अगर किसी और से वादा नहीं कर चुके हो तो यह मैं लूँगा। उसने कहा : 'आर यू श्योर?' मैं बोला : 'पक्का! यह भी नहीं पूछूँगा कि कितने का है।' प्रदर्शिनी पूरी होने पर चित्र आ गया वढेरा से हमारे यहाँ। भूपेन ने पहले ही आवश्यक निर्देश दे दिये थे।

बाक़ी आप समझ ही चुके होंगे। मैंने दाम पूछा। जवाब में उसने पूछा : 'तुम मेरे दोस्त हो?' 'हाँ, हूँ' सुन के बोला : 'मैं तुम्हें एक गिफ़्ट भी नहीं दे सकता।'

पूरी नहीं हो सकती इस दोस्त की बात। वह चाहता भी तो था समाप्ति से पहले ही समापन।

आख़िरी बात

चलते-चलते एक आख़िरी बात। होनी यह पहले चाहिए थी। पर हुई नहीं, चूँकि वह मुझे ज़रूरी नहीं लगी इस किताब के लिए। अब जब कि अपनी समझ से समापन कर चुका था तो लगा कि कुछ पाठकों की जिज्ञासा उस में हो सकती है जिसे आमतौर से जीवनी कहा जाता है। भूपेन की जीवनी। शिकायत हो सकती है कि बतौर जीवनी मैंने कुछ बताया ही नहीं। मसलन, भूपेन की पैदायश, उसकी परवरिश, शिक्षा-दीक्षा, उसकी नौकरियाँ। मैंने तो यह भी नहीं बताया कि उसका जन्म बम्बई में १० मार्च, १९३४ को हुआ था। यह भी नहीं कि उसका पूरा नाम भूपेन्द्र परमानन्द खख्खर था, कि कोई नहीं जानता कि कब और क्यों उसने अपने नाम में कतरब्योंत कर दी, जबकि अपने दिवंगत पिता को, जो उसे छोटा ही छोड़ चल बसे थे, वह बेपनाह चाहता था।

हमारा सौभाग्य है कि भूपेन ने ख़ुद ही अपने जीवन के बारे में हमें बता दिया है, केमोल्ड गैलरी में १९७२ में हुई उसकी प्रदर्शिनी के लिए उसके ख़ुद के लिखे कैटलॉग में। अब भूपेन और उसके परिवार के बारे में भूपेन से ज़्यादा और भरोसेमन्द जानकारी कोई और तो दे नहीं सकता। महेन्द्र देसाई, गीता कपूर और टिमथी हाइमन, तीनों ने अपनी किताबों में भूपेन से हासिल की गयी इत्तिला के आधार पर ही उसके जीवन के बारे में लिखा है। बाद के लिखने वाले इन्हीं तीनों की किताबों से लेकर और कभी-कभार सुनील कोठारी जैसों से पूछताछ कर के वही-वही बातें दुहराते रहे हैं। अच्छा हो कि भूपेन की कहानी उसी की जुबानी सुन ली जाये। सुनने से पहले, बतौर भरोसे की गारंटी के, फिर याद कर लें उस शीर्षक को, जो अकारण ही नहीं, भूपेन ने अपने कैटलॉग को दिया है : 'ट्रूथ इज़

ब्यूटी, ब्यूटी इज़ गॉड'—'सत्य सौन्दर्य है, सौन्दर्य ईश्वर'। तो पेश है भूपेन की अँग्रेज़ी में लिखी हुई ख़ुद की कहानी का उसी की तर्ज़ पर मेरा हिन्दी उल्था :

> मैं एक ब्रह्मक्षत्रिय युवक हूँ। हाल ही में मैंने अपने पूर्वजों का वृक्ष देखा और इससे ज़ाहिर होता है कि ३७वीं पीढ़ी में हम नगरथट्टा (सिन्ध, हैदराबाद) में रहते थे। हम नगरथट्टा छोड़ कर बम्बई में रहने लगे।
>
> मैं अपनी प्रारम्भिक शिक्षा के बारे में लिखूँ, उससे पहले अपने पिछले जन्मों के बारे में कुछ पंक्तियाँ लिखूँगा। पाटन के एक छायाशास्त्री के पास मैं गया था। उसने मुझे बताया कि—मैं जाति का कपोल बनिया था और एक सामन्त के महल में मैनेजर था। वह जाति का ब्रह्मक्षत्रिय था। मैं मैनेजरी करने महल जाया करता था। मेरे मालिक ने मुझसे अपनी लड़कियों को पढ़ाने के लिए कहा। मैंने लड़कियों को पढ़ाना शुरू कर दिया और उनमें से एक के प्यार में पड़ गया। जब हम सम्भोग कर रहे थे तो पकड़ लिए गये। मैं घर गया और अपनी पत्नी को सारी कहानी बता दी मैं ने। उसको जलन हुई और वह मुझसे नाराज़ हो गयी। उसने कहा कि तुम इतने डरपोक हो तो प्यार में पड़े ही क्यों। मेरे पिता भी, जब उन्हें पता लगा, अप्रसन्न हुए। जब मैं अपने मालिक के महल गया तो उसने अपने दरवाज़े पर मेरा क़त्ल कर दिया।
>
> चूँकि मैंने बुरे कर्म किये थे और वफ़ादारी नहीं निभायी थी, मैं अगले जन्म में तितली बना। एक दिन एक सन्त अपनी पूजा करने जा ही रहा था—उसने देवता के सामने एक दिया जलाया था—कि मैं दिये में कूद गया और मर गया। परोक्ष रूप से मैं देवता की पूजा में मरा था, इसलिए मैं, भूपेन खख्खर, एक ब्रह्मक्षत्रिय के रूप में १० मार्च, १९३४ को सुबह ७ बजे पैदा हुआ।
>
> मेरी प्रारम्भिक और माध्यमिक शिक्षा नौसेरवानजी हाईस्कूल, पारसीवाडा, बम्बई, में हुई। अँग्रेज़ी तीसरे स्टैण्डर्ड तक सालाना इम्तहान में मेरा नम्बर पहले दस में रहता था। अँग्रेज़ी चौथे स्टैण्डर्ड में मेरा दाख़िला माडर्न हाई स्कूल में हो गया और यहाँ मैं मैट्रिक्युलेशन तक रहा। मैंने मैट्रिक्युलेशन की परीक्षा १९४९ में ५२.५ प्रतिशत से उत्तीर्ण की। आप को विश्वास नहीं होगा कि जब मैंने मैट्रिक्युलेशन किया तो मैं केवल १५ साल का था। हमारे परिवार के लिए यह बड़े अचम्भे की बात थी कि इतने छोटे लड़के ने इतने अच्छे नम्बरों से

मैट्रिक्युलेशन की परीक्षा उत्तीर्ण की। मुझे विज्ञान और गणित में पी. सी. (पास विद क्रेडिट्स) मिला था।

मेरे लिए अरब सागर के सामने स्थित विल्सन कॉलेज में दाख़िला पाना बड़ा आसान था। फ़र्स्ट आर्ट्स [एफ.ए.] का इम्तहान पास करने तक मैं हाफ़ पैंट और आधी बाँह की क़मीज़ पहनता था। १९५२ में मेरे इण्टर आर्ट्स में आने के बाद ही मैनिला क़मीज़ें फ़ैशन में आयीं। मेरे पास तीन मैनिला क़मीज़ें थीं, लाइट क्रीम, आसमानी नीले और ऐश ग्रे रंगों की, और इन के साथ चार सफ़ेद पतलूनें। कवासजी जहाँगीर हॉल में हुए वार्षिक समारोह में मैंने आसमानी नीली मैनिला क़मीज़, सफ़ेद पतलून और भूरा गैबर्डीन कोट (भाई से माँगा हुआ) पहने थे। जब समारोह की तैयारियाँ हो रही थीं तब मैंने तबला और हार्मोनियम के साथ गाने के लिए अपना नाम दिया था। मैंने मुकेश का गाना, 'दिल जलता है तो जलने दे', गाने की तैयारी कर ली थी, पर समारोह से दो दिन पहले मैंने अपना कार्यक्रम रद्द कर दिया।

बी. ए. में मैंने अर्थशास्त्र और राजनीति शास्त्र विशेष विषय के रूप में चुने थे। यूनिवर्सिटी के इम्तहान में मेरी थर्ड डिविज़न आयी। मैं बहुत उदास था और अपनी ज़िन्दगी में पहली बार मैंने दु:ख का अर्थ जाना। मैं रातों में रोता था। हर समय ईश्वर से पूछता कि क्या किया है मैंने, जो इतना दु:ख मिल रहा है। लेकिन जैसे कि कहावत है, ईश्वर शुरू में अच्छे और सज्जन लोगों को दु:ख देगा पर अन्त में ईश्वर उन्हें प्रसाद देगा। अपने बी.कॉम. इम्तहान में मुझे पब्लिक फ़ाइनैन्स और ऍडमिनिस्ट्रेशन में पूरी बम्बई यूनिवर्सिटी में सबसे ज़्यादा नम्बर मिले।

जब कोई ज़िन्दगी का उसके खाँटीपन में सामना कर रहा होता है तो उसे बड़ी मुसीबतों का सामना करना पड़ता है। इन मुसीबतों को दूर किया जा सकता है अगर किसी में कर्तव्य भाव और धीरज है। व्यक्ति को सत्य से लगे रहना चाहिए, सिर्फ़ सत्य की सुनना चाहिए, सिर्फ़ सत्य और कुछ नहीं। और यह सत्य हमें अन्त में सौन्दर्य तक ले जाता है। यह सौन्दर्य त्वचा जैसा छिछला [स्किन डीप] नहीं होता। यह आत्मा की सुन्दरता है। यह सौन्दर्य व्यक्ति को परम ब्रह्म—सर्व शक्तिशाली ईश्वर—तक पहुँचाता है।

ज़िन्दगी की असलियत का सामना करने के बाद, जैसा कि मैंने कहा, मैं ऍकाउण्टेंट के स्तर तक पहुँच गया। जब भी मैं कॉलेज और स्कूल जाने वाले जवान बच्चों से मिलता हूँ तो कभी भी उन्हें अपनी कहानी सुनाने का मौक़ा नहीं खोता हूँ। अनुभव जीवन में सबसे महान् शिक्षक है।

मैं कलाकार कैसे बना ?

इसका संक्षिप्त उत्तर होगा, ईश्वर की कृपा, फ़क़त काम और ट्रैजडी। ज्योतिषियों का कहना है कि लम्बी और पतली उँगलियों वाले लोग पैदायशी कलाकार होते हैं। अगर आप मेरा हाथ देखेंगे तो आप फ़ौरन कहेंगे कि यह एक कलाकार का हाथ है।

जितनी दूर तक मेरी स्मृति जाती है मुझे साफ़ याद है कि दीवाली के मौक़े पर रंगोली में मैं चिड़ियाँ और जानवर बनाता था। मेरी बहन मानेकबेन मेरी माँ से कहती थी कि यह लड़का कलाकार बनेगा। पीछे मुड़ कर देखने पर मुझ को लगता है कि उसका पूर्वाभास सही था। मेरी ऊर्जा केवल बही-खाते के काम तक सीमित नहीं थी, बल्कि मैं कैनवस और रंगों के क्षेत्र में भी लगा हुआ था। १९५८ में जा कर मेरा मीन [राशि] स्वभाव अधिक प्रमुख हो गया। मैं प्रद्युम्न तन्ना से मिला जिस ने मुझे कला की महान् दौलत दिखायी। १९६० में मैं गुलाम शेख से मिला (जिन का मेरा मित्र, दार्शनिक और मार्गदर्शक होना बदा था) जिन्होंने मुझे बड़ोदा की फ़ाइन आर्ट्स फ़ैकल्टी में दाख़िला लेने की सलाह दी। यहाँ गुलाब की कली खिल कर फूल बनी।

जिस तरह हिन्दुस्तान के सारे जवान और बूढ़े कलाकार गर्व से वे प्रदर्शनियाँ बताते हैं जिन में उन्होंने हिस्सा लिया और वे संग्रह जिन में उनके चित्र हैं, मैं भी विनम्रतापूर्वक बता दूँ कि अतीत में बहुत बार मैंने राष्ट्रीय प्रदर्शनियों में हिस्सा लिया है और विदेशी छात्रवृत्तियों के लिए ऍप्लाई किया है। क्या आप विश्वास करेंगे कि मुझे एक बार भी कोई राष्ट्रीय पुरस्कार नहीं मिला है और अफ़ग़ानिस्तान तक के लिए भी महीने भर की छात्रवृत्ति भी नहीं।

क्यों ?

वजह मेरे दोस्त, बहुत साफ़ है। जीवन में सत्य और सौन्दर्य का दमन कर दिया जाता है। मैं सत्य का प्रतिनिधित्व करता हूँ। मेरा नारा है : सत्य

सौन्दर्य है और सौन्दर्य ईश्वर। मैं केवल सत्य के सहारे सौन्दर्य तक पहुँचना चाहता हूँ। यह रास्ता कठिन है। शैतान मुझे बहुत से प्रलोभन देगा। मैं डिगूँगा नहीं। संस्कृत में कहा गया है : सत्यम्, शिवम्, सुन्दरम्।

यह हो गयी बड़ोदा आने तक की कहानी। बाद की तो होती ही रही है तरह–तरह से।